大倉幕府周辺遺跡　遺構769出土遺物と白磁四耳壺　12世紀第４四半期

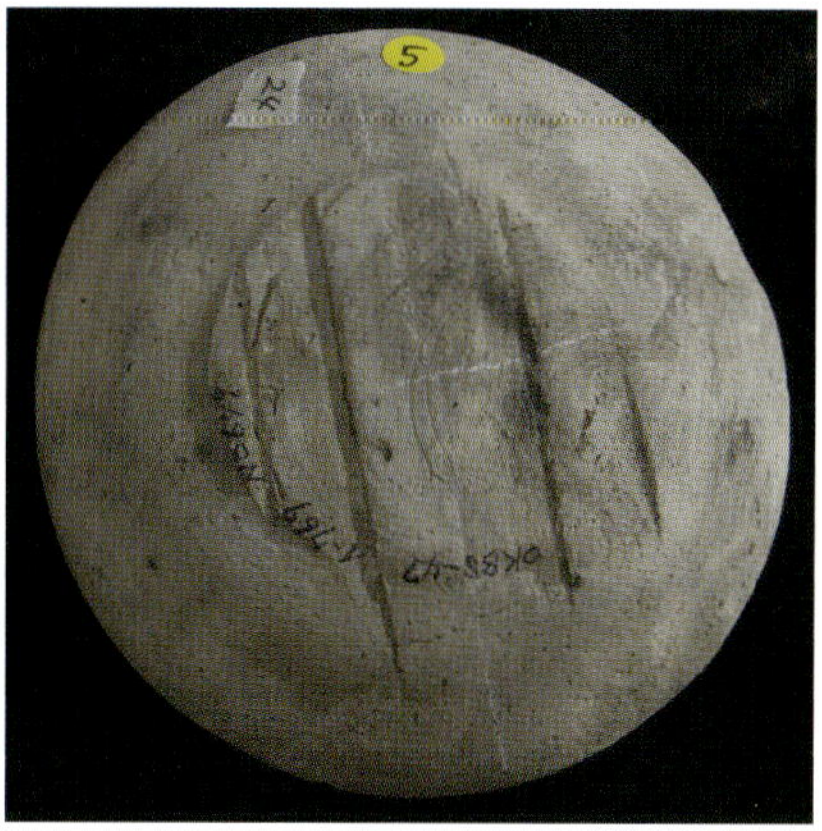

左：手づくね成形　ササラ状工具痕跡　右：ロクロ成形　板状圧痕

手づくね風仕上げのロクロ成形　左：ササラ状工具痕跡の拡大　右：ナデ消された糸切痕跡

遺構 908 出土　白磁四耳壺

遺構 769 出土　常滑大甕

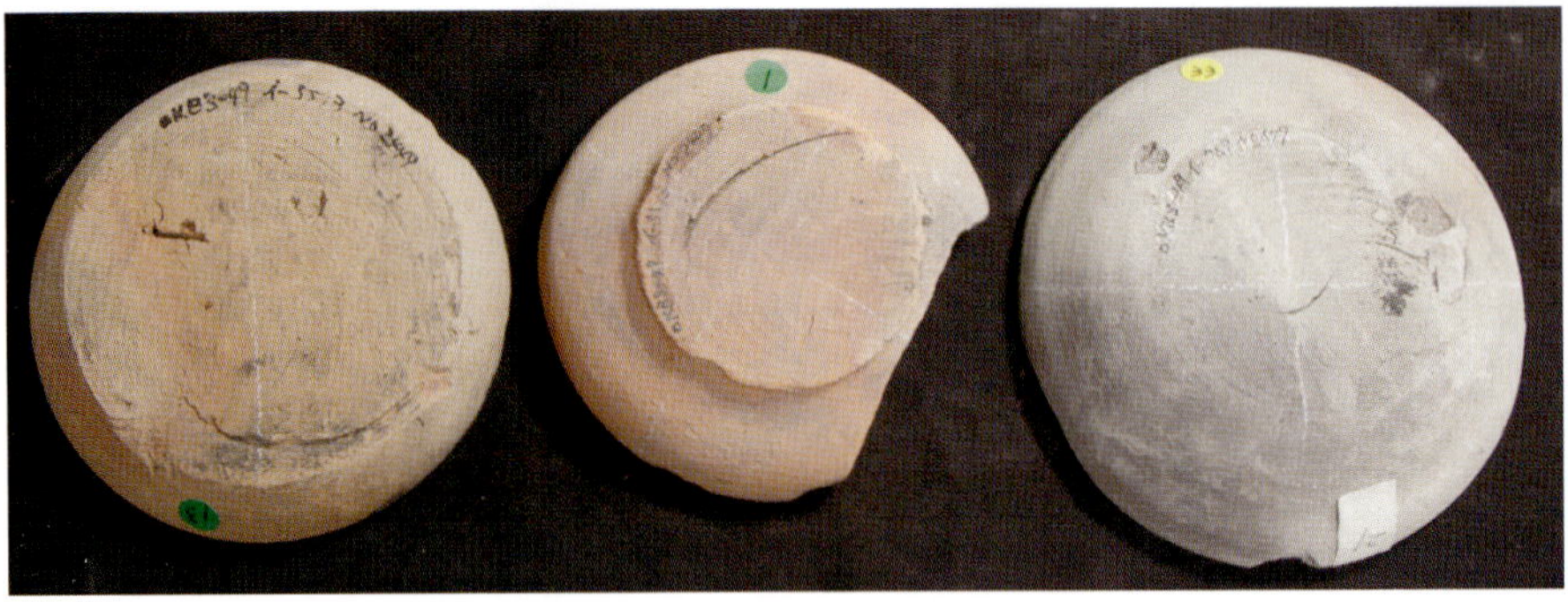

左・中：遺構 5573 出土（ロクロ成形）　右：遺構 769 出土（ロクロ成形）

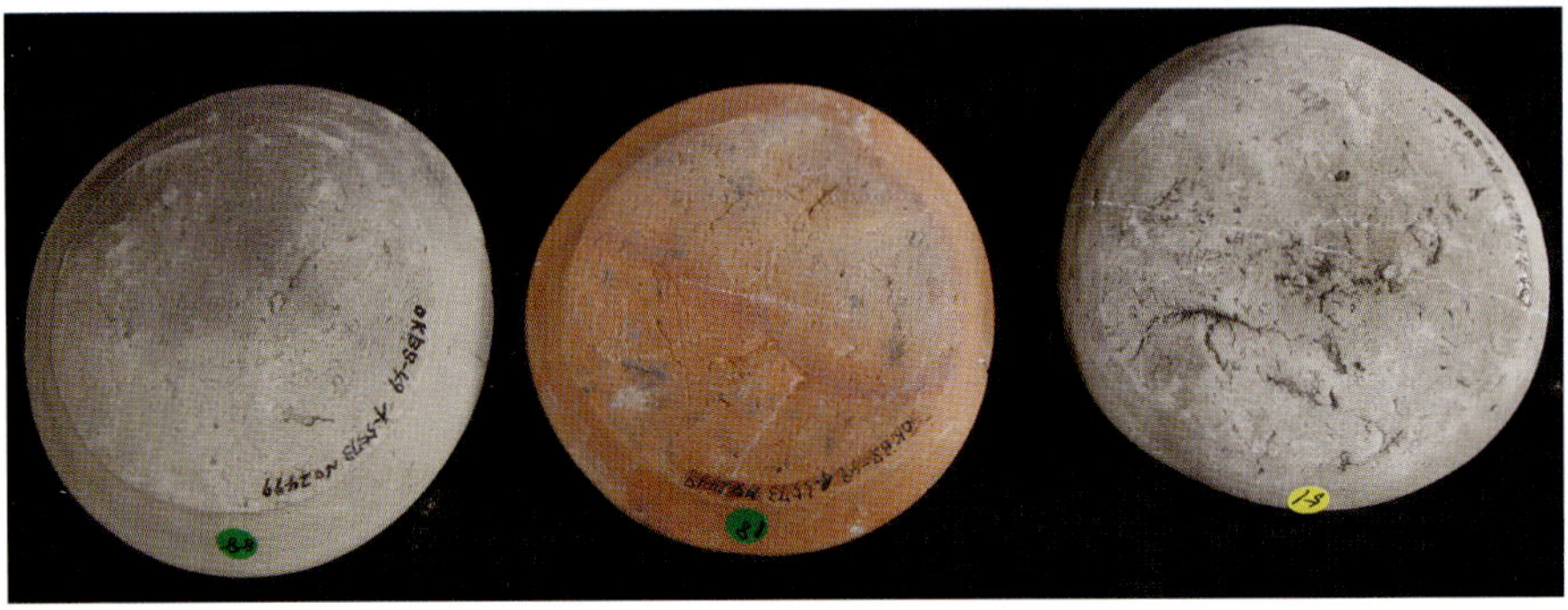

左・中：遺構 5573 出土（手づくね成形）　右：遺構 769 出土（手づくね成形）

遺構 5244 出土　大・小（手づくね成形）

大倉幕府周辺遺跡出土土器
遺構 5573（13 世紀第 1・2 四半期）・遺構 5244（13 世紀第 2 四半期）

平泉遺跡群出土　ロクロ成形(12 世紀初頭)

平泉遺跡群出土　手づくね成形(12 世紀半ば)

平泉遺跡群出土　手づくね成形
(12 世紀後半　←が円盤切込痕)

石川県矢田アカメ遺跡出土
手づくね成形(11 世紀後半)

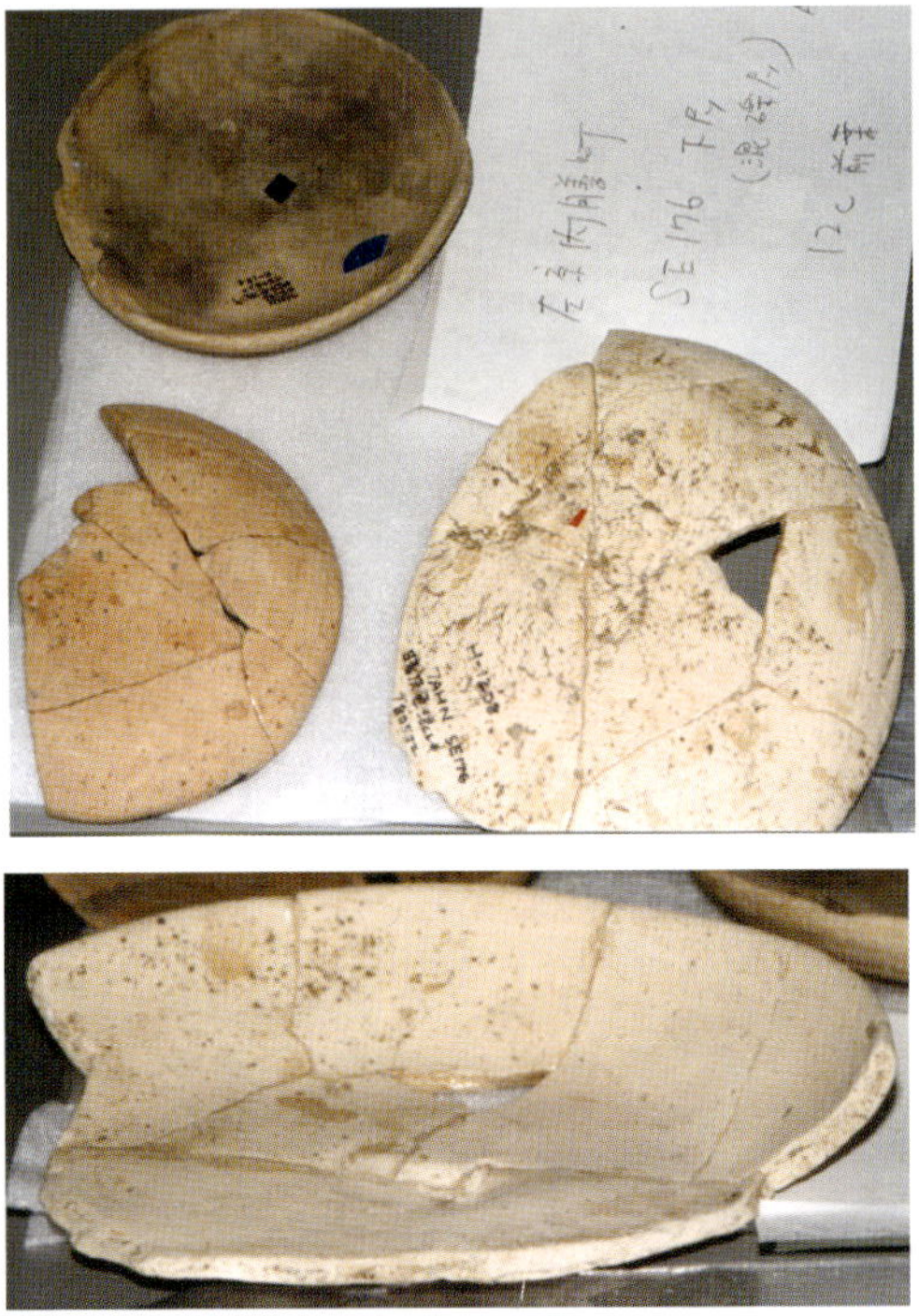

京都　左京内膳町出土　手づくね成形(12 世紀前半)

河越館跡出土　手づくね成形(12 世紀半ば)

はじめに

中世土器研究は、京都を中心に行われてきた。その理由は、京都以外のところから中世土器がほとんど出土しなかったことによる。そしてその差異は、ミヤコと地方、都市と鄙というような感覚で少なからず理解されてきた。ところが八〇年代に入ると、鎌倉からも大量の一三世紀以降の土器が出土することが知られ、その後に平泉も類似した状況であることが判明してくる。しかし一一世紀の土器に関しては、依然として京都以外には存在しないという状況が続いていた。この事象を考古学は、「土器は儀礼用の器すなわち儀器になり、京都以外ではそれを伴う儀礼が行われなくなったうえ、日常饗膳具が腐敗しやすい木製品に移行したためだ」、と解釈していた。

この考えは、現在でも概ね間違ってはいない。ところが二〇〇〇年代に入ると、秋田県では、官衙の終末から一二世紀まで続く土器群が発見され、また岩手県では、一〇世紀から一四世紀までの土器が、切れ目なく編年できるまでに至っている。列島の中では、京都と北東北だけに認められる特異な様相である。

一一世紀に北東北で起きた他地域にはない大事件としては、前九年・後三年合戦が挙げられるが、秋田県と岩手県で発見されている一一世紀の土器は、堀などに囲まれた両合戦の関連遺跡から出土したものである。「つわもの」たちが集結したこれらの合戦と土器が、深いつながりを持っていたことは、容易に想像される。

このように北東北では合戦に伴って土器が用いられているが、京都では平穏であったにもかかわらず土器は継続的に使われていた。すなわち京都と北東北では、土器に課せられた意味が微妙に異なるとしか考えられないのである。

また、制作技術にも相違が認められる。岩手県の土器をみていると、鎮守府胆沢城跡の終末の土器が判然としないものの、それらに続く国見山廃寺跡や鳥海柵跡、そして平泉遺跡群の土器によって、その変遷は明確である。胆沢城跡では、ロクロ大型坏のみの段階からロクロ大小坏へと変化し、その後にロクロ大椀小皿、平泉段階になってロクロ大小坏から、ロクロ大小皿と手づくね技法の導入によって手づくね大小皿となる。平泉藤原氏滅亡後も一定期間、手づくね大小皿は生き続けるが、一三世紀中ごろには姿を消し、一四世紀前半にはロクロ大小皿もなくなる。

鎌倉も一二世紀後半からロクロ・手づくね大小皿を使い始めるが、一三世紀前半に手づくね大小皿は消滅し、ロクロ大小皿のみとなってゆく。鎌倉と平泉が共通するのは、やがて手づくねが消滅することと、それぞれを一歩外に出ると、土器はほとんど見つからないという様相である。

対して京都も周辺から土器がほとんど見つからないことは同様だが、一貫して手づくね土器を使い続けていくという特徴を有する。ゆえに手づくね技法は、京都からの影響によってもたらされたことは明らかなのであるが、考古学はここで大きな誤認をしてしまっていた。

考古学の原点は観察であり、土器はその最初の対象ともいえるものである。しかしながら中央から地方へという一つの文化の流れに感化され、手づくね土器の詳細な観察を怠った結果、すべての手づくね土器は京都と同様に変化している、という錯覚に囚われてしまっていた。

平泉の手づくねかわらけは、京都の一部の研究者からは一三世紀のものである、と評価されている。京都の編年に照らし合わせれば、これは正しい。しかし京都と同様に平泉の土器が変化している保証は、手づくねという技法以外には一つもないし、何よりも京都産の手づくね土器は、平泉では皆無であり、鎌倉にもない。さらに鎌倉の一三世紀中葉の消滅寸前の手づくね土器は、京都では確認できない形態へと変化している。

このように土器の制作技法一つをとっても、伝播の様相は非常に複雑であることが、基本ともいえる観察によって見えてきた。さらには中世土器の分布から、土器の持つ意味を考えることも可能となっている。

本書では、武蔵大学の高橋一樹さん、ＮＰＯ法人鎌倉考古学研究所の齋木秀雄さんとともに、京都ではなく東国から、土器から見える中世社会とはどのようなものだったのかを形にしてみた。冒頭にも書いたとおり、中世土器研究は京都から始まったが、中世前期土器の出土量は、これまでの調査によって鎌倉と平泉を筆頭に東国に圧倒的に多いことから、今回の議論が行えるようになったのは、もはや偶然ではない。本書における各地区からの土器の報告や焼成窯の集成を見ても、京都に匹敵する研究段階となっている。

京都の権威を巧に利用して力を蓄え成長し、やがて貴族から政権を奪った武士たちのごとく、東国から中世土器の実態、その意味について表すことは、列島規模において土器とは何かを真摯に考えることにつながるはずである。以後、もっとも単純な土器から、複雑な中世社会を検討する議論が、各地で起こることを期待したい。

二〇一六年盛夏

八重樫忠郎

目次

はじめに――――八重樫忠郎　1

第Ⅰ部　座談　土器《かわらけ》と中世武士論

1章　東北・関東の土器と武士……8
1　鎌倉で頼朝期の土器が出た　8
2　土器の基本を知る　13
3　一二世紀の関東と東北　17

2章　荘園・公領の徴税権と土器……24
1　土器の宴がもつ役割　24
2　都下りの官人・武士と地方行政　33
3　紛争回避と序列づくり　37

3章　交通体系と土器の社会史……42
1　土器が出土しない意味　42
2　平泉・河越・鎌倉　44
3　交通路の重要性　48
4　土器のもつ社会性　53

4章　文化の読みかえと技術の伝播……60
1　土器と折敷の読みかえ　60
2　神仏も経塚も都合よく　67
3　土器の色と窯の作り方　72
4　四面庇建物と土器のセット　76

5章　土器が語る武士の実像……80
1　土器の変化と時代性　80
2　国をまたぐ独自のルールづくり　87
3　土器の分布を読む　91
4　土器と武士の「一揆」　96
5　西国・大宰府との比較　100

第Ⅱ部　関東・東北の土器

鎌倉の土器――飯村　均　106
はじめに　106
1　「鎌倉の土器」研究　107
2　大倉幕府周辺遺跡の一括資料　109
3　一括遺物の年代　113
おわりに　116

伊豆韮山と相模の土器――池谷初恵　140
はじめに　140
1　北伊豆地域の土器　141
2　相模国の土器　151
おわりに　163

武蔵・下野の土器――水口由紀子　166
はじめに　166
1　北武蔵の手づくね土器　168
2　南武蔵の手づくね土器　174
3　下野の手づくね土器　176
4　一二〜一三世紀の手づくねの特徴　179
おわりに　186

陸奥・出羽の土器――井上雅孝　188
はじめに　188
1　陸奥の一一世紀の土器　188
2　出羽の一一世紀の土器　193
3　一一世紀末葉の土器群　195
4　一二世紀の土器群　197
おわりに　211

東北地方の土器焼成窯――及川真紀　214
はじめに　214

1　白鳥舘遺跡の窯跡　214
2　東北地方の土器焼成窯　224
おわりに　232
中世かわらけ資料と東国の武士論・権力論——高橋一樹　235
執筆者一覧
あとがき

第Ⅰ部　座談　土器《かわらけ》と中世武士論

場　所：鎌倉考古学研究所事務所
日　時：二〇一五年一〇月一五日
参加者：
八重樫忠郎（平泉町まちづくり推進課課長・考古学）
高橋一樹（武蔵大学人文学部教授・文献史学）
ゲスト
齋木秀雄（ＮＰＯ法人鎌倉考古学研究所・考古学）

左から八重樫忠郎氏・高橋一樹氏・齋木秀雄氏

1章　東北・関東の土器と武士

1　鎌倉で頼朝期の土器が出た

●大倉幕府周辺遺跡

八重樫　土器を細かく見ていけば、僕は中世初期の武士を語れると前々から思っていて、最近出した『北のつわものたちの都　平泉』(新泉社、二〇一五年)にも書いたけど、いろいろ問題もあると思うので、そのあたりを一樹さんと話ができればと思っています。

東北では二〇年以上の土器研究があって、編年もほぼ固まりつつあるのですが、鎌倉の土器編年は諸説紛々でまったく使えるものはなかったのです。ところが、二〇一一年、鎌倉の大倉幕府周辺遺跡で一二世紀第4四半期(一一八〇年頃)の手づくね土器が出土したのです。この土器が持つ意味は、まさに武士の成立、鎌倉幕府の成立に深くかかわることなので、鎌倉の話から始めましょう。

土器が出たのは、大倉幕府跡のすぐそばで(鎌倉市二階堂字荏柄38番2)、おそらく近くに大倉幕府があることは、土器を見ただけでも言えます。普通、鎌倉の土器は赤い土器ばかりなのに、この土器は灰色なのです(口絵参照)。

土器の色合いが鎌倉の色ではない。平泉の土器はもう少し肌色の風合いで白っぽいし、京都の土器はもっと白い(口絵参照)。色合いは平泉と似ているのですが、鎌倉では一三世紀初めを過ぎるあたりから、どんどん赤色に近づいて、色でおおよそ時期の違いがわかります。たと

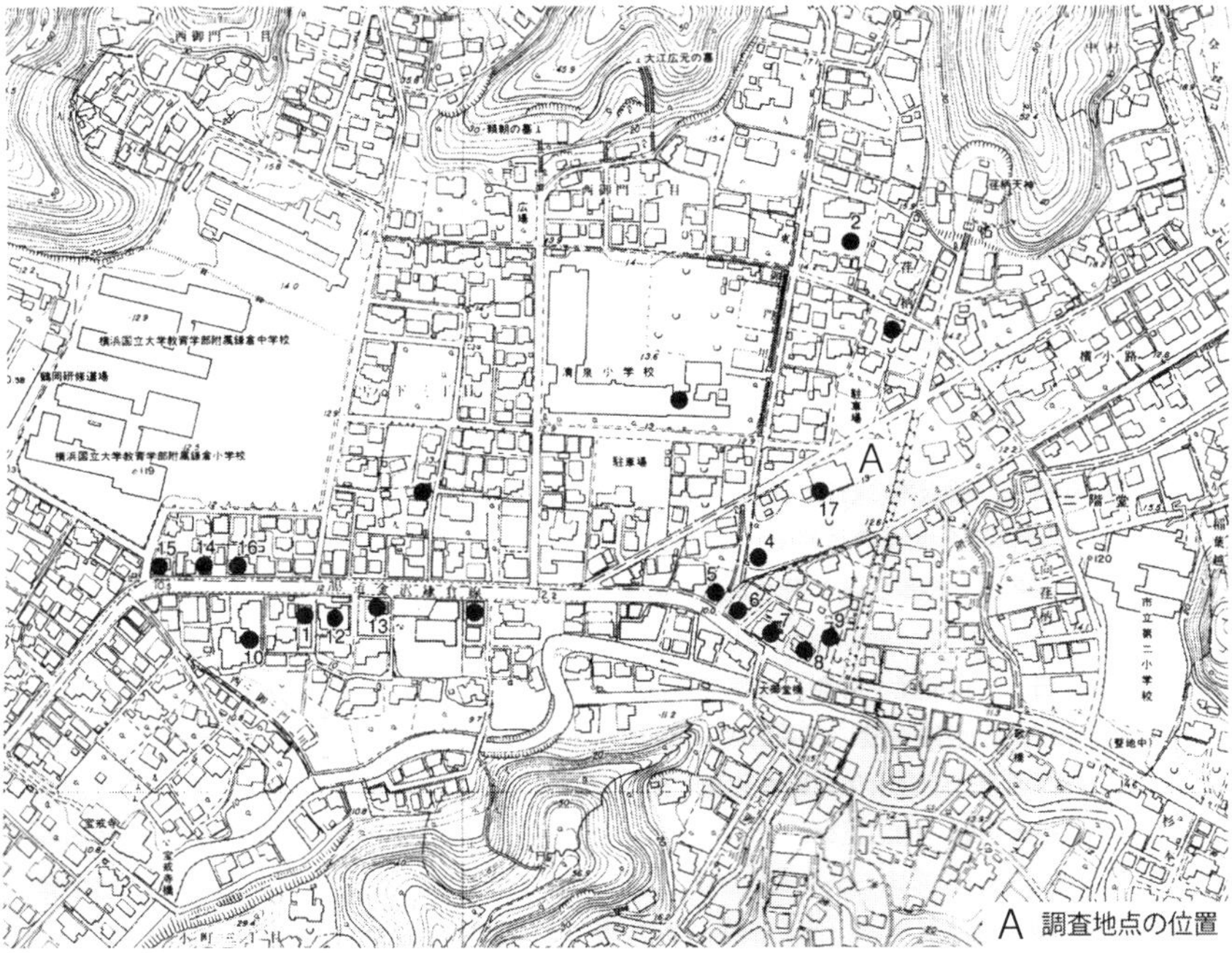

第1図　鎌倉市大倉幕府周辺遺跡位置地図(齋木 2016)

えば5244遺構の土器が鎌倉で普通にある色合いですが、それでも鎌倉の中では古いほうで、一三世紀第2四半期ぐらいです。詳しいことは均ちゃんに書いてもらうので(本書飯村均論文参照)、遺跡の概略だけ齋木さん、説明して下さい。

齋木　いまの清泉小学校が大倉幕府跡の指定エリアですが、一二世紀第4四半期の手づくね土器が出た場所は、東側です(第1図A地点)。

八重樫　清泉小学校を幕府跡だと指定したのは、誰なの?

齋木　大正か昭和の初めに、鎌倉の郷土史家が遺跡の範囲を地図に落としたのです。文献と考古の裏づけはとれていません。その郷土史家の推定地図を貫達人先生が『鎌倉市史』を作るときに使ったので、それがそのまま今でも生きているのです。

八重樫　でも土器を見れば、その推定もまんざらではないね。

齋木　清泉小学校の場所は、地形的にいうと、海抜で

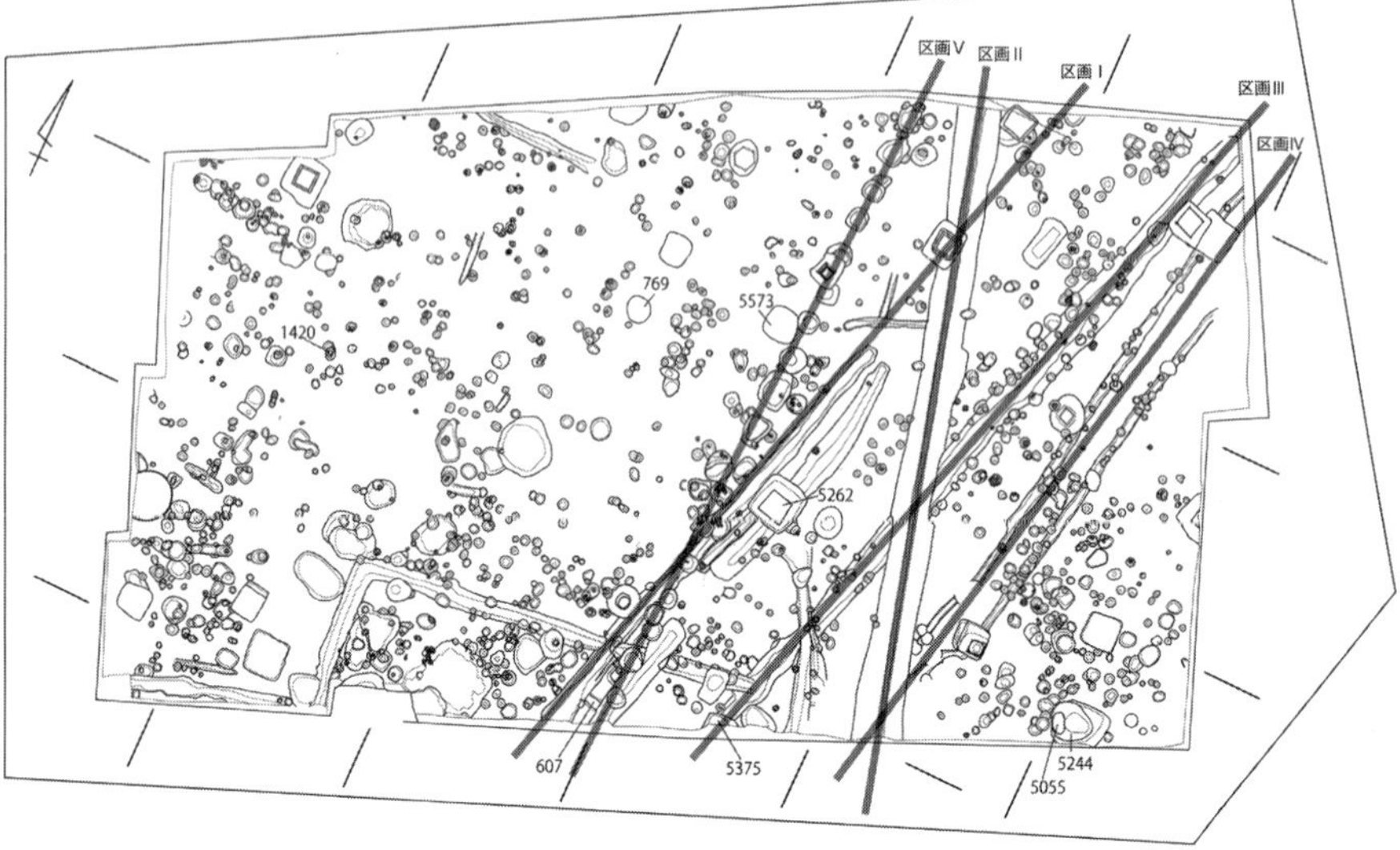

第２図　大倉幕府周辺遺跡　遺構配置図（齋木 2016）

地表から三・五メートル下がらないと、鎌倉時代初めの遺構面にはならないのです。それに対して、東側の今回の発掘地点は一メートルで遺構面に当たる。南から北に向かって傾斜が下がっていく地形になるのですが、そんな深い地形のところに幕府を造るかな？

八重樫　でも遺物を見れば、近くに幕府はあるよね。

齋木　荏柄天神の参道沿いは高台になっているから、幕府跡があるのではないかと思うけど、清泉小学校の場所を幕府跡とするのは、地形的におかしい。気になるのは、小学校の北側にある頼朝墓の下あたりで、いまの西御門二丁目です。幕府跡の指定外ですが、微高地といえば、このあたりもあやしい。

八重樫　幕府跡だとすると、そこはかなり狭いね。

齋木　幕府の初期は、そんなに広くはないと思うよ。

八重樫　平泉の柳之御所をみても、最後の時期で四〜五万平米の広さがある。柳之御所の堀内部地区だけでも六万平米あるからね。

齋木　鎌倉時代の初期に大規模な造成をした痕跡はな

いよ。

八重樫　頼朝が奥州合戦で数万の軍勢を連れてくるわけだから、会議や宴会をする場所として、ある程度の広さは欲しいわけよ。

齋木　大倉幕府周辺遺跡には、幕府跡を裏付ける遺構、建物跡が今のところないのです。唯一、あげるとすれば、No.17地点で見つかった南北方向の二重のV字溝です。No.4地点は馬淵和雄さんが発掘を担当して、東御所の政子の家ではないかと言ったのですが、掘立柱の柱穴は小さいし、建物にたいしたものがない。ただ遺物は良いものがあるというだけです。

大倉幕府跡周辺は一〇か所ほど掘っているけど、三・五メートル掘り下げないと鎌倉時代の初期には届かないので、発掘現場では安全を考慮して、一番底辺でも二メートル四方掘ればいい方です。だから何を掘っているのか、全然、わからない。しかも古い遺物は出てこない。幕府の推定地をもう少し絞り込まないとダメです。馬淵さんがいう東御所にしても、どこに対して東なのかわからないからね。

八重樫　ようするに、鎌倉はまだ何も分かっていない。

齋木　分かってなさすぎる。郷土史家の作った遺跡範囲を『鎌倉市史』で利用して、大倉幕府だけでなく、宇都宮辻子幕府にしても、全部、そのまま指定地にしていて、史跡にもならない。

●一括廃棄の重要性

八重樫　でも、土器が出たので、まんざらでもないね。

齋木　この周辺に幕府があることは間違いない。地形を見ると、荏柄天神下あたりが一番いいな。高台にあるから造成する必要もないしね。この場所は平安時代末期に堀で囲まれた空間もあるのです。下駄などもたくさん出土しているので、平安末期に生活空間があったのは間違いない。

八重樫　今回の発掘成果は、考古学から言えば、土器だけでなく、常滑・渥美の大甕もあるし、白磁四耳壺もある（口絵参照）。平泉と同じ品々が土器といっしょに廃

第３図　遺構 769 出土土器　12 世紀第４四半期

棄されている。しかも、鎌倉では初めての例で、井戸から一括で出土している。つまり、井戸にまとめて廃棄するのも、平泉と同じことをやっているのです。鎌倉では、一三世紀半ばを過ぎると、井戸に捨てないからね。

齋木　地表に平面的に捨てるか、くぼ地に捨てている。

八重樫　平場に捨てられるから遺物がグチャグチャに混ざってしまって、年代を絞り込めなかった。でも、今回は、井戸の中に捨てられていて、混ざりようがない。その意味でも信憑性の高い、重要なデータになるのです。

僕が最初に現場を見たとき、この遺物だけは死守しないとダメだと思ったね。この土器を見て齋木さんも現場で即、古いと感じた。僕もただ事でないことがすぐにわかった。そもそも井戸から出土しているだけで、普通ではない。なにより、手づくねが多くて、白磁四耳壺と渥美焼の大甕もいっしょに出ている。

僕は、渥美の大甕は稀有な大型貯蔵具と考えています。一二世紀段階には桶がないので、大きな貯蔵ができない。せいぜい曲げ物です。やはり大量の酒を貯蔵するには、大甕が必要になると思っています。常滑・渥美の大甕は大量貯蔵の道具として重宝されたはずです。でも大甕に酒を入れると持ち運びできないので、小分けにするための壺が必要になると考えています。

壺の中でも一二世紀当時の最高級品は、輸入物の白磁四耳壺です。この遺跡ではほぼ完形に近い白磁四耳壺も出土している。平泉でも同じレベルの完形品は一、二点しかないので、平泉と同時期に、鎌倉に強烈な勢力がこの現場の近くにいたことが直感できます。

高橋　なるほど、一二世紀の鎌倉が、平泉との対比でモノから論じられようとしているんですね。

八重樫　鎌倉の一部の人は、もっと古い土器があると言うけど、確認した結果、これに勝るものはない。似た土器がパラパラあるのはわかるけど、一個や二個の土器だけ抜き出して、編年したところで意味はない。完形のまま大量に廃棄されている土器を基礎にして、鎌倉の土器編年を整理しないといけないのです。そのために僕や池谷さん（池谷初恵：伊豆の国市教育委員会）たちでデータを取って実測図を作り、成果を公表しようと計画しているのです。齋木さんの報告書はいつになるの？

齋木　報告書は再来年度末です（二〇一七年三月）。

八重樫　なので先に、二〇一六年内に土器だけの報告書を出しますが、整理してわかったことがいくつかあるので、一樹さんとの対談では、鎌倉の成果も含めて、中世前期の武士の世界に土器から迫ってみたいと思います。

2　土器の基本を知る

●土器の名称

八重樫　僕らは、中世の土器のことを「かわらけ」と言うけど、京都の研究者たちは同じ土器を「土師器」や「土師質土器」と言います。文献の人にとって、考古学の名称がまちまちなのは分かりにくいと思うので、最初に名称を整理しておきます。そもそも『枕草子』で清少納言は、土器に「かわらけ」のルビを振って読ませているから、古代以来、土器は「かわらけ」なのでしょう？

高橋　『枕草子』の「きよしとみゆるもの」に挙げられている「土器」ですね。

八重樫　土師質土器は研究者の造語ですが、他に史料はありませんか？

高橋　「土器」が出てくる中世の文書をもとに、その読み方を中井淳史さんが論じていますね（中井淳史『日本中世土師器の研究』中央公論美術出版）。今回あらためて東京大学史料編纂所の提供しているデータベースなどで調べてみると、それなりにあるんですね。たとえば、一三世紀後半の東大寺の史料に、東大寺が燈油を調達するための荘園に賦課するものとして、「土器　大十・小二十」とあって、そこに「カワラケ」とルビがふられています。また、一四世紀半ばの公家日記に『後愚昧記』というものがありますが、その記事に「赤土器　カワラケ也」という例もあります。一三世紀前半の摂関家での儀礼の記録（『九条家歴世記録』一）にも、「土器」に「カハラケ」とルビがふってありました。

八重樫　やはり古代から土器は「かわらけ」と呼ばれていたと思うのです。西日本の研究者は、造語の土師質土器を使い、東北でも古代の研究者は須恵系土器・須恵系土師質土器・須恵系赤焼土器と、いろいろな名称を使う。ちなみに、須恵系土器と須恵系土師質土器は同じ土器です。僕に言わせると、色合いが違うだけで呼び分けている例もある。

齋木　関東でも古代史の考古の人は平安末期のロクロを使った深い椀型の土器を「ロクロ土師」と呼んでいますね。

――　非ロクロを使う人もいるけど、手づくねのことですよね？

八重樫　土器には、制作技法からみれば、ロクロ使用のものと非使用のものがある。非使用のものを非ロクロや手づくねと呼んでいるのです。

●手づくねとロクロ

八重樫　古墳時代には、土師器という土器があって、手づくねだけで作っていました。その後、五～六世紀に

図3　平泉柳之御所遺跡出土土器　大と小のセット

朝鮮半島から須恵器のロクロ技術が伝わって、ロクロ土師器ができてくる。ところが、京都だけは、手づくねを使い続けるのです。土器はロクロを使わず、手づくねで作る。ただ、京都の中はそうだけど、京都を離れた地方の国府、たとえば東北の多賀城では、八世紀末ごろからロクロが多くなる。そして九世紀以降は全部ロクロに変わる。ロクロは東北に限らず、官衙の土器として拡散していきます。

――土器には椀形・皿形・坏形とあるね。その違いはロクロ・手づくねの作り方や時期差と、どんな相関関係にあるの?

八重樫　感覚的な部分もあるけれど、土師器は煮沸具である甕や饗膳具である椀や坏を総称し、かわらけは饗膳具のみを対象にした呼び名ともいえそう。ところが一一世紀になると甕がほぼ消滅するため、呼称としてはかわらけオンリーとなるんだと考えています。そしてこの時期以降であれば、ロクロ土器は椀型から坏型、皿型へと変化し、一二世紀に出現する手づくね土器は、坏型から皿形に変化していきます。

また、手づくね土器は、京都の保守性をあらわしていると思っています。同じ作法を守ることが、自分たちの権威みたいな感じで、手づくね土器を使い続ける。ただし、京都でも大内裏の周辺には、白色土器の中にロクロ成形のものもあるのです。この白色土器は金属器か緑釉陶器、灰釉陶器の写しのためロクロを使いますが、それ以外は基本的に京都は手づくね土器です。ところが、京都の貴族が地方に下向して使うのは、すべてロクロ土器です。手づくね土器は、京都という空間の中だけで使われているのです。僕らが「京都系」の名称を使うのは、そのためです。

一〇世紀前半になると多賀城では、ロクロ土器と須恵器が、それまでは使いきって割れた物を捨てていたのに、完形で捨てられるようになります。さらに多賀城では、九世紀後半頃から、「大型」(口径約一四センチ)しかなかったのに、「大型」と「小型」(口径約一〇センチ)の二法量に分かれるのです。そしてそれらが完形のまま一括で捨てられるようになる。なぜ完形品で捨てるのか? 完形品で捨てるということは、器としての機能があるのに捨てているのです。完形品の一括廃棄、これが重要なのです。

高橋 確か文献史料を見ていても、「土器」は大と小に分かれていますね。

八重樫 僕らが「かわらけ」と言っているのは、中世的なものを指しているのだけど、九世紀後半・一〇世紀の段階でも、完形で一括廃棄されるものは「かわらけ」と言ってもよいと思うのです。文献的にもね。つまり、古代の土師器とは違う、儀礼用の饗膳具のみの器になってくる。そしてさらに重要なのは、多賀城周辺の集落遺跡には、一括で出土する土器がほとんどないことです。集落は竪穴建物がほとんどで、土器を一括で廃棄しないのです。関東も同じですね。

齋木 関東では九世紀後半から一〇世紀前半にかけて、竪穴建物に坏がまとまって捨てられる例もあるのですが、灯明皿です。灯明皿を大量に使う人たちがその頃の関東には居て、捨てられることはある。ところが、一〇世紀半ばを過ぎると、関東では土器が出なくなる。関東では、須恵器の窯の年代で時代を考えているので、その時期に土器がないことから人がいない、一〇世紀半ばから一二世紀後半までの間、関東には人っ子一人いないと解釈されている。この問題は二〇年ほど前に議論されたけど、その頃からまったく変わらない。一五〇年の空白は、いまだに全然埋まらないのです。

3　一二世紀の関東と東北

●関東武士の姿が見えない

八重樫　平塚の国府周辺あたりにいくらか出ているけど、もはや掘っていない場所に土器があるはずだ、というレベルではない。つまり、土器はないのです。人が居ないのではなく、土器を使った生活をしていないのです。

齋木　神奈川県の秦野市や伊勢原市の遺跡では、手づくねが出土しても、一三世紀半ば以降で、鎌倉幕府ができた後の土器しかない。

八重樫　土器だけでなく、建物もないね。一二世紀の関東は土器を使わない世界で、さらに遺構もみえないのです。だけど、頼朝が挙兵したとき、上総介が二万騎を連れてきたと『吾妻鏡』にある。二万はウソだしても千騎くらいはいたでしょう。

高橋　千葉氏の軍勢とあまりに開きがある数字なので、二万というのはとても信じられません。かといって、実際の数を想定するにも材料があまりに少ない。仮に千騎だって立派なものですよ。

八重樫　それなりの武士はいたのに、なぜ関東の武士たちの生活痕跡が見えないのか?

高橋　そうですねぇ…

八重樫　今日の話の中で、大きなポイントは、ここです。東北では、一一世紀代の土器はかなり多く出土しています。前九年・後三年合戦関連の遺跡で、土器だけでなく建物もわかる。官衙との連続性も見えている。東北は古代からつながっているのに、関東ではまったくつながらない。
ところが、今回の大倉幕府周辺遺跡で一二世紀後半に鎌倉で土器を使い始めていたことがわかったのです。鎌倉は平泉を吸収した後、べらぼうな量の土器を使って、政権を維持していく。この土器の出土状況は、関東と東北で生活様式が違うのか、何かあると思うのだけど、文献で探れませんか?

高橋　東国の武士に関して、鎌倉幕府の成立よりも前の具体的なことは、よくわからないのですよ。東北はむしろ八重樫さんもご存知のように、なおさらよくわからない。ただ、出羽と平泉の関係をみても、沿岸部の郡司クラスが平泉藤原氏の郎等になっているけれど、内陸部に入ったら平泉の勢力はそんなに及んでいなくて、いわば権力の浸透した度合いはまだら模様に近い。そうしたことが、奥州合戦のときまでにようやく見えてくる感じで、それより前は史料がきわめて少ないですね。東国でも似たような状況だと思います。

一二世紀までの古文書をごくわずかな例を除いて、どこの家も伝えていないのですから、まとまった史料となりうるのは、『吾妻鏡』といった史書や『平家物語』などの文学作品しかないのです。それでも、これらに加えて、京都の公家側の記録などに断片的にみえる記事などから、一二世紀後半の東国武士たちが京都と往来したり、それを機に独自な武士どうしのネットワークを築いていたことが、野口実さんの研究などで浮かび上がってきてはいますね(野口実『東国武士と京都』同成社ほか)。

●武蔵の河越氏と一二世紀の手づくね

八重樫　頼朝の挙兵に加わった関東の連中がどんな生活をしていたのか知りたいけど、どうもよくわからない。

高橋　そこですよねぇ…

八重樫　ただ、最近、鎌倉以外の関東に、平泉の初期のものに近い土器があることがわかったのです。

高橋　初期のものですか!

八重樫　平泉に手づくねが入る一二世紀半ば、一一五〇年前後頃の手づくねが武蔵の河越で再発見されたのです（本書水口論文参照）。今まできちんと見ていなかったのです。河越にあると言ったら、埼玉の研究者たちは愕然としていたからね。これまでは、幕府ができてから関東地方に土器が広がると言われていたけど、そうではないのです。幕府ができる前に、鎌倉より古い土器が関東にある。関東に土器を使う連中がいても当たり前ですよ。

高橋　まったく違和感はありません。

八重樫　鎌倉から関東に土器が拡散していくという考えが成り立たないことが、はっきりしたのです。ただ、武蔵の河越で出た土器は、京都そのものの土器ではない。京都から誰かが持ってきた土器を真似て作らせたものです。平泉から来たという説もあるけど、僕は違うと思うな。平泉から来たのであれば、平泉と同じタイプにならないといけないのに、そうではないので、河越で独自に京都系の手づくねを受容しようとしていた。河越だけでなく、同じような連中がパラパラと関東にもいる。河越は畠山氏がいたと言われているけど、『吾妻鏡』に出てくる前は何かわかるのですか？

高橋　秩父平氏の河越氏ですね。

八重樫　七党の連中ですか？

高橋　いえ、武蔵七党などの上に秩父平氏が覆いかぶさるように、武蔵最大の有力武士集団として存在しているわけです。河越氏や畠山氏、江戸氏らがその中心です

第４図　河越館跡　８次調査 土坑 87 出土手づくね

ね。頼朝はそうした有力武士たちをうまく懐柔し、彼らの競合関係を利用して、下総から武蔵に入りこんでいきます。

さらに、のちには秩父平氏でもっとも有力な河越氏を源義経との関係で潰し、河越という家名は存続させるけど、中身は換骨奪胎してしまう。その一方で、江戸氏などには、武蔵国府の権力を握らせるような形で味方に引き入れて、畠山氏は北条氏が倒していく。武蔵国内の有力武士たちをひとりひとり排除していって、その下にいる武蔵七党のような中小の武士たちを幕府、北条氏がじかに掌握するわけです。ところで、河越で一二世紀の手づくねが出た場所はどこですか？

八重樫　河越館跡の8次調査(現在の常楽寺の北側)で、土坑から出土したのです。

高橋　義経が平泉に連れて逃げた妻が河越重頼の娘で、その関係から頼朝によって重頼が誅殺されます。時期は文治元年(一一八五)頃ですから、河越で出土したという一二世紀半ばの土器は、きっと河越氏ですね。

八重樫　なるほど、河越氏なのね。いずれその土器も、京都系の手づくねです。京都系の手づくねはまた別の重要な意味を持っていますよ。河越のほかにも北関東では、小山の祇園城の近くから一三世紀段階の土器がけっこう出ていて、小山氏も鎌倉時代にかなりの勢力をもっていることがわかります(本書水口論文参照)。

齋木　相模の波多野氏の館跡は、広い面積を発掘しても、土器はほとんど出てこない。鎌倉と在地の館は、土器の使用量が全然違います。鎌倉時代以前だと、もっと少ないはずです。まるっきり土器を使っていない可能性がある。

八重樫　だからこそ、土器を使うことがとても重要な意味を持っているのですよ。今、見つかっているのはごく少数ですが、土器は一〇〇点単位で焼成されるので、そのうちに発見されるはずです。

●平泉のまだらな東北支配

八重樫　一一世紀の関東に土器はほとんどないのに、

第5図　大鳥井山遺跡(上)と新田(1)遺跡(下)の土器

東北では前九年・後三年合戦関連の遺跡、安倍氏の鳥海柵跡や清原氏の大鳥井山遺跡などが発掘されて、土器や建物跡もわかっています(本書井上論文参照)。その清原氏が前九年合戦の後に、青森に侵攻する延久合戦(一〇七〇年)を起こすのですが、大鳥井山遺跡から出土した一一世紀代の土器と、青森県の新田(1)遺跡(青森市)の一一世紀代の土器を比べると(第5図参照)、青森の新田(1)遺跡の土器は形状も一定していないし、法量が安定していない。大型しかないのです。清原氏が青森に侵攻したほぼ同時期の土器だけど、大鳥井山遺跡の土器とは全然違う。この土器をみると、清原氏が青森地域を面的に支配していなかったことは明らかです。

同様に平泉の段階でも、考古学から見たら面的な支配はあり得ないと思うのです。同じ遺物が出る遺跡は少数あるけれど、まったく違う世界です。だからこそ大河兼任は、奥州合戦の時期には一緒に戦わない。でも大河兼任は平泉藤原氏が徹底的にやられているのを見ているにもかかわらず、謀反を起こせるだけの自信があったので

第６図　厚真町出土　常滑壺　12世紀中葉

すから、すごい勢力です。

高橋　しかも、大河兼任がいる八郎潟沿岸の場所（秋田県五城目町大川）は、頼朝側の北陸道軍が行っていないようです。つまり、軍事的な侵略対象としては、微妙に残されていたエリアにあたります。

八重樫　もしかしたら、あえて行かなかったのかもしれない。でも、彼は結局、奥州合戦で戦おうともしていない。大河の動きを見ると、平泉の支配とは、どういうものだったのかを原点から考えないといかんかなと思います。延久合戦で清原氏は北奥まで侵攻して治めたといっても、僕らのイメージでは完全な支配下に入れたように感じるけど、実はそうではなくて、せいぜい「安全を保障する分の税金をくれよ」というくらいで同意した程度の話ではないのかな。

高橋　それは十分に考えられますね。

八重樫　北海道の厚真町で一二世紀の常滑壺をみつけたことで議論が活発化しているけど、平泉が北海道を支配下に入れるなんてことはありえない。北海道には北海道の論理があって、ただ、「北海道の良い物はくれよ、その代わりに常滑壺とか鉄はやるからさ」くらいの話です。そんな形が中世全般の北海道では続いていたのかなと思っています。

　たしかに平泉では爆発的に土器を使っている（出土総重量二〇トン以上）。でも、平泉が東北一円を治めていたというわりには、あちこちから土器は出てこない。『吾妻鏡』には平泉勢力に一七万騎がいたとあるけど、一七万騎の中身がわからない。ほんとうにそれだけの人がいたのかといわれると、土器からはよく見えない。この様相は関東と同じ。

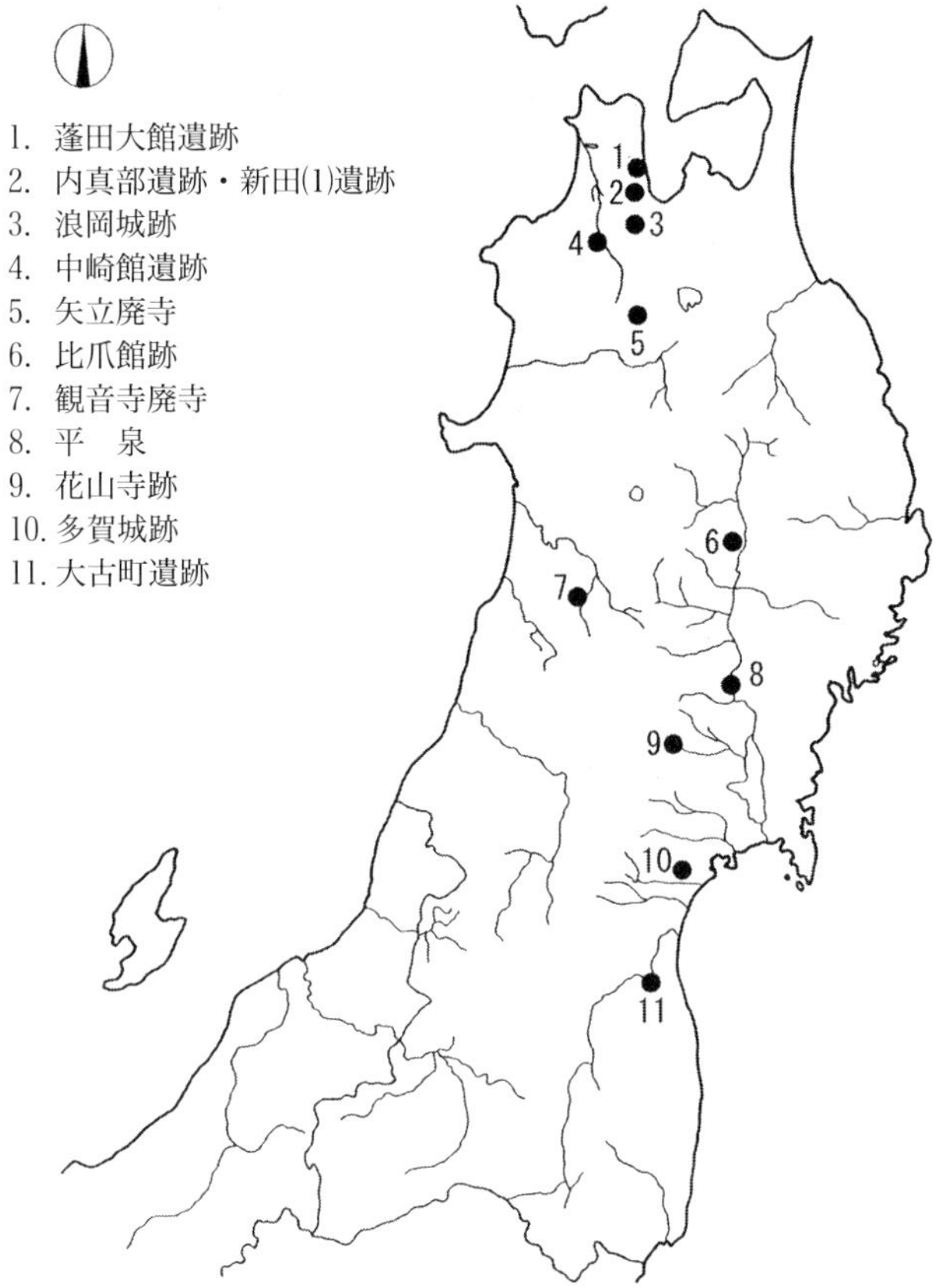

第７図　平泉セット(かわらけ・常滑壺・白磁四耳壺)の分布図

だけども、奥大道沿いには、けっこう土器が出るというのが、今の状況です。それ以外は直接支配をしていないとしか考えられない。奥大道を押さえるのは物流の問題だと思うのですが、奥大道沿いに平泉の息のかかった連中がかなりいることは、土器の分布で見えるのです。

平泉は、入間田宣夫さんがいうように鎌倉に決勝戦で負ける。そして鎌倉に幕府ができると、初期は京都と鎌倉の二つの政権となるものの、承久の乱あたりから大きく変わって武士が力を伸ばしてくる。という歴史の流れの中で、土器が重要な役割を果たしているのだろうな、という気がしているのです。

2章　荘園・公領の徴税権と土器

1　土器の宴がもつ役割

●国内名士と沙汰人

八重樫　後三年合戦のとき、源義家が働かない臆病な奴は「臆の座」に、有能な奴は「剛の座」に座らせて宴会した話が『奥州後三年記』にあって、宴会が序列を確認する場として位置づけられているのですね。

なぜそんな宴会をしているのか。僕は租税をとるためだと思っているのです。その媒介のために宴会が重要な意味を持たせられてくるのかな、という気がします。その役割を担うのが土器なのだろうな。ところが、鎌倉の場合、一二世紀まで土器はほとんど出ない。僕の推測では、頼朝の段階まで関東の武士たちは大きく集結していないと思うのです。

高橋　私もそれを言おうと思ったのですが、たとえば一二世紀段階の波多野氏など個々の武士の館に、土器はそれほど必要ないと思うのです。中世の初期には、そうした個々の武士の館を越えたところで土器は使われるのではないですか。

文献史学でこうした話をするときに、すぐに思い出すのは戸田芳実さんの仕事です(戸田芳実『初期中世社会史の研究』東京大学出版会)。京都の高山寺に残されていた平安時代後期の書状を集めた往来物に、前任の国司の館で、国内の有力者たちが宴会している内容がうかがえる史料を戸田さんが見出したのです。戸田さんはそうした面々を「国内名士」と概念化していますが、階層的には武士や兵（つわもの）とも重なってくる。彼らが交流する場としての機能を、国府ないし国司の館が持っていた、ということになると思います。

第１図　『後三年合戦絵詞』模本 上巻第五段 剛の座
（横手市教育委員会提供）

土地に課税するとか、税を取るとかの史料は、一二世紀にはたくさんあるのだけど、それは個々の荘園領主と荘園現地とのタテの関係で、細い線で結ばれているなかだけでしか残っていない。逆に言うと、ひとつの地域のなか、たとえば一国単位でのヨコの広がりが文書史料ではなかなか見えてこないのです。この時期の文献史料の限界はここにもあるのだけど、戸田さんの議論の重要なところは、荘園関係史料では見えにくいヨコの関係を見出したことなのです。

ついでに荘園制をめぐるかつての議論の限界を挙げると、たとえば、ひとつの寺院が持っている荘園支配の史料や、ある特定の貴族の家が伝来した荘園の史料というような、領主と荘園との一対一の関係でしか史料が残っていないのに、そこから得られる情報をすべて実態だと思っていたことです。

しかし、荘園の現地と京都にいる荘園領主との間には、介在する人間がいます。私はそれを「（在京）沙汰人」と概念化していて（高橋一樹『中世荘園制と鎌倉幕府』塙書房）、その沙汰人が年貢などの立て替えをしているのです。たとえば、Aという荘園の領主である貴族がいるとして、荘園Aから納められた年貢物が、本当にその領主である貴族のところに納められていたかどうかは、甚だ疑問です。田舎での生産と都市における消費のサイクルはズレていて、荘園領主がモノを必要なときに、荘園現地との間に入っている沙汰人が立て替えるからです。

こうした沙汰人による年貢などの立て替えを介在させた荘園現地と京都との関係は、モノの実物ではつながっていない。ある荘園の年貢として沙汰人は納めているかもしれないけど、実際は荘園現地で生産・納入されたモノがストレートに京都の荘園領主に行くわけではないのです。

沙汰人は中・下級の実務官人が多いのですが、平安末期の東国には、彼らが結構やって来ている。のちに武士化していく例もあるけれど、彼らはほんらい実務官人です。武士だけでなく、このような朝廷の実務官人たちも京都と東国とを往来し、かかわりをもっていたことに注目する必要があります。

●大きな荘園は要地にできる

――大石先生は荘園が北から始まると言うけど？

高橋　ひとくちに荘園といっても、いくつか類型が立てられるのですが、典型的な中世荘園の形態がどのようなものか、まだ十分に整理できていなかった時期の議論とも言えなくもない（大石直正「奥羽の荘園と前九年・後三年合戦」）。中世を通じて存続していくような荘園の形で、もっとも古い事例が北からできたかどうかは、わからないのです。というのも、東北の荘園に関する平安時代の史料では、荘園の名前だけしか史料に出てこなくて、その所領としての形態まではわからないからです。

かつて私がとりあげた越後国の小泉庄だって、名前だけなら一一世紀から史料にあらわれるけど、一二世紀半ば以降の小泉庄はまったく荘園としての内実が違うのです。こうした段階差をふまえた実態の議論が、いまの学界では不可欠です。ただ、大石さんの指摘が普遍性を持ち得るのは、列島規模はもとより、一国単位でも国府と対極にある地域、つまり国内の周縁部から大きな荘園ができてくるという点です。大田文を使った荘園制の研究でも、たとえば網野善彦さんは若狭国を例にそうしたことを見抜いている(網野善彦『日本中世土地制度の研究』塙書房)。

むしろ問題なのは、そうした現象の説明として、中世の荘園と国府を排他的な関係にあると見る立場から議論を組み立てていたことです。でも、荘園と国府・国衙領は、必ずしも対立していないという議論になってくると、なぜ周縁部から荘園ができてくるのかは、また違った話になる。もう二〇年近く前になるけど、西谷地晴美さんはこの点で、とても重要な見かたを示していますね(西谷地晴美「中世前期の温暖化と慢性的農業危機」)。

さらに陸奥国の例だと、会津盆地は、一一世紀に陸奥国から切り離されようとしますね。国府多賀城の中心部からみたら会津は周縁だけど、実は会津は、越後と結びつき、出羽の内陸部ともつながり、南奥の太平洋岸とも往来がある、交通体系上の枢要な地なのです。そういうとらえ方をすると、会津に蜷川庄のような摂関家領荘園ができるのは、むしろきわめて重要な場所だから、率先して中世の荘園が立てられるのではないか。一国レベルの政治的な中心を遠く外れるから荘園になるのではなくて、京都と地方を結ぶ列島規模の視点でみた重要なところに、中世荘園ができるという逆転の発想が必要だと思います。

中央側の立場からすれば、そうした重要なエリアを押さえるのに、現地とかかわりをもつ武士のような存在と連携し、現地の経営を請け負わせることで荘園を立て、維持することができる。蜷川庄の現地でのそうした勢力は、摂関家と密接な関係を有する城氏だと思う。

このように中世の荘園は、現地の勢力がみずからの所領を、国司や国衙からの介入を排除するために、中央の摂関家などとつながって、名目上の寄進が行われて設立するのだ、という論理では説明できない。さらに、一定の土地が荘園化してしまうと、国司や国府との関係は途切れるという認識がかつては一般的だったけれど、実際はそんなことはなくて、国司や国府の収入が認められた部分は荘園の内部に残されているのです。そうでなければ、大規模な中世荘園が次々と設立されていくと、国府の財政は破たんしてしまう。中世荘園の成立と存続に関するメカニズムについて、その理解のしかたを転換させないといけないのです。

●在地領主と職能武士

八重樫　そうですよね。国府に取り分がないと合戦になりますよ。

高橋　何が言いたいかというと、国府の果たす一国レベルでの政治的な編制力は、荘園制が構築されたもとでも残るのです。むしろ荘園制は、そうした国府の徴税システムなどをきちんと包み込みつつ、成り立っていると考えるべきなのです。

八重樫　そうですよね。国は税金をとるために郡を作るわけだけど、それをグチャグチャにされたら、国府は怒りますよ。

高橋　というか、国府の存在意義がなくなると思うのですが、荘園制の研究は、網野善彦さんによる「荘園公領制」の提起を経て、さらに二〇〇〇年前後で大きく変わったと思っています。また、武士・兵(つわもの)を含む「国内名士」たちが国府を核に交流していたことは、かつて石井進さんや戸田さん自身が論じた国府の動員兵力のあり方に関する国衙軍制の問題とも重なってくる(石井進『日本中世国家史の研究』岩波書店)。武士や兵たちを含む「国内名士」たちを、国府が束ねている側面・性格があるわけで、その階層的なつながりが、土地制度ともある程度リンクして考えられるようになった。

かつては一二世紀の国府そのものが、在地領主である武士たちの権益を守るための共同組織・機関に変質したという議論があった。しかし、一二世紀段階の在地領主制の実態を示す文献史料は、ほんとうにあるのかどうか。在地領主制論自体が実はかなり観念的なもので、中世成立期については史料的に実態を詰めたうえでの議論ではないですよね。

武士をその担い手とする在地領主が、一一・一二世紀に土地の所有を含めた一定のテリトリーを作って、それが新しい中世の徴税範囲として国府により公認されていく、というような議論は、もはや実態としては認められていないと思います。

第２図　多賀城跡　山王遺跡千刈田地区　四面庇建物復元図

第３図　多賀城跡　山王遺跡千刈田地区土器一括廃棄

それと並行して、武士の発生を在地領主制論とは別に考えてみる議論が、いわゆる職能武士論というかたちで提示されてきた（髙橋昌明『武士の成立 武士像の創出』東京大学出版会）。職能武士論の重要なところは、武士は京都で生まれた貴族社会のメンバーなのだけど、その当初から地域との関わりを持っていることですね。

●国司の館がつなぐヨコのつながり

八重樫　発掘で国司の館がわかっているのは多賀城です。九世紀後半から一〇世紀初頭のものですが、なぜ国司の館だと考古学が認めるかというと、巨大な四面庇建物があることです。九間×五間の巨大な四面庇建物があって、そのまわりに完形品になりつつある土器の一括廃棄土坑がある。四面に庇がつく巨大な建物と、土器を使った宴会をやっていることで、考古学は国司の館だと判断するのです。

第４図　大鳥井山遺跡小吉山東部堀・土塁

第５図　大鳥井山遺跡出土土器

一〇世紀前後には巨大な四面庇建物を作って、宴会をやって、土器を完形で捨てている。ところが、一〇世紀後半になると、国司の館がわからなくなって、多賀城も政庁がはっきりしなくなってくる。儀礼用の土器はパラッと出ても、一〇世紀後半になるとほとんどわからない。ただし、文献で言うと、いろいろな人たちが政庁に参拝しているから、権威はあったのだけど、姿が見えない。

多賀城はよくわからないけど、出羽の払田柵では、比較的よくわかります。払田柵は第二期の雄勝城であることは動かない。払田柵はほぼ全面調査しており、一〇世紀前後から土器が完形で捨てられ始めるのだけど、数がないのです。一〇世紀末になると、清原氏の大鳥井山遺跡は堀をめぐらしたかたちで出現する。そして払田柵跡の最後と大鳥井山の最初の土器はまったく同じなのです

（本書井上論文参照）。出土量も払田柵跡が激減している頃に、反比例するように大鳥井山遺跡では爆発的に増えてくる。

　しかし大鳥井山遺跡の柱穴を見ても、建物を見ても、官衙の建物と思われるものは一切ない。だから官衙の遺跡でないことは明らかです。第二期雄勝城（払田柵跡）が細々となったとき、大鳥井山遺跡の人たちが太くなっていくことがはっきりしている。さらに後の段階になると、いろいろな土器を使って、大量の遺物を使い始める。その頃の秋田城はわけがわらなくなっていて、岩手県の胆沢城もよくわからない。胆沢城も一〇世紀中頃には、国司が直接下ってこなくなるし、受領制などが絡んで力が弱まってくるのだろうな。

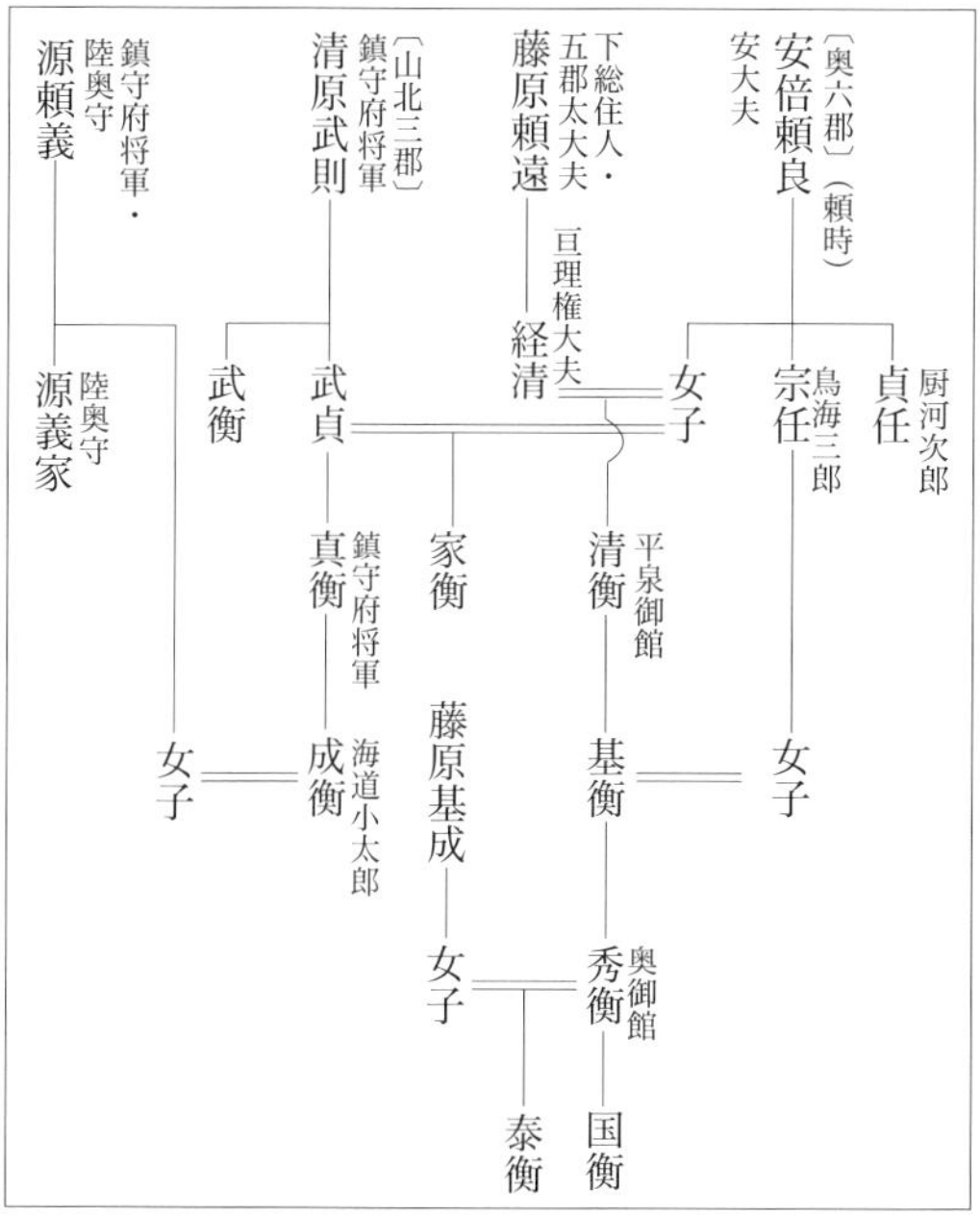

第６図　安倍・清原・藤原氏略系図

高橋　遥任の問題もありますしね。
八重樫　秋田城も雄勝城も胆沢城も、だんだん支配の力が弱まっていく。一樹さんがいうように、東北人が武士になったわけではないですよね。官衙に来た連中が在地化していくというか、職能武士たちが官衙に来て、京都に戻らないで、在地に住まう。その代表格が安倍氏と清原氏でしょう。
　陸奥国でいえば、安倍氏の初期の土器は、胆沢城の最後とはまだ結びついていなくて、五〇年くらいの開きがあるのです。遺跡がどこかにあると思うのだけど、安倍氏は、清原氏に乗っ取られて、清原氏が東北を押さえ、その後に藤原清衡が平泉を開いて、三代秀衡の頃に爆発的に土器が増えてくるという流れが考古でも追跡できるのです。ところが、関東の場合、武士が集まる必要がないから、土器が見えないのかもしれない。

高橋　平泉のような規模ではない、というのはその通りだと思いますよ。

八重樫　関東の場合、武士各々がバラバラにいる。東北も平泉以外の日本海側の由利地方に、土器の一括廃棄はないのです。一二世紀もないのです。ということは、土器は人が集まってくるときに大量に使うものなのかな、というのが見えてくるね。

齋木　関東の国府まわりで土器の一括廃棄はないね。

八重樫　しかも、関東では国府自体がよくわかっていないからね。

齋木　相模国でいえば、国府跡は見つかっていない。国分寺が海老名にあって、海老名・平塚・大磯と国府は移ったと言われるくらいで、国府の所在地がわからない。関東で国府がはっきりしているのは、武蔵国と上野国くらいですかね。

八重樫　それでも国司の館が発見されている例はないね。多賀城や胆沢城は少し異常なのですよ。

齋木　多賀城や胆沢城は、完全に他所の人たちが集まる場所だからね。

八重樫　蝦夷政策として城を造らなければいけなかったからね。普通の国府ではない。

齋木　相模国府周辺の平塚でも海老名でも、一〇世紀後半以降の土器は、全然ないな。

――関東では後に武士化するような人たちは、国府に集まることもない？

齋木　たぶん、国府に集まっていないような気がする。集まって宴会をやるような形があれば、どこかで土器が出るはずです。平塚の国府周辺域でも海老名でも土器は見つかっていないのです。ロクロ土師器は最近、パラパラと見つかっているけど、量は少ない。すべて一〇世紀半ばで切れてしまう。

八重樫　一〇世紀半ばで切れるのは、東北も官衙は同じです。ただ、東北では官衙を継承していく連中がいた。安倍氏・清原氏と平泉藤原氏だよ。

2　都下りの官人・武士と地方行政

●文献史学の現在

高橋　郡家自体、一〇世紀でなくなりますね。東北との関係が深くて、私の故郷である越後の例でいうと、八幡林遺跡(長岡市)は官衙的な役割を持ちつつ、城柵的な機能も持っている。それが廃絶してしまうと、近隣の下ノ西遺跡や門新遺跡といった、漆紙文書や出挙の木簡も出土するような、官衙の機能を継承している遺跡があらわれる。けれども、遺構はまったく官衙的ではない。こうした古代から中世への過渡期的な実態は、文献史料ではよくわからないのですよね。

在地領主制論の全盛期は、武士の所有する土地のテリトリーを徴税単位として丸呑みしていったのが中世の新しい郡・郷・保だと理解していた。これに対して、かつて大石直正さんらが、郡や郷の現場に国司や国府から派遣されてくる使者の役割を重視する議論を提起したのをうけて(大石直正「平安時代の郡・郷の収納所・検田所について」)、近年の小川弘和さんは、国司側が新しい徴税範囲を設定する動きを重視して、そこに中世の行政単位としての郡・郷などが生み出されるのであり、在地領主制の問題とはひとまず切り離して考えるべきことを論じた(小川弘和『古代・中世国家と領主支配』吉川弘文館)。

中世の郡や郷といった単位所領を、武士の支配領域、土地所有を必ずしも前提にせず、むしろ国司・国府側のイニシアティヴを重視すべきだという議論です。

この議論はとても重要だと思うのですが、そもそも中世成立期の在地領主に関する研究自体が長らく停滞している状態といってよい。さらに、武士の発生に関する職能武士論も提示されたわけで、全体的な議論の整理整頓が必要となっている。それがいまの研究状況です。

●国司の郎等が在地に居着く

八重樫　本来、国府が建郡するのも、徴税をしていくためのエリアをつくる、まさに税金を取るための範囲ですね。東北で奥六郡をつくるとき、蝦夷とのいさかいもあるから、武士を配置していくわけですよね。いさかいが起こるときのまとめ役として、土器が大きな意味を持っていた。だからこそ、東北だけは、古代から土器がつながるのかな、という気がするのです。

高橋 八重樫さんが言われるように、東北は郡をつくるところからやらなければいけないから、逆に見えやすいというのは、あると思います。

八重樫 建郡しなければいかん。しかも軍事力をもって郡を建てないと、内部でいさかいが起きるから対処できない。

高橋 おもに保立道久さんが強調しているのだけど(保立道久『中世の国土公権と天皇・武士』校倉書房)、一〇世紀に行われた国政改革のインパクトは確かに大きい。国によって少し事情は違うけど、国司に地方行政上の裁量権をかなり認めている。すると、国司は赴任先で徴税を強化するわけで、例の「尾張国郡司百姓等解文」を代表例とする国司苛政上訴闘争という状況が一一世紀におこってくる。そこである程度、国ごとに徴税の基準額を決めようとなるわけですね。ここまでの流れのなかで国司は、地方に下向するとき、郎等などとして武士を連れていくようすが見えてきます。

その郎等たちは徴税にも当然、関わっていたでしょうし、一二世紀半ばの「医心方紙背文書」をみると、大量の郎等たちが国司に連れられて加賀にやってきていることが知られる。そして、国司の郎等たちが「作手」(耕作権)を大量にかき集めていたことも、この史料からわかっています。

国司は任期が切れれば京都に帰っていくのだけど、その郎等たちのなかには、現地に居着く場合のあることも浮かび上がってきた。かつて言われていたような、地方社会における武士の発生と在地領主化とは違うスタイルで、武力装置の問題と土地の所有、徴税の実態がリンクしてくる。保立道久さんの言う「土地所有の軍事化」という状況の下で、在地領主制論の枠組みとは異なる、地方に対する徴税の方法やそれを実現する行政組織といったところに、武士が入り込む回路がある。ここが重要だと思うのです。

八重樫　その武士たちは、地域の連中に対して安全を保障するかわりに、税を寄こせよって話ですかね。

高橋　おそらくそうでしょうね。一方的な収奪はあり得ないですから。

●徴税権の担い手

八重樫　そうでないと地域には入り込めない。国司郎等のような奴らが、のちの安倍・清原氏になる。安倍・清原氏は、東北から生まれてきたのではなく、都から来た連中が居着いて在地に根を張っていくところが大きなポイントだろうと思うのです。

高橋　そうだと思いますね。

八重樫　そのことが土器からも見えるのです。官衙以外に土器はほとんど出ないのに、安倍氏・清原氏は土器をどんどん使って、国司と喧嘩するまでに成長していく。その結果が前九年・後三年合戦でしょう。安倍氏や清原氏は徴税権をもっているのですよね。前九年合戦のとき、平泉を開くことになる清衡のお父さん、亘理権大夫の経清は、勝手に徴税したものだから国司の源頼義に捕まって「俺の許可なく税金とりやがって」って頸を刎ねられる間際まで責められている。国司にとって税金を取るのは不可侵の権益ですよね。

高橋　もちろんそうです。

八重樫　ですよね。それを犯したことを頼義は怒るわけなので、結局、東北のつわものの連中が、成長していく大きな理由に何があるのかというと、やはり徴税権が重要な意味をもっていた。つわものたちが徴税権を得るためには、自分らを正当化し、さらにグループを大きくしていかなくてはいけない。それを媒介していくアイテムが土器なのだろうな。だから、関東では、頼朝が登場するまで、武士はあまり集まらなくてもよかったから土器はないのです。

齋木　一〇世紀半ばを過ぎると、国府が消滅していくので、相模国ではほとんど土器が出ない。頼朝の幕府が始まると、鎌倉に土器がドッと出てくる。

高橋　いや、国府は消えないのです。史料をみていくと、東国はあまり残っていませんが、国府の留守所が出している文書は存続しています。

齋木　国府の権力を在地のたとえば愛甲氏などが奪っていくのかな？

八重樫　その人たちが税金を納めているのですよ。はっきりした史料はないけど、後三年合戦が終わって、平泉の初代清衡が徴税の役を代行するのだと思うのです。だからこそ押領使という陸奥国の軍事警察権をもらうわけです。清衡は謀反を起こしそうだとまわりからいわれ、危うい時期もあるのだけど、官位として押領使をもらうことを条件に、税金をきっちり国司に納めたのだと思います。

齋木　地域ごとの豪族みたいな奴らが住民から直接税を取って、国府に納めるような形に変わっていくのかな？

――その豪族みたいな奴らって、関東で言えば、常陸大掾家のようなレベルですか？

高橋　常陸国府は常陸平氏の大掾家らが掌握しているから、齋木さんが言っている豪族はもっと下のクラスですね。彼らを介した徴税の請負のような構造がいくつもあったと思うのです。そうしないと国の経営はまわっていかないですよ。

八重樫　一一・一二世紀にも都城はあるわけだから、税金をとっていかないと、まわっていかないですよ。だから、誰かがきちんと税を徴収しているのですよ。

高橋　八重樫さんが言われる徴税権という考え方は、私も大賛成です。ヨーロッパと比較するとよくわかるのですが、日本には古代から国家とその権力が所在する首都的な空間がつくられ、そこにひとまず地方から富を集める、という仕組みがありますね。その中央と地方との間に介在する人びとが、富と権力の一部を握る構造が生じるのです、とくに中世の場合は。だから、誰が土地を所有するというのとは別に、誰が税を集めて税を納めるか、そこが独自の権益として、すごく重要なものとして成り立っている。とりわけ、一一世紀、一二世紀の段階は、その骨格ができる段階ですからね。

八重樫　入間田さんは、武士の発生は北からだと言うけど（入間田『平泉の政治と仏教』高志書院）、僕は「北から」とは言えなくても、「北がよく見える」ということだと思う。

高橋　北はよく見えるわけですね。

八重樫　平泉は、ほんとうにわかりやすい。ただ、北と同じことを考えていた連中が関東の河越にもいたのですよ。土器がそれを語っているのです。

3　紛争回避と序列づくり

●横山党と波多野氏のケース

齋木　土器の位置づけとしては、儀礼食器ですよね。だから儀礼をする必要がない地域には土器がないのですよ。

高橋　そうですね。

八重樫　人が集まる必要がないから土器を使うこともない。鎌倉でも一二世紀第4四半期になると、平泉のように人をまとめていく必要が生じたから、大量に土器を使うことになったのではないかな。

齋木　集まってくる顔触れも人数も、平泉と鎌倉は全然違うのでしょう。

八重樫　大倉幕府周辺で出た土器は、完形品でせいぜい一〇〇個くらいですね（遺構769）。平泉の一二世紀後半段階だと完形品で四〇〇個くらい捨てている。だから、集まっている人数の規模はかなり違う。

――その宴会に集まる連中に、一樹さんが言う「沙汰人」のような人も交じっているの？

高橋　どうなんでしょうねぇ…。その可能性はあると思うけど、史料的にはわからないところですね。

八重樫　一二世紀後半になると、沙汰人ではなくて、僕は武士になっているのではないかと思うけど…

高橋　沙汰人も当然、武力を持っていないと安定的に徴税はできないでしょうからね。

八重樫　たぶん荘園制がスタートするあたりは、一樹さんがいうように武士というのではなくて、沙汰人といわれる実務官人が現地と荘園領主の間に介在して、中間マージンをとって跋扈していたのだろうと思うね。

高橋　だいたいそのパターンです。一二世紀初めの相模国で横山党と内記平大夫がおこしたトラブルが有名だけど、内記平大夫は源為義の郎党で国府の目代や愛甲庄の沙汰人でもあった。為義は都に基盤をもつ武士だから、地方行政の実務なんてわかるはずがない。だから為義は、京都で接点をもつ内記平大夫のような官人たちを、国司の目代や荘園の沙汰人として現地に派遣して、徴税などをやらせている。内記平大夫のほうも、そうした目代や沙汰人として活動しながら、美濃の青墓宿の長者である遊女の娘を娶って、自分の活動拠点を京都と地方を結ぶ交通の要衝に作っていく。

内記平大夫は横山党のような現地の有力武士とうまくいかずに、合戦となって史料に登場したけど、うまく協調したのが波多野氏の例です。湯山学さんが明らかにしたように(湯山学『波多野氏と波多野庄』夢工房)、佐伯経資が相模国の目代になって相模に下向し、もともと藤原秀郷の子孫で北関東に勢力をもちながら南関東に進出した武士との間で婚姻関係を結び、入間田宣夫さんの表現を借りれば、ハイブリッドな武士を生み出して、のちに波多野氏を名乗り始めるのです。

こうしたかたちで、目代や沙汰人などとして中央と地方に介在する人びとが、現地に根を張りつつある武士と重層・複合していくわけです。

国司が数年で変わるごとに新しい郎等たちが入ってくると、彼らとどのような関係を取り持つのかというところも気になる。少なくとも一二世紀になると、国司本人は国府には来ていないから、国司本人と現地とは関係ないですね。

●いさかいを未然に防ぐ

――　前任の国司が派遣した目代や郎等たちは、任期が終わると連れて帰らなくていいの？

高橋　郎等たち本人の意思で現地に居着くのが多いのではないかな。

——新任国司の郎等と、前任国司の郎等とはケンカになりませんかね。

八重樫　当然、もめるよね。そこで起きたのが前九年・後三年合戦ですよ。新しい国司が来て、在地の連中や前任国司の郎等と軋轢があって、権益でもめる。

高橋　一般に押領使や検非違使所は国ごとでも、国司と連なる武士クラスが任命されるから、それ以下の国司郎等が「作手」（耕作権）という権限を吸収して、国司が帰ったのちも現地に残るケースが出てくる。それが繰り返しおこってくるわけですね。

五味文彦さんも言っているように（五味文彦『武士と文士の中世史』東京大学出版会）、そうした現地での軋轢をなるべく少なくしたいから、関係の深い貴族から貴族へ、あるいはひとりの知行国主の息子たちのあいだで、国司のタライ回しが起きてくるのだと思うのです。逆にまったく無関係の国司の郎等が来たら、現地でトラブルが起こることは十分想定できますよね。

八重樫　後でも話をするけど、手づくね土器も、京都そのものだと思っていたけど、京都とは違う。京都の誰かが京都の情報を持って来て、地元で作らせている。あれだけ爆発的に手づくねが増えるのは、宴会の重要性を伝える沙汰人や目代みたいな連中が知恵つけていると思うね。その宴会で人の序列を作るのです。

高橋　それはあるでしょうね。

八重樫　序列をつけていかないと、ヒエラルヒーのある組織はできないし、組織としての統制が効かなくなってしまう。東北はきちんとした階級・序列がない世界だったから、自分たちの新たな論理で序列づくりをするのでしょう。

その意味でも平泉から出土した「磐前村印」（第7図参照）は非常に重要で、平泉の段階では村で掌握していることがわかる。村という行政単位が一つの徴税のシステムになっているのです。だから「磐前村印」という村印が柳之御所遺跡から出るのです。郡・郷ではなく、自分たちが支配しやすい枠組みを作ったのでしょう。

高橋　なるほどね。その意味で言うと、大石さんの「磐前村印」の解釈はとても重要な考え方ですね（大石直正『奥州藤原氏の時代』吉川弘文館）。

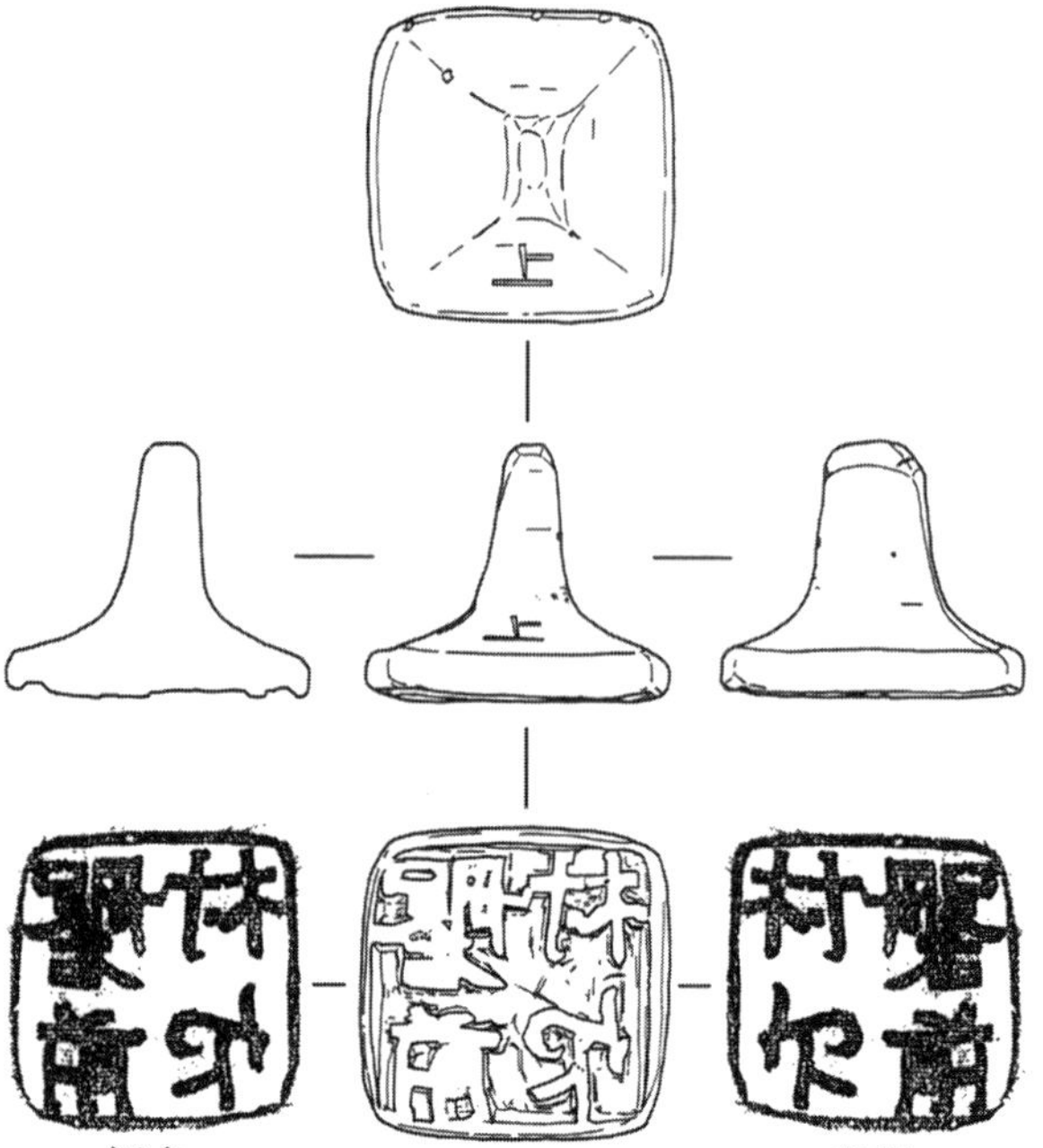

第７図　柳之御所遺跡出土「磐前村印」1/2

●在庁官人

八重樫　今ひとつ僕がよくわからないのは、文献の人たちが言っている在庁官人です。現地に残っていく官人なのですか。国司が帰っても現地に残って地元に居座る？

高橋　とくに一二世紀段階の在庁官人は、各国ごとに武士とも重なるような有力者たちによって占められている、という議論がかつてはなされていたのだけど、厳密に言うと、どこから来ているか、よくわからない。

一二世紀の国府や在庁官人の史料で、いまもっともよく残っているのは伊賀国です。東大寺領の杣や荘園があって、それにかかわる東大寺文書が残っているからです。それをみると、一二世紀後半のある時期に、在庁官人たちの姓がガラッと変わる、という指摘があります。姓を変えたのだと議論されているけど、そうではない可能性もある。在庁官人の顔ぶれが入れ替わっているとも考えられるんじゃないかな。

八重樫　土器を見るときに、在庁官人は、どう解釈すればいいのかな？

――　かつてのイメージだと在庁官人は、現地に根付いている人たちが登用されて官衙に勤務している感じだったけど、そうではない？

高橋　意外に流動性がある可能性も考えないと。

――　文字の読み書きができる連中なんて、そんなにいないしね。

高橋　文字の読み書きだけではなくて、文書や帳簿を作成する能力もいるし、計数能力も必要です。

八重樫　やはり在庁官人の役割も徴税だと思うのです。土地を所有するというよりも、土地から上がる収穫物に税をかけて納めさせれば、別に所有しなくてもいいしね。

高橋　徴税権はとても重要な中世の論理です。

八重樫　清衡が後三年合戦の後に、押領使になるのだけど、関白師実に馬を贈ったりして、交渉しているから、彼自身が押領使を求めた可能性があるなと僕は思っています。押領使は軍事警察権だと思うから、徴税するためには軍事警察権が必要なのですよ。少なくとも、在庁官人の連中も清衡のまわりにいて、徴税していたはずだからね。

頼朝にしても、平泉に侵攻したとき、国府にあるべき土地台帳が平泉にあって、税金を集めていたことを知っていて、土地台帳を出せというのだけど、焼けてしまって手に入らなかった。それをみても、頼朝は徴税権をすごく気にしている。とにかく土地所有よりも徴税です。関東の人間に東北現地のことなんか皆目わからないのだから、土地を所有しなくてもいいのです。徴税できればいいのですよ。

3章　交通体系と土器の社会史

1　土器が出土しない意味

●出るところ、出ないところ

高橋　こうして八重樫さんと話していると、土器が持っている意味がよくわかってきました。その性格はかなり重要ですが、私のような文献史の人には、京都の手づくねが出れば、京都の秩序に対するあこがれや、京都とのつながりだとかのメルクマールくらいにしか、考えていないんじゃないですかね。

――　考古もそのイメージでしか、これまでは語ってこなかったしね。

高橋　それとはまた本質的に違うところを話しているわけですが、八重樫さんの話ですごく重要なのは、土器が出土しない地域の説明ができるように思われることです。京都からきた国司の郎等や目代・沙汰人などが在地に根づいていくということだったら、どの地域から手づくねが出土していても良いはずだけど、そんな簡単に土器は出てこない。遺跡がないとか、まだ見つかっていない、という解釈ではないのですね。

八重樫　それはない。

高橋　土器が出ないということは、土器を必要としない場所だと説明できます。これはかなり重要です。単に京都とつながっているといった問題ではなくて、地域編成や権力編成なりの地域の拠点、核になるような場所でないと、土器が出てこないのだということを、時期差などを踏まえて議論できるようになる。

八重樫　そうです。土器が出ないってことは、ないのです。低地にあるとか、高台にあるとか、いろんな考えはあったけど、これだけ日本列島を開発して発掘しているのに、出ないってことは、たぶんないのです。

――河越のように、あとから気づくことはあるけどね。

八重樫　出土していたのに認識していなかったレベルね。

――認識していないというレベルでいえば、常陸あたりは再発見されてもいいね。

八重樫　鎌倉で一二世紀後半の土器が見つかったから、同じものがうちにもあるぞって、再発見されることはあるだろうね。

――越後ではたとえば、国府の直江津周辺では出ても、阿賀北に土器は出ないって話になる？

高橋　北越後に土器は出ないですよ。齋木さんが言う、相模で出ないのもよくわかる。だいたいどの国も構造はいっしょです。私が一番よいモデルだと思うのは、一二世紀の伯耆国でして、地形的にも大山の西と東で地域が二分されていて、東伯耆は国府に基盤をもつ小鴨介《おがものすけ》がボスだし、西伯耆は海陸氏《かいろく》が荘園を根拠にしていて、国府とはつながりが弱い。一国内で地域的にも対立している二大ボスがいるわけです。

相模国も同じでしょう。相模は西相模と東相模に分かれて、一二世紀にはその真ん中に国府があり、東の三浦氏と西の大庭氏となる。初めは三浦氏が三浦介で国府を握っていたけど、平氏政権ができたら、大庭氏が取り立てられて河内源氏とつながる三浦氏は干された。下総の千葉介もそうです。石橋山から逃れた源頼朝は、そうした平氏政権に排除されている南関東の武士勢力を配下に組み入れて、国ごとに勢力地図をひっくり返す軍事行動を、ぐるりと迂回しながらやっているわけです。

八重樫　なるほどね。

高橋　そうやって南関東の国府を自分でまわって、平氏政権で干されていた武士たちを頼朝の基盤にしていく。

越後国も西の国府と北東の城氏とは二大勢力で完全に分かれている。越後の城氏勢力下でなぜ土器が出ないのかと羽柴直人さんは疑問に思っているようだけど（羽柴直人『東日本初期武家政権の考古学的研究』総合研究大学院大学博士論文）、土器の出る必要がないと考えればよい。城氏と平泉の権力も質的に全然違う。越後一国のなかに城氏を押し込める必要もないけど、平泉の勢力圏や国府との関係などとは、まったく比べものにならない。越後国内の城氏にかかわる遺跡でなぜ土器が出ないのか、その理由をこれまでの話で納得できたように思います。むしろ城氏とのかかわりで出るとすれば、会津でしょうね。

八重樫　阿賀北に一二世紀の土器はあんまりないからね。この事実は動かしようがない。

――平泉藤原氏と城氏の決定的な違いは、どこにあるのですか？

高橋　城氏は基本的に越後国の半分くらいとそれに接続する近隣地域を押さえるボスで、国府の在庁官人たちとは厳しく対立している。しかし、平泉藤原氏は国府の機能を吸収しているわけで、権力のあり方が違いますね。

2　平泉・河越・鎌倉

●手づくね作りは難しい

八重樫　こうして整理してくると、平泉の特異性がよくわかるね。最初は、安倍・清原氏が官衙の模倣からスタートして、官衙と肩を並べて前九年・後三年合戦で国司と争うまでに成長し、平泉になると国家を見据えるくらいまでに肥大化して、国家権力と同じような寺院を作り始める。そのなかで一二世紀半ばに手づくね土器が平泉に導入される。

しかも、同じ時期に関東の河越でも手づくねが出てくる。同時多発的にみんな同じ考えを持つのか、もしくは平泉の影響なのか、いろいろな議論はあろうかと思うけど、河越の手づくねは、平泉の初期の土器と技法までがあまりにも似ているのです。同時期の京都のものとは形態が異なるし、さらに器壁が厚い。とはいえ、粘土板を

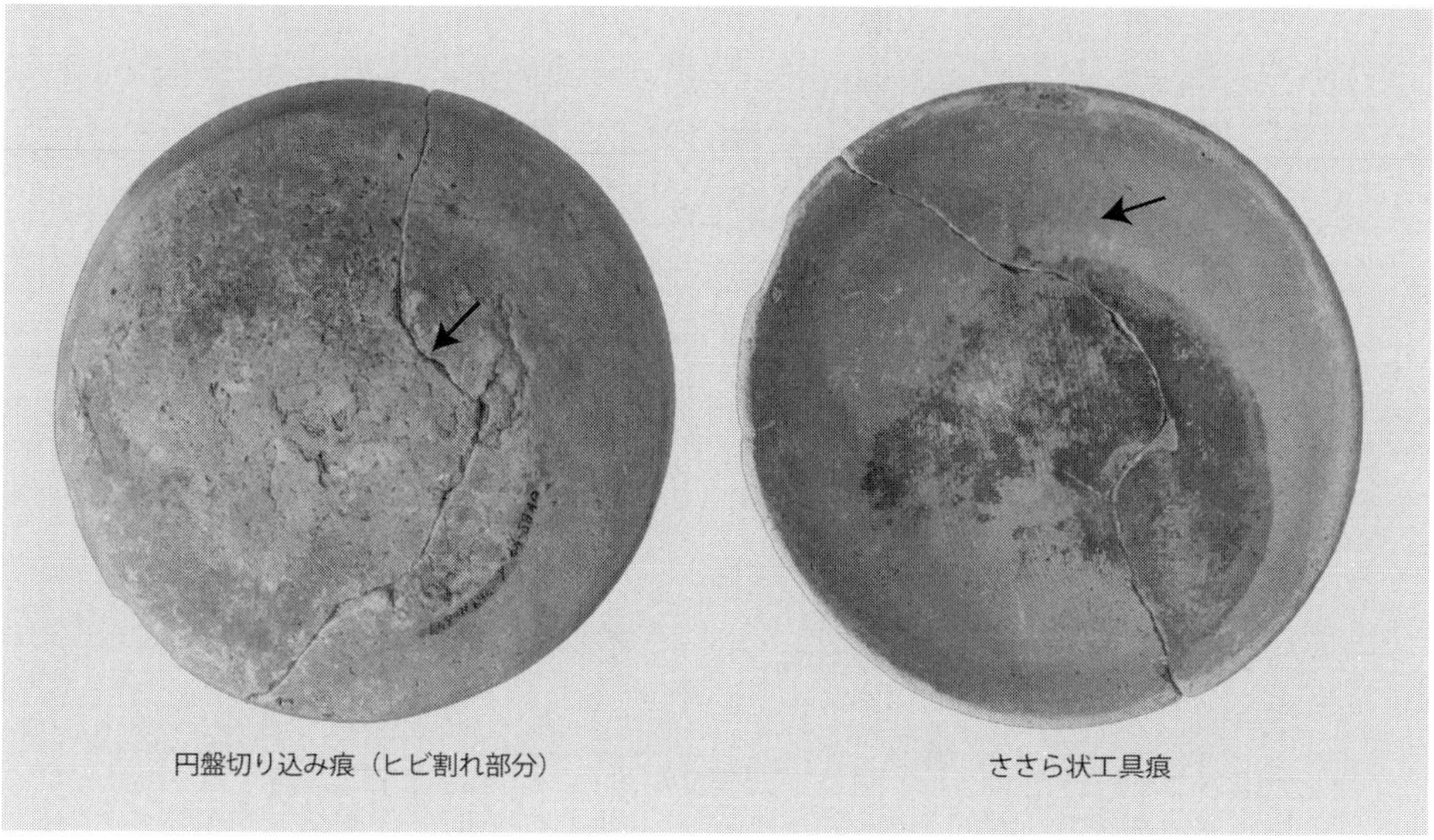

第１図　遺構769出土　手づくねのささら状工具痕と円盤切り込み痕

押し上げて端部を合わせて作る技法は、京都と同じなのです。

齋木　作り方は教えに来ていると思うな。

八重樫　そうでないと、手づくねはできないと思っていたけど…。

齋木　鎌倉でも、いきなり工人に手づくねを作れと言っても、絶対できない。

八重樫　でも工人が来ているのなら、同じ土器があってもいいよね。鎌倉の土器でも外底は円盤切り込みといって、板に切り込み入れて、寄せて立体化させている。V字カットを入れて、そこをグイッと寄せると立体化する痕が残るのです（第1図）。こうした技法は、手づくねの作り方を知っていないと、できない。でも技法は知っているくせに、なぜか分厚くて重くできているよね。

齋木　技法は習っていると思うなぁ。

八重樫　と言うのだけど、僕は、在地のロクロ工人は、手づくね土器を見れば、そのくらいのことはできるんじゃないかなと思っている。だって同じ土器が作られていないという事象からは、そうとしか考えられない。

齋木　それは無理だと思うな。ロクロしか使ったことがない工人が、いきなり手づくねはできないと思うなぁ。

八重樫　まあねぇ…。鎌倉の土器を観察していておもしろいのは、内側にササラ状の工具痕があることです（第1図）。これは京都にはない技法。平泉はササラ状の土器は大得意なので、手づくねは、すでに平泉ナイズされて、在地化していることになる。鎌倉の初期段階の土器も同じササラ状の痕跡があるので、京都直ではなく、平泉に近い技法であることはある。

●平泉と鎌倉のタイムラグ

八重樫　ただ、平泉と鎌倉の関係ですごく難しい問題は、一一八〇年頃の鎌倉の手づくね・ロクロのセットを見ると、平泉に手づくねが入って来た一二世紀中頃の様相なのです。平泉の一一四〇～五〇年頃の大・小のセットとほとんど同じものを、鎌倉では一一八〇年に使っている。三〇～四〇年ズレているにもかかわらず…。

その後、鎌倉でもロクロを駆逐して、手づくね一色になるのは、平泉と同じ流れです。タイムラグがありながら、同じパターンで変化している。何か普遍的な流れがあるのかなぁ、という気がするのです。

第2図　遺構769出土　大・小の土器

齋木　平泉と鎌倉の間には、クッションがいくつかあったと思うのです。河越でもいいけど、たとえば、河越で平泉の古い形を真似していたら、それがそのまま鎌倉に伝わるわけだし、平泉からダイレクトではないと思うのです。

高橋　その可能性はあると思いますよ。

齋木　何個かのクッションがあると思う。京都からではない。

八重樫　京都の線はまるっきりないね。誰かが知っていたのかな。人の行き来は当然あるだろうからね。

高橋　交流はあるでしょう。そこで思い出すのは比企氏です。比企氏は潰されたから何も史料は残ってないけど、源頼朝の乳母のひとりだった比企尼が、実務官人の夫とともに武蔵北部に入ってくる。『吾妻鏡』には流人になった頼朝を庇護するためだとあるけど、頼朝が伊豆に来てからの人間のネットワークで、京都の情勢をよく知っていて実務能力のある比企氏がとても重要な役割をはたしている。

いま、われわれが目にしている文献史料には見えにくいけれど、京都から中・下級の実務官人が予想以上に関東にも来て、活動していることは、さきほど話した通りです。そして、そのまま一二世紀段階で現地に居着いているケースもある。

彼らが後々、御家人となって武士化してしまうから、あとで武士の家として目立つようになるから、ますます見えづらくなるのだけど、実はもとをたどれば、国府や荘園などでの徴税の請負人であった、なんていう家はめずらしくなかったと思う。

われわれが考えている以上に、幕府ができる前の平安末期にいたる京都と東国には、頻繁な人間の往来があった可能性は十分にあり、それにともなう交通の要衝が生み出されたはずです。

八重樫　河越と平泉の手づくねが技法まで似ているのも、河越と平泉に何かつながりでもあったのかな…

3　交通路の重要性

●馬の来た道

高橋　平泉と武蔵は馬でつながっていたと思います。史料的な根拠があるのは、駿河の黄瀬川宿と平泉のつながりです。黄瀬川宿を含む大岡牧にいた牧氏が、奥州合戦の直後に平泉との関係を頼朝に糺されたのは、牧氏と平泉がもともと馬を通じてつながっていたからでしょう。

大石直正さんがかつて書いていますけど（大石直正『中世北方の政治と社会』校倉書房）、北奥糠部の駿馬を京都まで運んだ具体的なルートは、古代の官道そのものではないことがはっきりしています。よく中世史の研究者は、古代の東海道や東山道のルートがそのまま中世にも連続しているかのように漠然と思っているふしがありますが、大石さんによれば、北奥の馬は結構、便宜的にルートを使っていて、ある部分は東山道、ある部分は東海道、というように組み合わせて使っているのです。

八重樫　さすがですね。

高橋　要するに、内陸部か海岸部かの二者択一ではなくて、東北から関東平野に入ると、畿内につながるルートは遠江までに複数あると思うのです。川尻秋生さんは、おおむね一二世紀の文学作品など、たとえば歌人貴族が国司になって陸奥まで下向した際の作品を史料として使って、どこで歌を詠んでいるとか、どのルートを通過しているかを追究している（川尻秋生「古代東国における交通の特質」）。それをみると、東相模には足取りがおよんでいない。

そこで私が考えたのは、相模では国府にほど近い大磯までは来るけど、そこからは相模川を北上して武蔵国府に向かう、現在のＪＲ八高線に重なる最短ルートです。さらに武蔵国府から下野の小山方面にどうつながるのか、具体的にはよくわからないのですが、間違いなく河越が視野に入ってくるはずです。

『吾妻鏡』を読むと、藤原秀衡が頼朝の要求を受け入れて、京都への貢納物を鎌倉に運んでくる。でも、すぐ

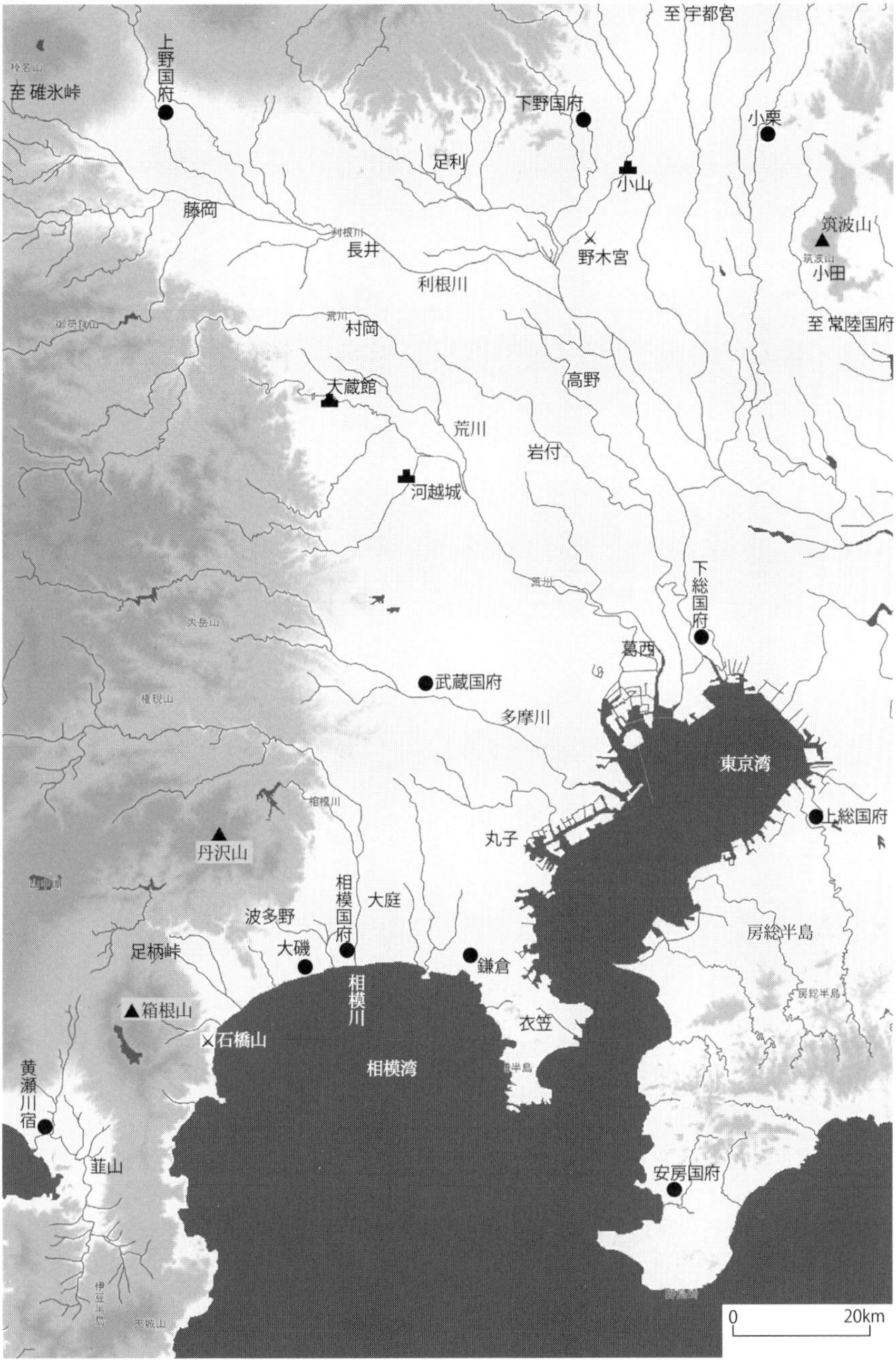
至 宇都宮
上野国府
至 碓氷峠
下野国府
小栗
足利
小山
藤岡
利根川
長井
野木宮
筑波山
小田
利根川
至 常陸国府
荒川
村岡
大蔵館
高野
荒川
岩付
河越城
荒川
下総国府
葛西
武蔵国府
多摩川
東京湾
相模川
上総国府
丹沢山
丸子
相模国府
大庭
波多野
房総半島
足柄峠
大磯
鎌倉
相模川
箱根山
衣笠
石橋山
相模湾
黄瀬川宿
韮山
安房国府
0
20km
第3図　関東概略図

に秀衡は死んでしまい、四代の泰衡にかわった途端、平泉に義経が逃亡していることがバレて、頼朝と決裂するわけですが、そうすると泰衡は、かつてのように平泉から独自に馬などを京都に送ることにし、その過程で相模の大磯宿に平泉の馬と金が着いたと『吾妻鏡』にみえる。三浦氏は鎌倉にいる頼朝に「どうしましょうか」とおうかがいを立てるのですが、ということは、平泉からの馬や金が鎌倉を通過していないことになる。

八重樫　鎌倉は全部まだぎっちり抑えられないのかな。

高橋　一二世紀の東国の幹線的な交通体系でいえば、鎌倉はそこから抜け落ちていると思うのです。

奥州糠部の駿馬を京都に運ぶルートは、大石さんの大枠の議論を踏まえつつ、大岡牧の牧氏と平泉が連携している状況や、頼朝と決裂した藤原泰衡が京都に送った貢馬が相模の大磯宿にストレートに来ていることを考えあわせると、武蔵府中と相模府中をつなぐ相模川流域のルートを通っていると想定できます。

東山道でもなければ、純粋な東海道でもない、便宜的に選択されて組み合わされた中世成立期の基幹的な陸路があったのです。

八重樫　鎌倉に政権があっても、鎌倉はスルーされてしまう話ですね。

高橋　そう、ふつうにスルーできるのです。『東国武士団と鎌倉幕府』(吉川弘文館)でも強調したのですが、鎌倉ありきで考えるのはあり得ないと思う。メインの交通体系から外れているからこそ、北条泰時は一生懸命になって、鎌倉を他所と結びつけるように切通をつくり、道や宿町を整備していくのです。

八重樫　清衡が平泉の地を選んだのも、僕は交通網だと思っています。実効支配することが一番大きくて、土地所有はしなくてもいいけど、税金をもらえるような支配ですね。ということは、本拠を交通の要衝に置かないといかんのです。

都市の論理は、四神相応なんていうのは後付け話で、南北路と東西路の融合点が平泉の大きな利点であって、日本海側にも太平洋側にも行ける。当然、北上川もあるし奥大道もある。なので平泉と比較すると、鎌倉の選地はどうも理解できない。

高橋　鎌倉は交通の要衝ではないですね。前面に海があるくらいで、陸路はめちゃくちゃ不便なところです。

八重樫　中世都市には、都市計画がないのは明らかだけど、交通の利はないと話にならないよねえ。

齋木　鎌倉幕府が滅ぶと、都市として鎌倉が選ばれない理由がそこにある。

高橋　まったくその通りです。もともと狭いですしね。

●関東の中心は河越にあり

――関東の交通網で中心核になるような場所はどこになりますか？

高橋　武蔵の河越はものすごく重要な場所だと思う。河越は、一二世紀の館の段階と、近世の河越城とで、少し離れているけど、それはどこから見ての河越なのか、という違いが反映していると思うのです。

中世のいわゆる鎌倉街道が整えられる前までの河越は、武蔵府中から北関東、そして奥州に向かう東西の交通ルートの要所。ところが、鎌倉に幕府ができて、上野・信濃へとのびる鎌倉街道上道が整えられてくると、そこから微妙に外れてしまいますけど、ルートそのものは河越の近くを北上する。

鎌倉後期以降、とくに鎌倉幕府が滅亡すると、江戸のポジションが高まってきますね。齋藤慎一さんが言っているように、室町時代には江戸・河越・岩槻の基幹ルートが明確に浮かび上がってくる（齋藤慎一『中世東国の道と城館』東京大学出版会）。江戸から見た河越の重要性で、これが近世につながっていくのでしょう。

どこを定点として見るかで変わってくるのだけど、中世前期の東西交通にしろ、後期の南北交通にしろ、河越は武蔵のなかでも交通の要衝になる。河越が関東平野のひとつの核であることは間違いない。しかも一二世紀の河越氏は、秩父平氏の嫡流ですからね。その本拠地から一二世紀の手づくねが出土しても、不思議ではないと思います。

●京と東国を結ぶ複線ルート

―― 太平洋側の関東の核になる地域は、常陸のどこかにあるのかな？

高橋　常陸は、下野とつながるルートと下総からのルートが、どこで結節しているのかが問題ですが、いずれにしても常陸はそれらの結節点になっているんです。常陸から海道経由で平泉にも向かっていけますしね。

―― 平泉も常陸と仲は良いね。

高橋　もうひとつ気になるのは、下野との国境に位置して、国府の常陸平氏でなく、常陸北部の佐竹氏でもない、小栗という場所。宇都宮氏の出自ともかかわり、源頼朝も佐竹攻めをした後に、わざわざ小栗氏の館に立ち寄っていますね。小栗といえば、謡曲小栗の舞台のひとつでもあるけど。

一二世紀の公家日記に、常陸国からの納物が三河国で奪われた、という事件の記述があります。この常陸と三河を結ぶモノの動きについて、戸田芳実さんは、東海道を使って運ばれたと解釈しています（戸田芳実『中右記』そしえて）。東海道のもつ影響力はとても強いなあと感じますが、私はそうではなく、内陸回りではないかと考えているのです。

三河には信濃の伊那谷と通ずるルートがあります。三河から信濃に抜ければ、上野・下野・常陸と、内陸部の東山道とも重なるルートがあるので、これではないかと密かに思っています。『東国武士団と鎌倉幕府』を書くときは、これを裏付ける確実な中世前期の史料をみつけられなかったので書きませんでしたが、いまでもそう思っています。常陸の小栗はまさにこのルート上に位置づくのではないかな。

北関東から信濃の伊那谷を通って豊川沿いに下れば、豊橋の三河国府にたどりつきます。頼朝の叔父で以仁王の令旨を運んだという源行家は、戦争はとても下手だけど、政治的な嗅覚だけは効くように思う。行家が行くところは、すごく重要な場所ばかりです。頼朝から袖にされた行家がどこにいくかというと、常陸です。常陸の志田義弘と連携する。頼朝が佐竹攻めに赴いたときに、行家らはご機嫌うかがいに行くのだけど、そこでも相手にされず、次に行家は三河国府にあらわれるのです。三河は内海で伊勢とつながっていて、南信濃を介して北関東と伊勢や尾張などを結びつける窓口でもある。その三河国府に行家が陣取って、目代を使って伊勢神宮に働きかけたり、美濃の墨俣で合戦をしたりしているのは、なかなかのセンスだと思いますね。

八重樫　奴なりに天下を見据えているからね。

高橋　豊橋の三河国府が内陸部からの出入口のひとつだということは、森浩一さんが古代からすでにそうだと繰り返し指摘しています（森浩一『日本の深層文化』ちくま新書、同『萬葉集に歴史を読む』筑摩書房ほか）。律令国家の官道ばかりに惑わされずに、もっと多様な交通体系にも目を向けないといけない。

八重樫　それはあるでしょう。福島県の白河市で芳野遺跡を発掘したとき、一二世紀の道路跡がけっこうみつかって、どれが奥大道なのかわからないくらいでした。白河関周辺でさえそうだから、う回しているルートはたくさんあるのですよ。

4　土器のもつ社会性

●鎌倉に頼朝が入る前と後

八重樫　秩父平氏の本拠である河越が関東の中心となる場所で、平泉とも馬でつながっていたとなると、平泉と同時期の一二世紀半ばの手づくねが河越にあるのも納得できるね。そうすると、鎌倉はどこから土器を使うことを仕入れたのかな？

齋木　鎌倉で土器を大量に使う儀礼は、平泉から取り入れたと個人的には思っているのだけどね。土器そのものは直接、平泉から来なくてもいいのだけど、土器の大量廃棄を関東・東北で知っているのは、平泉しかない。

八重樫　平泉はかなり成熟しているからね。ただ、鎌倉の土器は、平泉から直接来たものではないことは明らかです。鎌倉で土器を使い始めるのは、やはり何か新しい行為をするためですよね。

高橋　そうでしょうね。

八重樫　そうなると、やはり人心収攬しながら、大きな団体を作るときに土器が使われているのだろうね。

齋木　人を集めて、主従関係の再確認のような宴会をする。そのときのアイテムが土器だった。土器を使う宴会が必要なのだと鎌倉に伝わっている。

高橋　内乱前の関東は、少なくとも内陸部と沿岸部とで、源義朝と源義賢(木曽義仲の父)との動きに象徴されるように、おおむね並行した関係になっている。義朝も下野守になり、為義の息子として内陸部にもテコ入れしようとするけど、義賢本人が下向してきて北関東に直接、影響力を及ぼしている。だから義朝は、嫡子の悪源太義平を鎌倉に据えて、太平洋沿岸の南関東を自分の基盤としていく。

頼朝は鎌倉にいながらにして、父義朝も成しえなかった沿岸部と内陸部の二つをどちらとも手にしたわけです。そんな権力だから、一二世紀に頼朝が鎌倉に入る前と後では、鎌倉のもつ意味が質的にガラッと変わると思う。頼朝がなぜ鎌倉を選んだのかは、三浦氏との関係と、さらに交通の便があまりよくない場所だからじゃないかと、私は思っているのですけどね。

八重樫　さっきも言ったように、交通の便に何も良いところはないね。

高橋　強いて言えば、かつて義朝の館があって、頼朝が東国のなかで自分の正当性をどこに求めるか、という問題ではないでしょうか。かつて文献史学の側では、一二世紀段階の鎌倉は都市的な場所だったのか、そうではないのかと議論もしたけど、そんな議論にはあまり意味はないように思います。

齋木　源氏との関わりは強かったと思うけど、もともといた源氏は、鎌倉を都市にしようという意識はないですよ。

八重樫　そんな意識はないね。鎌倉の悪源太義平の時代は、館があったくらいのものでしょう。

齋木　そうでしょう。鎌倉の基盤層を分析すると、みんな水田なのです。ヘタすると鎌倉一面が水田です。山

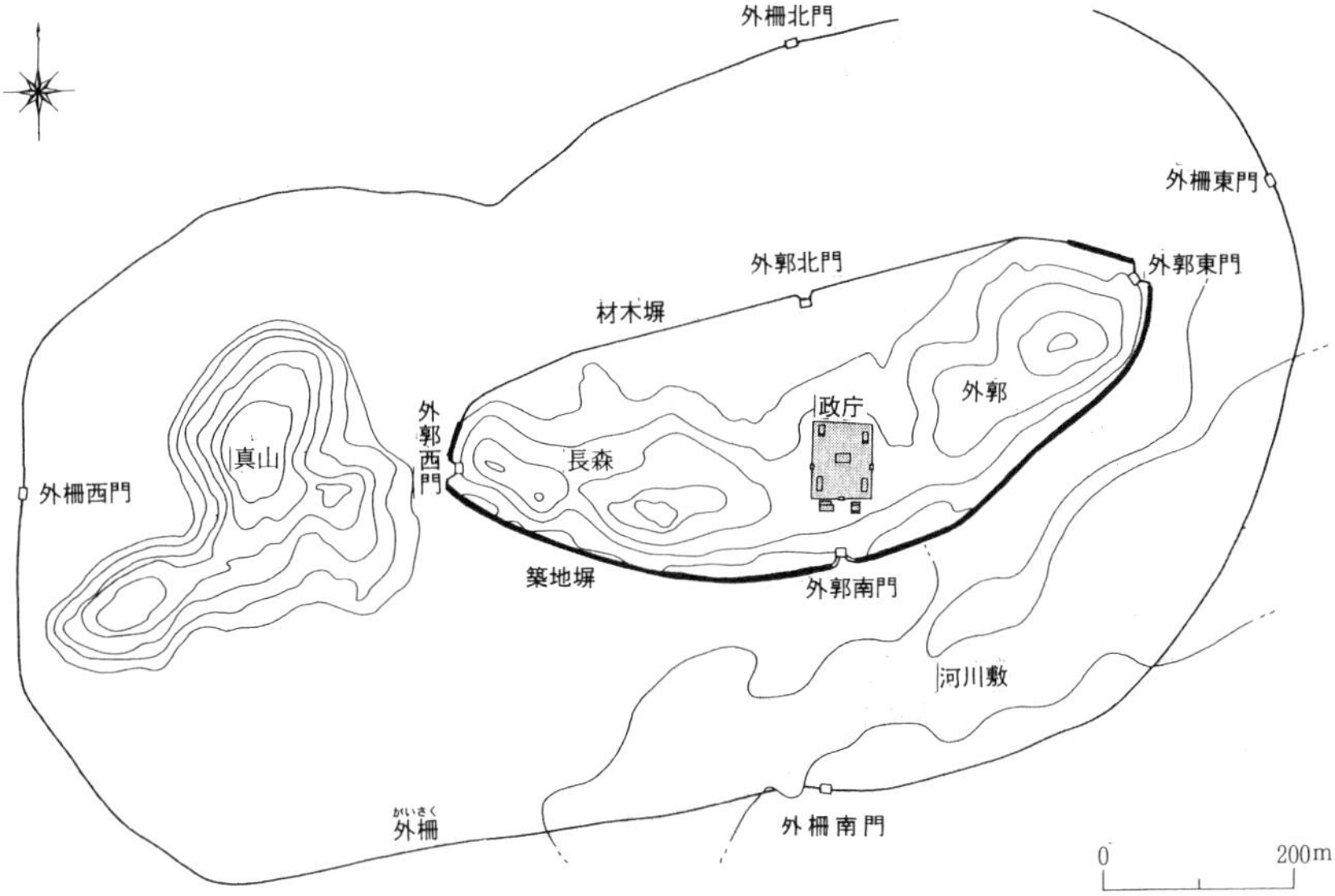

第４図　払田柵跡　外郭施設

裾に寺院がある程度なので、都市的な空間はあり得ない。

八重樫　土器の出土がないから、都市は無理だね。平泉でも一二世紀前半の清衡段階では、柳之御所遺跡と中尊寺しかない。寺と館がなぜ離れているのか問題はあるのだけど、館と寺しかないのです。

●正当化と人心収攬のアイテム群

八重樫　もう一つ、柳之御所遺跡の堀は、官衙の囲郭施設を真似ていると思っていて、第二期雄勝城の払田柵は楕円形の柵木列なので、清原氏も本来なら柵木で囲いたかったのでしょう。だけど、製材した材木を大量に準備することは、国家でないと無理です。つまり国衙・官衙の権威を模倣しているものが堀で、自分の正当性を示すものだと思うのです。清原氏の大鳥井山遺跡の二重堀を継承したのが柳之御所遺跡で、形だけ堀で真似ているのだろうな。

高橋　なるほど、なるほど。

八重樫　本来は製材した材木列だけど、時間もかかる

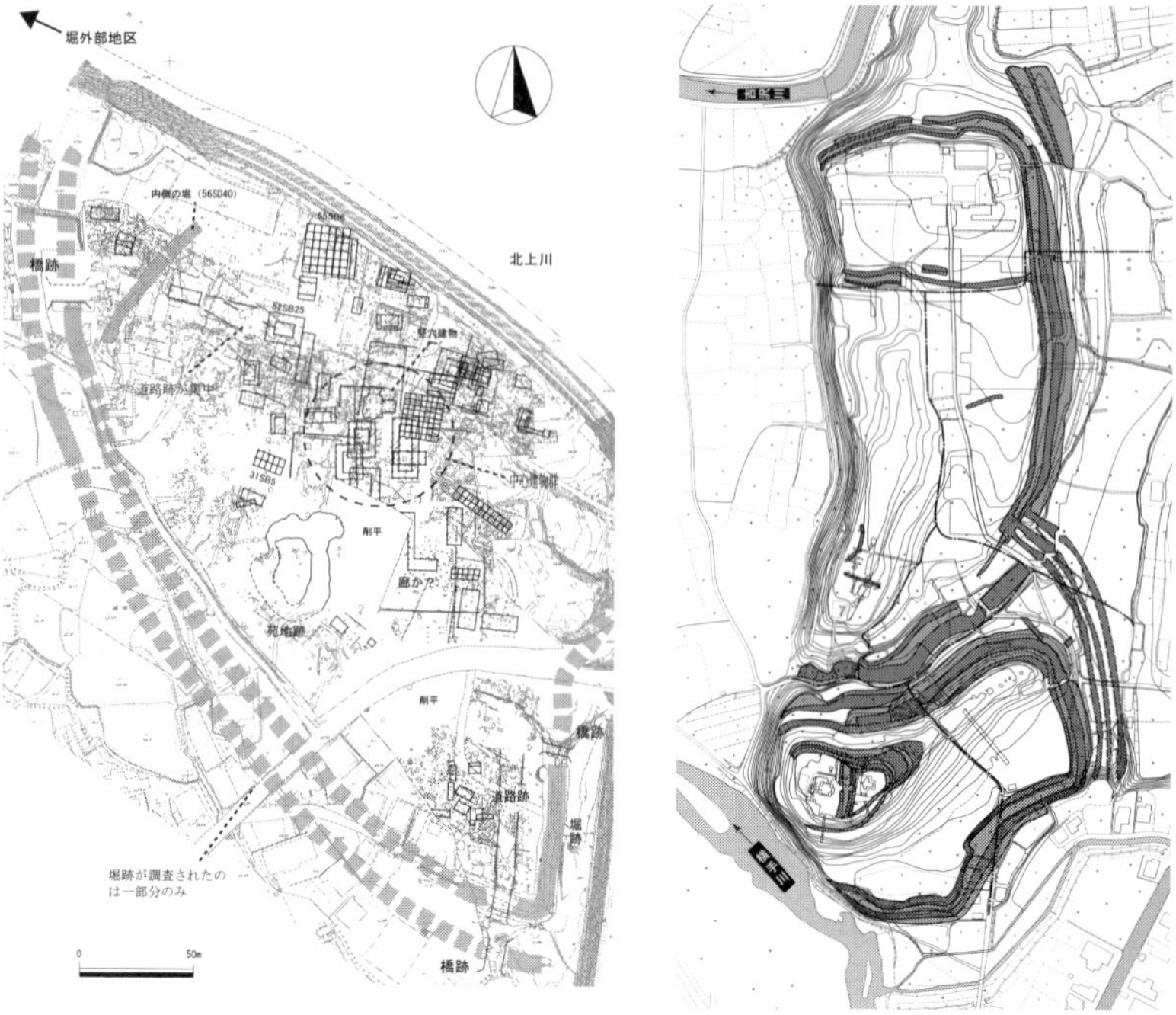

第５図　大鳥井山遺跡（右）と柳之御所遺跡（左）の囲郭施設

し、金もかかるし、技術もいる。築地塀にしても技術が必要で、簡単には積めません。つまり堀は、囲郭施設として一番簡単で、自分たちを視覚的に正当化できるのだろうなと思っています。

　平泉が土器を使う大きな理屈も、官衙の模倣で自らを正当化するためだと思うのです。多賀城や秋田城の官衙が衰退していくときに、権威として使っていた土器を、自分らで読みかえて、主従関係を結ぶ場に使用していくのだろうなと考えているのです。

　だけど、関東の場合は、頼朝が鎌倉に入る前は、主従関係を結ぶような場は必要なかった。しかし鎌倉に頼朝が入ると、集まってきた連中の序列をつけないといけないし、親分・子分も明らかにしないといけないからね。

高橋　そうです。

齋木　食事の場によんで、席順を決めて、それが序列になっていって、宴会するときに土器を使う。

八重樫　鎌倉の段階になったら、二列対座になって何十人も並んでいたというけど、そこまで来ると、序列はできあがっていますね。

高橋　序列はできあがっています。座る場所も決まってくる。

八重樫　序列ができる前の段階で、土器を使った宴会で序列をつくろうとしているのかな。

高橋　その可能性は高いでしょうし、いったんできた序列を再認識したり、変えたらまたそれを目で見えるようにしたり、という繰り返しになるでしょう。

八重樫　しかも東北にだけ土器があって、一一世紀の関東に土器はない。東北の土器論は二〇年以上続けていて、多賀城・秋田城・鎮守府胆沢城の城柵・軍事施設があって、土器を使っていることが明らかです。そこは関東の国府と違う。

齋木　東北の場合、常に儀礼をやる空間が必要だったのですよ。相模にはその時代に儀礼をやる空間がないわけだからね。土器を使う必要がないのです。

八重樫　基本的に大宰府だって、大宰府周辺にだけ土器はあるけど、まわりにない。土器は人心収攬して直接的にグループを大きくして、序列を作っていくためのアイテムだと思うのです。

高橋　序列の形成と改変の可視化ですね。

齋木　安倍氏にしろ清原氏にしろ、人を集めて土器を使う空間がある。日本の中で東北はある意味、特異だと思う。

八重樫　それはあると思う。でも、一一世紀の東北に土器がたくさんあることと、関東にゼロだというグラデーションはハッキリしたね。関東に武士がいないわけではなくて、武士はたくさんいる。

齋木　関東の武士は土器を使う儀礼を知らなかった。

八重樫　いや、関東の武士たちは、土器を使う儀礼を必要としていない。でも、必要になったから、鎌倉で一一八〇年の土器が出るのです。京都系文化の受容が早い・遅いという話ではない。

高橋　一一八〇年代の鎌倉の意味が土器で語られるようになるとは。

齋木　秦野市や愛甲にしろ、出土する土器は、一三世紀の第2四半期以降です。鎌倉幕府が確立して、鎌倉に行った人たちが使う土器です。鎌倉の使い方を習った人たちが持っている土器。一三世紀の第2四半期より前は、全然、土器は出ない。おもしろいように一かけらも出ない。

高橋　齋木さんが言われたことがヒントになったのだけれど、波多野氏自身、そもそも摂関家領の波多野荘を与えられて、外から入ってくるわけで、もとは波多野の在地勢力ではないですね。荘園領主である摂関家ともつながりを持っていて、むしろ京都との距離は近いはずです。その波多野で土器が出ないというのは、やはり土器が京都との関係性を誇示する表象物というだけではないことが、はっきりわかります。

八重樫　そう思います。安倍・清原の時代から綿々と平泉まで土器が使い続けられるのは、人心収攬をしグルーピングを作る宴会儀礼が長らく必要だった。そしてそれは、戦争のためだったという感じがするね。

高橋　そうなのでしょうね。

●手づくねを平泉に教えたのは誰か

八重樫　ようするに、土器を使った儀礼を続けなければいけなかった状況が東北にあったのです。古代の官衙から権威を継承した清衡が一二世紀初頭に平泉に移って、中尊寺を造りますが、そのときは、官衙で使っていたロクロかわらけの一括廃棄です。廃棄の点数はせいぜい五〇点レベルです。それが一二世紀中頃になって、京都系の手づくねかわらけを知ると、完形品の一括廃棄の点数は二〇〇、三〇〇に変わる。

平泉の末期になると、土器はほとんど手づくねだけになります。一二世紀初頭の清衡は官衙の土器(ロクロかわらけ)で自分らを正当化していたのに、なぜ次世代の基衡は京都系の土器(手づくねかわらけ)を使うようになるのか。

その土器は京都に比べると器壁が厚いし色も違うので、京都の工人が来ていないことは明らかです。ロクロではないという意味では、新たな器です。この事象は動かない。かつては京都の工人が一回くらい作ったあとに、その弟子さんたちが作っているうちにおかしくなったという人もいたけど、これだけ発掘しても、京都そのものの土器を平泉の土で作ったものが一個もない。だからやはり京都から工人は来ていないのです。つまり誰が京都の土器を使えと教えたのか、そこが大きな問題なのです。

高橋　平泉には藤原基成がいます。基成がキィ・パーソンである感じがします。

第６図　柳之御所遺跡出土　手づくね土器

八重樫　基成が平泉に来てから二代の基衡が毛越寺を造ります。翼廊付きの伽藍を造るのは、院の近臣であった基成の知恵ですよ。

高橋　八重樫さんが言われた手づくね導入の時期（一一五〇年頃）は、基成が平泉に来た時期（一一四三年）と重なりますね。手づくねを持ち込んでくる、あるいは教えてくれるのは、平泉だったら、藤原基成みたいな人間でしょう。平泉の権力にしめる基成の位置づけについては、遠藤基郎さんの研究などで深められてきていて（遠藤基郎「平泉藤原氏と陸奥国司」）、もっと広く考える必要もあるかもしれないけど、平泉のイデオローグは藤原基成ではないのかな。

八重樫　平泉に手づくねの宴会を伝えたのは、基成だと僕も思っています。基成が平治の乱で左遷されて再び東北に来て、そのまま居着いている。平泉の権力が官衙を越えるレベルになっているとき、手づくねは、どうしても必要で大量に欲しい。そしてそれらを使い柳之御所遺跡で序列づくりのための大宴会をしているのでしょう。

4章　文化の読みかえと技術の伝播

1　土器と折敷の読みかえ

●土器と折敷でおもてなし

八重樫　二〇年以上前に僕らが柳之御所遺跡を発掘していたとき、平泉の土器を最初に見た京都の研究者が、これは一三世紀の中頃のものだと言ったことがあります。京都の編年に照らし合わせた結果です。でも堀に囲まれた六万平米のうち、四万七〇〇〇平米を発掘しても、一三世紀の遺物はなくて、全部、一二世紀です。こんな面積を調査することは、当然京都ではありえない。ということは、柳之御所遺跡の土器も一二世紀なのです。でも京都から見たら一三世紀中頃だという。

ここが大きなポイントでした。この頃はおそらく日本全国でこのように考えていた時期で、もしかしたなら今も生きている。京都の土器編年と同じである必要性はまったくないのに、僕らはみんな京都からダイレクトに持って来ていると思いこんでいたのです。だけどそれは間違いでした。当時の武士はもっとしたたかで、使いやすいところだけ持って来ていたのです。

そもそも京都では、井戸に一括廃棄するような土器の出方はないし、穴に捨てられることもあんまりない。すでに平泉は捨て方も京都とは違うスタイルにしている。それが結局、後々の武士のステータスやアイデンティティにつながっていくのではないかな。

室町時代の式三献や武家儀礼の有職故実に壺を使った

酒器があるけど、京都で一二世紀の壺は寺院以外ではまず出ない。寺院でパラッと出るだけです。鎌倉では壺はかなり使っているけど、壺を使い始めたのは平泉です。後の戦国時代にもつながる室町期の武家儀礼としての壺とかわらけは、武士の間で非常に重要な意味を持っていたのです。

そこで一樹さんに聞きたいのは、土器の使い方です。絵巻も含めてですが、文献でどの程度までわかりますかね？

高橋　絵画資料は藤原良章さんが早くに注目しておられますね（藤原良章「中世の食器・考」、同「絵画史料と〈職人〉」）。さらに「かわらけ」と読んだであろう「土器」に関する中世前期の文献史料は、大きく三つに分類できると思います。

ひとつは、土器作りの人びとに与えられた荘園などでの耕地にまつわる文書や帳簿の情報。もうひとつは、公家や寺社で儀礼に使われる土器などの調達にかかわる史料で、よく折敷などとセットで記されています。三つめは、数は少ないけど、儀礼の場での土器に関する所作のようすを書きとめた公家の記録。ただし、中世前期では、いずれも京都か奈良の世界の話です。戦国期になると、いわゆる戦国大名クラスにあたる、地方の有力武士たちが残した史料にも、土器を使った儀礼の情報があらわれてきて、いくつか論文もありますね。

そうしたなかで、地方の武士と土器の生産、使用目的にふれるおもしろい史料が、越後の奥山庄にいた中条氏の文書にあります。時期的には一五世紀半ばですけど、はっきり「かわらけ」と書いてある。奥山庄の領主だった中条氏の庶子家がもらった書状に、伊達氏からの使者が上杉氏の拠点がある越後の直江津に来るので、その使者を接待するために、「かわらけをたくさん準備させろ」といっています。他国からの賓客が自分たちのテリトリーを通過する際に、命じられた饗応のために土器がないと困るということでしょう。ここでは地方の国人クラスの武士が「もてなす道具」として土器を認識していることがわかります。

八重樫　かわらけは、接待用のアイテムだってことですね。
高橋　そうです。でも、意外とこういう史料は、あまりないんじゃないかな。数が増える戦国期の史料にすべて通じているわけではないから、断言はできませんけど。
八重樫　意外とないんだねぇ…
高橋　河内国樟葉の土器なんて、鎌倉時代末期に金沢北条氏が御所で使うための「白土器」「京土器」の調達を依頼する史料に出てくるけど、あれも紙背文書として残った書状ですね。荘園などの土地制度にかかわる文書や台帳、裁判関係の文書、あるいは儀礼書のような大切に残すための史料ではない、日常的にやりとりする書状だから具体的にわかることがあるんだろうけど、地方武士の家では、書状が残ってくるのは一四世紀以降になるから、それ以前の時期についてはなかなかわからない。
八重樫　今の話だと、接待用の器として土器が認められていたのは確か？
高橋　間違いなく、それは言えると思います。そういえば、「白土器」「赤土器」と書く例が多いなかで、たしか「黒土器」と記した公家の日記もあったな。
齋木　絵巻に書いてある黒い器は瓦器や漆器という意見は聞くのだけど、白い器は「かわらけ」という認識なのかな。
八重樫　わからないね。ただ、一二世紀といわれる『餓鬼草子』などでは、明らかに肌色の器を貴族の宴会シーンで使っているから、かわらけなのでしょう。『餓鬼草子』の墓の近くに供えられている器も、肌色だからかわらけでしょう。
齋木　埦飯の場面で描かれているのは黒い漆器しかないね。
八重樫　埦飯で飯を高く盛るのは、みんな黒い椀だね。埦飯に使う器とかわらけは、また違うね。
齋木　鎌倉の場合は、埦飯で使うような高足膳はほとんど出土しないから、埦飯をするにしても、折敷を使うのでしょう。折敷とかわらけです。折敷は鎌倉で大量に出土する。

八重樫　折敷も武士とかなり関わりがあると思いますよ。しかも鎌倉の折敷も、平泉の折敷も、京都に比べるとみんな小さいからね。鎌倉の折敷は一五センチくらいでしょう。

齋木　一三世紀初頭の折敷は二五センチくらいあるのですが、だんだん小さくなって、一三世紀半ばを過ぎると一三センチ×一五センチになる。一枚の折敷が一三センチでは、たいしたものはのらないから、一枚のお膳ではすまない状況が一三世紀後半にはあって、供膳形式が変わっているはずです。大きなかわらけを一個のせたら場所がないのだから、二の膳・三の膳がつかないと、形としてはおかしくなる。

八重樫　でも二の膳・三の膳をつけても、かわらけはせいぜい三つ四つだね。僕らは京都の大臣大饗などの場面をみて、そこから続いているとイメージしがちだけど、そうでなくて別の論理が生まれていると思っています。折敷は、平泉でも三〇センチ×二〇センチくらいです。その折敷にのせても、かわらけは六つです。箸を置いたら、当然、六つものらない。鎌倉は一五センチだから、平泉の半分くらい。

第１図　『餓鬼草紙』第一段（東京国立博物館所蔵）

第２図　柳之御所遺跡出土 折敷

齋木　小さなかわらけ二つと箸を置けるくらいかな。

●宴会儀礼の道具を読みかえる

八重樫　折敷から供膳具を見れば、大臣大饗とは違う世界です。だからこそ、鎌倉に土器と折敷の出土が多いと思う。それは後で話をするとして、羽柴君は京都の儀器として高坏などの土器がセットで残るというのです。確かに一二世紀の初頭くらいまで、破片として一個や二個混ざったり、内黒土器もあったり、高台付高坏などもあるけど、彼はそれが京都からずっと続いていて、京都と同じパターンの儀礼が東北にもあるという話をしている。ところが、はっきりそれがわかる土器は、一〇〇例あるうちの二例とか、そんなレベルなのです。

何らかのセットとして必要なときはあったかもしれないけど、一一世紀にはもうほとんど使っていないと僕は思っている。記録上でお膳はこのセットでなければいけない、みたいな史料はあるのですか？

高橋　おおむね一二世紀から、京都の公家関係の記録のなかに、土器を含めた儀器のバリエーションについて書かれていたものがあったように思います。上皇が御所を移るときの儀礼に関する記録を集成したものだったかな（『仙洞御移徙部類記』）。でも、そんなに詳しくはなかったと思いますよ。

八重樫　銀器などを真似た内黒土器は、一二世紀初頭くらいまで少しだけ残るのです。だけど、なぜ残るのか、なぜ少しだけあるのかを説明できない。セットとして残るというのは羽柴君の考えで、一〇〇個の一括廃棄のうち三つ四つ出ればわかるけど、一つくらいしかない。

そのあたりを僕は「読みかえている」と考えるのです。入間田さんが僕の考えの中で一番評価してくれるのは、取捨選択した模倣をしていること、都合の良いところだけ取ればいい、早い話がそういうことです。土器を見ると、鎌倉の手づくねだって、京都とはいろいろなところが違う。ただ、ロクロを使っていないことだけは、京都と同じ。だけど、よく見ると厚さが違う。その意味では手づくねであることが必要であって、あとはどうでもいい。そう考えると、なぜ土器は、手づくねでなければダメだったのか。ここに大きなポイントがある。

高橋　そうですね。

八重樫　たぶん東国人がもつ、京都に対する意識がすごく大事になる。でも東国の人たちは、京都にも行ったことがないわけなので、いわれるがままに「これが京都の土器ですか!」と、きっと思うね。大きさとか厚さは関係ない。

齋木　手づくねであればいいのでしょう。手づくねの作り方をしているだけで京都的。

●関東武士に漢字は読めない

高橋　それで思い出したんですけど、文献史学のほうでも、源頼朝が挙兵後に出した文書で似たような話があります。かつて黒川高明さんが頼朝文書を網羅的に集めた史料集がありますが(黒川高明『源頼朝文書の研究　史料編』吉川弘文館)、そこに載せられた文書のほとんどは、「検討の必要あり」つまり原本かどうかあやしい、となったわけです。とくに、ごく初期の治承四年から数年間の文書は、文字がとても下手で、京都の立派な文書を見慣れている人たちの論理からすると、「こんな整っていない文書を源頼朝が出すはずはない」という評価になりがちです。

ところが、本郷和人さんは、当時の頼朝が置かれていた状況を考えるべきだと主張して、偽・疑文書のレッテルを貼られた文書の再評価を行っている(本郷和人『新・中世王権論』新人物往来社)。古代から中世にかけての文書には、いろいろと約束事があるので、それを知っていて、辛うじて文書らしき書面を作れる人物をリクルートするだけでも、地方社会では結構大変です。『吾妻鏡』にも出てくるけど、頼朝は藤九郎盛長らのツテを頼って、それなりに文書を作れる人びとをスカウトしてくる。それでようやく下文という様式の一応整った文書を出すことができるようになった。だけど文字は下手くそだった。それは、流人頼朝が挙兵してしばらくの段階に、むしろ合っているのではないか、と本郷さんは言っている。私もその通りだと思う。

その後、鎌倉に入った頼朝のもとにも、京都から旧知の官人などを連れてくるようになるから、まともな文書も作れるようになってくるけど、初めはそうとは限らない。ただし、文書として機能させるためには、一定の様式や形式は整っていないといけない。

頼朝が死んでから約三〇年後、承久の乱のときに、北条義時の追討を命じる文書を後鳥羽院が出しますね。このとき、北条泰時がわずか数騎で鎌倉を出発して、京都に向かう途中で御家人たちがだんだん従ってくるのだけど、軍勢のほとんどが後鳥羽の出した文書を読めなかったという話が『吾妻鏡』にある。いまの静岡県のあたりで、だれか読めるヤツはいないのか、こいつなら読めるだろうって、連れて来られた人物がようやくいたようなレベルです。情報は音声でも伝わりますが、文書そのものに書いてあることがよくわからない。そんな状態が一三世紀初めの鎌倉にはありますね。

八重樫　承久の乱の段階でそのレベルなんだ。

高橋　ただ文字を書くだけでは文書にならないですよね。下文という文書なら、それにふさわしい形式にしなければいけない。頼朝の父である義朝は家人に下文を出していたけど、頼朝は早くに伊豆へ配流されたから、そうした文書を出す必要がなかったでしょう。当然、文書を出すには吏僚やその経験者が必要です。しかし頼朝が挙兵した治承四年の段階で、彼の身近にそれに見合う人物はいない。いるのは藤九郎盛長や伊豆の在庁ともいわれる北条時政くらいで、彼らにちゃんとした文書を作る技術があったのかどうか。

ただ、盛長のもつネットワークのなかに、遠江ないし駿河あたりに荘園の沙汰人などとして来住していたのか、目代として下向してきてそのまま居着いたのかわからないけど、かつての朝廷の構成メンバーらしき人物がいて、それを右筆にスカウトしてきては、なるべく体裁の整った文書を出そうとしていた状況が想定されます。

中央の尺度だけで見ても捉えきれない、という八重樫さんが言っている遺物の話は、文書を素材としても考えられるようになってきていると思うのです。

2　神仏も経塚も都合よく

●鎮守・経典・仏像

八重樫　今回は土器の話が中心ですが、平泉の例で取捨選択されていたのがよく分かるのは、四方鎮守です。平泉に賀茂社や八幡社がないのは、不要だからです。仏教もそうだと思う。平泉には金銀字経などの経典がたくさんあるけど、京都の扉絵では普通、阿弥陀来迎図か釈迦説法図を描くのです。ところが平泉では地獄絵や天女の絵を描いています。これまでは、京都をまるまる持って来ていたと思っていたけど、実は都合よく取捨選択されていて、自分たちに利のあるものだけを持ってきている。でも考えれば当然のことですよ。

齋木　鎌倉でも京都で使っている器でまったく取り込まないものが何種類もある。京都の耳皿は鎌倉では絶対使わない。

八重樫　京都では耳皿と土器はセットだね。

齋木　京都のセットのうち、使いやすいものだけを鎌倉に持って来ている。

八重樫　普通に考えれば、そういうことですよ。別段、京都になろうとしたわけではないからね。

高橋　そうですよ。

八重樫　読みかえをしているのでしょう。たとえば、岩手県の成島毘沙門堂には、兜跋毘沙門天と吉祥天が一緒に残っているのですが、吉祥天は九世紀後半で京都的です。ところが、一〇世紀前半の兜跋毘沙門天は五メートルくらいあって、美術史の人は在地風だというのです。下から毘沙門天を見上げると、顔は遠くにあって小さく見えるから、顔は大きく作るというのですが、成島の毘沙門天は人体の比率と同じ顔の大きさなのです。美術史の人は京都的ではないというけど、言いかえれば、京都の真似ではない、自分たちの個性を兜跋毘沙門天で主張できるくらいに、東北の文化が高まっているのだろうというのが僕の考えです。仏像だけではなくて、仏教儀礼も鎮守もすべて、自分たちなりに消化していると思うのです。

●経塚も違う形になる

八重樫　経塚だって読みかえられていますよ。一一世紀に末法思想によって経塚を造ったと言いますが、全国の三分の一近くの数の経塚が東北にあることがわかっていて、その多くが一二世紀後半なのですからね。

高橋　なるほど、末法思想が盛んになる時期とはズレているのですね。

八重樫　そもそも経塚が一二世紀後半から隆盛するのもおかしい。村木二郎さん(国立歴史民俗博物館)は東北の経塚は、銅製経筒がないことなどから、経塚ではない、もしくは経塚類似遺構だといっていたくらいです。最近は何とか認めてもらっていますがね。たしかに藤原道長が埋めて始めた経塚が正式だとしても、東北に来たときには違うものになっています。勧進僧が来て経塚を造る以上、みんな同じになるともいいますが、ほんとうに勧進僧も京都・奈良から来ているのか？　京都・奈良から来ていたら同じになるはずですよ。また来ていたにせよ、物流の問題など、地場の論理にも左右されたはずです。

齋木　鎌倉の経塚だって、形が全然違うね。

八重樫　齋木さんに渥美の甕が出たから見に来てねと言われて、見に行ったら、片口鉢をふつうは傘型にかけて水が入らないように蓋をするのだけど、正位に置いていた。水が入り放題じゃ！(爆笑)

齋木　作法がわからないのです。塚にもなっていない。穴を掘って埋めているだけです。

八重樫　鎌倉の経塚からは、太い銅製の経筒が出土しています。でも中に入っていたのは法華経が八軸で、小さい経筒でいいのにムダに大きい。でも入れているアイテムはすごい。檜扇や水晶玉が入っていて、金には困っていない。

齋木　鎌倉で経塚を造るとき、作法を知る人がいないわけで、造り方がわからないし、石を積んで塚を造るという発想がまるっきりない。

八重樫　経塚もそうだし、土器も京都からスタートしているのはその通りだけど、かなり消化されているのですよ。

高橋　それはそうでしょう。

●経塚で結集する

八重樫　経塚の話でおもしろいのは、平泉の真ん中を走っているメインストリートの側溝のコーナーから出土した木簡です。カタカナで、「トヤカサキノ、ニヨウホウキヤウノイシヲハ、ケチエンニ、モタセタマフヘシ、イツカノヒヨリ、シウハチニチニ、ウツコシタマフナリ」と全部書いてあるのです。

高橋　そんなに文字がすべて読めるのですか。

八重樫　そう、全部カタカナで書いてあるから僕にも読めたのです。トヤカサキがどこなのか、問題もあるけど、トヤカサキの如法経の石と書いてあるから、トヤカサキから持ってきた石に、如法経だから法華経を書いて、みんなで五日の日から一八日までに持ってこいと書いている。高札みたいなものが道の側溝に落ちて埋っていたのです。

高橋　ほぉーーー

八重樫　その側溝は平泉の最後の時期ですが、トヤカサキに如法経の石を持ってこいと書くのだから、結縁するのでしょう。つまり経塚を造ろうとしているのだろうと思う。

高橋　経塚の造営方法を考えるうえで、すごくおもしろい。

八重樫　石を持ってくることで、「おまえは、八重樫グループね」といったように、グルーピン

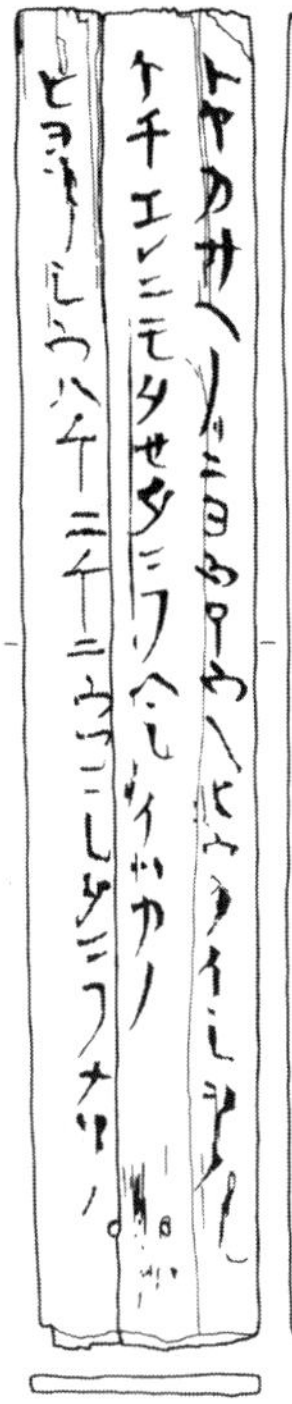

第3図　トヤカサキ木簡

グをしているのでしょう。それまでまとまりがなかったところに、「おまえ、今日から、俺の派閥に入れ」とか、経塚を造るときにしているのではないかな。

高橋　なるほどね。

八重樫　トヤカサキの話は、もう何回か書いたけど（『北から生まれた中世日本』高志書院）、この木簡は超重要だと思っていて、一二世紀後半の経塚が東北地方に多いのは、やはり武士の活動とリンクしているという気がするのです。

高橋　木簡の内容もおもしろいけど、高札みたいなものがカタカナで書かれているというのは、すごい資料ですね。

八重樫　意図的に埋めていたのかもしらんけど、埋っていたのは交差点の角です。カタカナだから、誰でも読める。

高橋　カタカナ書きというのがポイントですね。

八重樫　「ニヨウホウキヤウ」がわからなかったけど、入間田さんに「如法経だよ」っていわれてわかった。入間田さんの釈文は「烏谷ヶ崎に（経塚を築くので）、如法経（法華経）の石を（仏と）結縁するために、五日から一八日まで持ってきて欲しい」です。

●初学者はカタカナから

高橋　へぇ、それはほんとにすごい資料です。中世の社会では、文字を勉強していく順番がわかってきて、最初はカタカナで、二番目が平仮名らしい。最後に漢字を勉強する。貴族社会の人たちは漢字まで学ぶけど、それより前のどこで止まってしまうかで、階層が分かれているという議論があります。武士は基本的に平仮名までしか書けず、漢字を習得しているのはきわめて限られている。そもそも御家人となった武士のなかで、自分は文盲だと言って憚らないケースが結構見られます。

八重樫　勉強しなくてもよかったんだろうね。

高橋　だから武士たちの譲状は、平仮名を中心にして書かれるのです。ということは、カタカナも読めたはず。

八重樫　平仮名だと僕ら読めないけど、カタカナは誰でも読めるからね。

高橋　かつて網野善彦さんは音声とかかわりの深い字種としてカタカナを考えたけど、黒田弘子さんによると必ずしもそうではないらしい（黒田弘子『ミミヲキリ ハナヲソギ』吉川弘文館）。むしろカタカナは、中世社会でもっとも多くの人びとが知っていて、古代史の小倉慈司さんが最近言っているように、漢字には及ばずとも、しっかり表記しよう、書き留めようという意図で使われる（小倉慈司「9〜10世紀の仮名の書体」）。確かに、平仮名は崩されることが多いのに対して、カタカナは楷書でしか書けない。字種の階層性や使い分ける意味合いは、このように研究が進展してきているようです。

八重樫　経塚も武士の連中と非常に深くかかわっていて、平泉の仏教もたぶん作法はかなり違うと思う。京都そのままだと言われている毛越寺だって、伽藍の金堂は礎石ですけど、翼廊の部分が一部掘立なのです。毛越寺で千僧供養したと言うけど、掘立では何回もできない。毛越寺をみても京都とは違うな。経塚もまず、京都の正式なものとはかなり違います。

――八重樫さんの考えだと、経塚は形の問題ではなくて、人を集めるための道具だってことですね。

八重樫　そうだと僕は思っている。まだ異論は多いけど、京都・奈良の経塚があるのは、墓所などの聖地がほとんどなのです。ところが、東北の経塚は、道路の結節点などの交通の要衝地にある。今までは全部京都がスタートで、日本中が京都になろうとしていると考えていた。でもよくよく考えると、ただ京都の権威を利用しているだけだね。

――京都の権威を使わないと、人は集まって来ないってことですか？

八重樫　最初は官衙を真似ているけども、だんだんに京都の権威を模倣して、自分を格付けするのだろうね。鎌倉の土器をみたって、明らかに京都の土器を見たことのない人が作っているしね。

3　土器の色と窯の作り方

●土器の赤と白は窯の違い

八重樫　土器を作るという行為が持っている意味だと思うのですが、齋木さんは土器の色をどうみますか？京都は白っぽくて、平泉は肌色で、鎌倉も初期は薄い灰色。だけど鎌倉は赤くなっていく（口絵参照）。僕は窯の問題だと思っているけど。

齋木　窯の問題だと思います。

八重樫　土ではないね。

齋木　初期は砂っぽいのは確かだけど、赤くなるのは窯の問題です。

高橋　窯との関係で色がつくのですか。

八重樫　窯だよ。わざと赤く作っているのではないですか。

齋木　そう思いますよ。赤く仕上がる窯を使っている。

八重樫　平泉はほとんど灰色から肌色。京都はもっと白っぽい。それをみても、京都からの直だったら、京都と同じ窯を使って白くなるのだろうと思います。

齋木　粘土層の中に長らく埋っていると、還元されて灰色になると馬淵さんは言うけど、実際に発掘していると赤い土器も多いので、埋って変色しているケースがあるにしても、数は極めて少ない。

八重樫　だいたい、鎌倉は井戸に捨てていないからね。平泉は五メートルの井戸にかわらけを何百個と捨てるから、下層のほうは還元されてしまって、酸素が抜かれて白っぽくなるのです。だけども、あまり色の変化はないね。

齋木　灰色であることに意味があったとしたら、鎌倉後半の赤い土器にも赤色に意味があると思う。ほとんど赤色になるから。

八重樫　どうも色が気になる。京都から平泉には直には来ていないから、京都と同じ窯は使っていない。作っているのは、在地の官衙系のロクロ工人です。

齋木　安倍氏の厨川柵の一部だろうといわれている赤袰遺跡

から、窯と工房が発見されました。そして一一世紀の完形品の土器がガラガラと出たのです(本書及川論文参照)。その工房は官衙のものそのまま。大きな竪穴の工房とともに焼成窯が出たのだけど、それをみたら、官衙をすっかり真似ている。ただ、外見は竪穴の規模も同じなのだけど、柱の位置が官衙のようにビシッと並ばない。だから、見た感じは同じじっぽいけど、ちょっと違う。官衙の権威を安倍氏が吸収して、土器を作っていることは明らかです。

――土器の工人は、官衙の所属ですね。

高橋　基本的に初発はそうなりますが、一三世紀以降の史料を見ていると、京都や奈良の権門寺社をはじめ、地方でも有力な寺社には、所属している土器の工人たちがいますね。

八重樫　土師造部なんかの話だろうからね。官衙と同じ形の窯を真似て作って、安倍氏はロクロ土器を作っていく。まさしくその安倍氏の土器工房が厨川柵で見つかったのです。

――官衙で働いていた工人が安倍氏の工房に一枚かんでいるの?

八重樫　かんでいると思うよ。厨川柵は今まで誰も言っていないけど、おおむね志波城の川向かいにあるのです。志波城はわずか一〇年で滅んで徳丹城に移ったとするのが定説だけど、志波城は最北の城柵として、何か権威があったのだと考えています。だから雫石川の対岸に厨川柵ができるのだろうと。土器の工房をみても、官衙を真似ていて、官衙が弱まるから「なら、俺らがやる」って感じです。そのあとに国司が来ると、おもしろくないからケンカ、つまり前九年合戦になる。とにかくこの焼成窯は重要ですよ。

齋木　鎌倉でも窯が見つかるといいけど、鎌倉の中に窯はないね。

八重樫　鎌倉の町なかに窯はない。鎌倉の狭隘な場所で窯を造ったら、火事になるから無理、無理。

●手づくねとロクロは窯が違う

齋木　かわらけの窯は、どんな構造になるの？
八重樫　単なる窪みです。
齋木　同じ窯で何回も焼くわけ？
八重樫　厨川柵の調査をみると、古代と同じです。九世紀と一〇世紀の窯が岩手県ではいっしょに見つかっていて、すべて窪みです。そこに火を焚いて、土器を上にかぶせて、火をバンバン燃やして、最後に土をかぶせて、火を消して、土器をいぶす。
齋木　壁が赤くなる？
八重樫　なるよ。いぶし終わったら、上から土をはがして、土器を取り出す。
齋木　その窯はまた次にも焼くの？
八重樫　そう、また焼く。だから焼土はかなり厚くなる。窪みに土器を置いて、火を焚いて、いいころ合いになったら土かぶせて火を消す。それによって還元炎焼成ができる。酸化して赤くなった土器が酸素を奪われていくという形で固くなる。
ところが、手づくねかわらけは、煙管型といってかなり細長い窯なのです。だから、ロクロと手づくねは、窯も違うし、それによって色も違う。岩手の白鳥舘遺跡の調査では、手づくね用とロクロ用の両方の窯が出ている（及川論文参照）。窯が違うということは、技術系譜がまったく違うのです。窯まで造るとなれば、ある程度知識のある人が来て教えなければできないだろうね。
古代のロクロ土器は窯というより、窪みです。だけど手づくね用の窯は、京都で大量生産している伝統的な技法なので、作り方もほとんど決まっている。定型的な窯で焼くのです。たぶん、当初はロクロの窯で手づくねを焼いていたのが、ある時期に煙管型の窯が伝わったのだろうねぇ。

●京都の土器工人は遠くに出職しない

――京都の技術者が地方に動くの？
八重樫　地方に土器工人が出職することはない。誰かが来て教えるか、作っているところを見て習うかです。京都の技術者が動いたことがわかるのは、京都の周辺にはいくらかあるけど、石川県の矢駄アカメ遺跡（羽咋郡志賀町矢駄）しかないと思う。矢駄アカメ遺跡は、実測図を見たら、誰もが京都の土器だというくらい、そっくり。だけども現物を見ると、土が違うから京都ではないことが、すぐにわかる（口絵参照）。図面だけでは全然わからないけど、工人が移動したケースとしては希有な例です。発掘したとき見たけど、ほんとにびっくりした。

高橋　京都から工人が来ているのですか？

八重樫　間違いなく、京都です。京都の工人が遠隔地に動いた唯一の例ですよ。

高橋　遺跡の場所はどこですか？

八重樫　羽咋です。

高橋　それは、すばらしい！　能登半島の西岸に位置する羽咋には、能登一宮の気多社があって、背後に潟湖をもつ湊もあるのです。とてもいい場所だ。

八重樫　しかも年代は一一世紀第4四半期から一二世紀初頭くらい、土田荘の一部と推定される遺跡なのですよ。

高橋　一一世紀ですか！　この羽咋は、京都の世界とつながる能登半島の窓口ですね。羽咋から北東に向かって富山湾側に出ると、そこには七尾の能登国府がありますね。若狭湾側の羽咋から能登半島の北を旋回して七尾に船で行くのはとても困難です。しかし、羽咋には湊があって、その奥には邑知潟地溝帯が北東方向に延び、七尾と羽咋の間に潟湖や河川をつないだバイパスができているのです。

このルート上に、一宮の気多社だけでなく二宮もあるし、一二世紀の『台記』に出てくる一青《ひととの》庄のような摂関家領荘園も並んでいます。七尾の国府からは南西方向に向かって羽咋の湊にいたり、あとは若狭湾で京都とつながる。

手づくねは、出るべきところから見つかるのですね。中世成立期の北東日本海域で、京都から直接に工人がやって来るのは、羽咋のような能登半島西岸が限度だと思います。能登半島より東側の越中や越後とは、ひとまず切れた世界でしょうから。

八重樫　梵鐘の工人は、特殊な技術だから、当然、出職はあるけど、かわらけ工人が移動していることを考古学で確認できるのは、矢駄アカメ遺跡が唯一の例だと思う。鎌倉の手づくねも京都からの出職だと言われていた時期もあったけど、土器は全然違うから、それはないね。

4　四面庇建物と土器のセット

●平泉は寝殿造ではなく四面庇建物

八重樫　最初は、平泉も京都から工人が来ていたのかと思っていたけど、僕が平泉に関わってから三〇年近くたっても、京都そのものの土器は一個もない。ということは、京都そのものは平泉には来ていない。羽柴君はいつか出ると言うけど、もう出ない。寝殿造も平泉にはない。

高橋　ひとつも出ていないんですか。

八重樫　ないですね。ここまで整理すれば、平泉に寝殿造も必要ないね。

高橋　必要ないのでしょうね。

八重樫　平泉のアイテムとしては、四面庇建物があればいい。国司の館を真似ているのだから、国司館と類似した四面庇で良いのです。そこで土器を一括廃棄する宴会をやる。だけど、だんだんと四面庇もいらなくなって、総柱建物になるのです。

――　四面庇が発掘でわかっているのは、どこにありますか?

八重樫　東京の多摩ニュータウンの六九二遺跡で、一二世紀後半の四面庇もみつかっている。手づくねもパラッと出ていた。東北地方の四面庇を僕は集成したけど、四面庇の建物がある遺跡は、ロクロであれ、手づくねであれ、ほとんどかわらけが伴っている。

――　東北の四面庇は、いつの時期なの?

八重樫　四面庇建物は基本的に一三世紀代にはなくて、一二世紀。

高橋　なるほどねぇ。こうして話してみると、これまでとまったく違う歴史像が描けるし、おもしろいなあ。

八重樫　武士という新しい勢力が自分たちのアイデンティティとして、京都に元々あるものを、自分たちで読みかえているのです。

高橋　そうですね。

――セット関係がわかるのは、四面庇建物とかわらけですか？

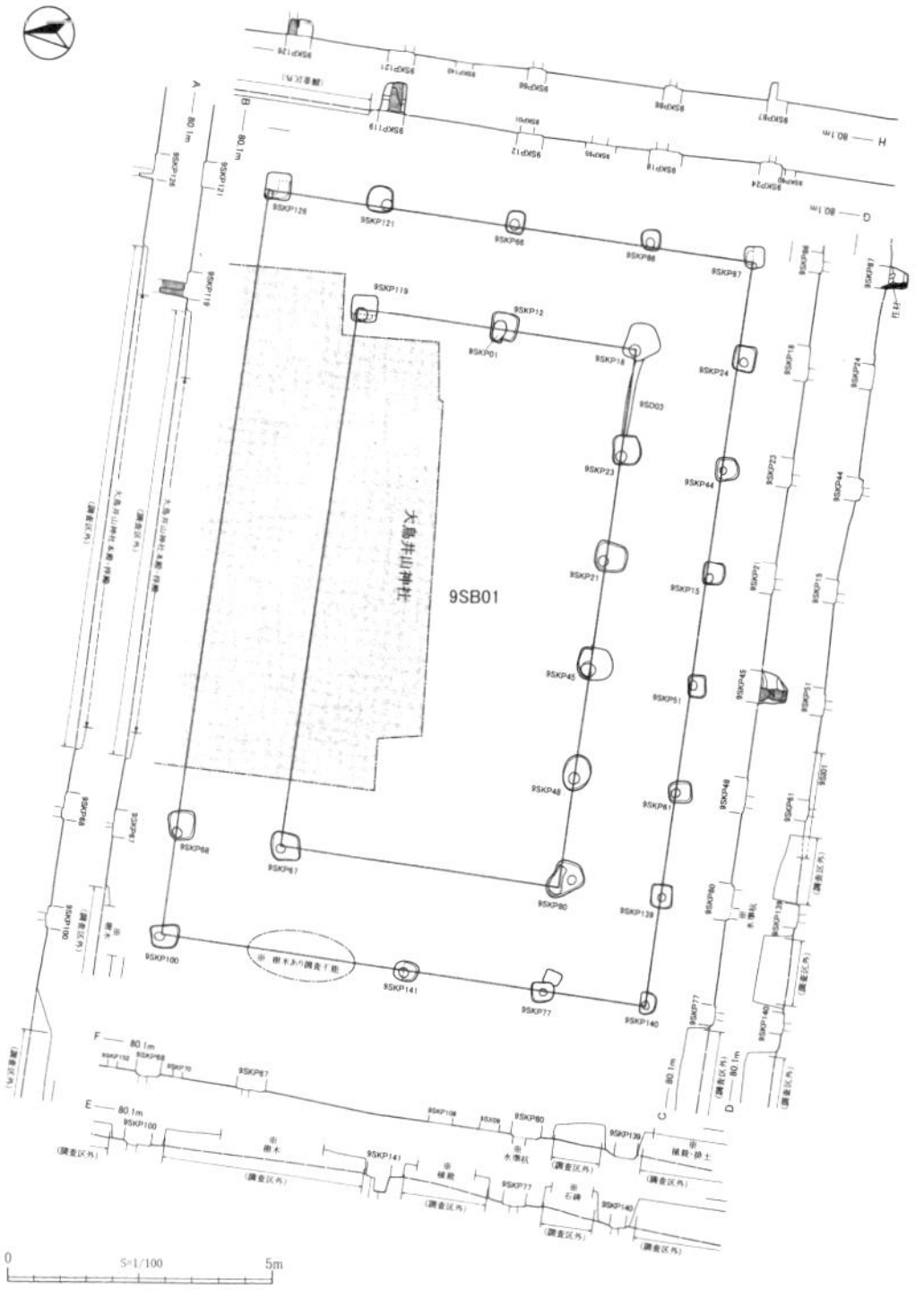

第4図　大鳥井山遺跡　四面庇建物

八重樫　多賀城を見れば、四面庇は間違いない。九間五面くらいの超デカい四面庇で、まわりから土器の廃棄土坑が出ている。建物の庇部分は壁で囲われて、軒が出る。その中に身舎という棟があって、そこは吹きっぱなしです。こんな国司館が見つかった例は、まずない。多賀城の国司館を安倍や清原の連中が見て真似るのですよ。「国司がいないから、いいかな」ってね。安倍氏は鎮守府胆沢城に勤めていたし、清原氏は雄勝城（払田柵）で働いていたからね。官衙のあれこれを見て、「土器を使って、館で宴会するのはいいね」となって、それをどんどん曲解していって、頼朝の頃は、二列対座でやるようになる。

多賀城では土器が出ているから、国司が土器を使った儀礼を館でやっていたことは間違いない。その意味で国司以外が造った四面庇建物で最も古いのは、安倍氏の鳥海柵と、清原氏の大鳥井山遺跡で出ている四面庇だね。

●小規模な土器の一括廃棄

――会津の陣が峯城跡（河沼郡会津坂下町）に四面庇とかわらけはないの？

八重樫　陣が峯には両方あるね。かわらけは少しで、完形品で二〇～三〇点あるから、もっと掘れば出てくると思います。ただ、陣が峯は一二世紀前半だから、ちょっと古い。

高橋　陣が峯は、平泉とは技術の系譜が違うのでしょ？

八重樫　羽柴君は清衡が造ったと言うけど、違うと考えている。

高橋　私は前に書いた論文で、陣が峯は城氏との関係を重視したから（高橋一樹「城氏の権力構造と越後・南奥羽」）、考古の八重樫さんからもそのように言ってもらえると、俄然心強くなってくる。

八重樫　会津まで平泉が手を出せるのは、『玉葉』に出ているように秀衡の頃。いくらか行ったりしているけど、清衡の段階では無理だと入間田さんもいっています。

高橋　まったく異論はありません。

八重樫　「土器が似ている」と羽柴君

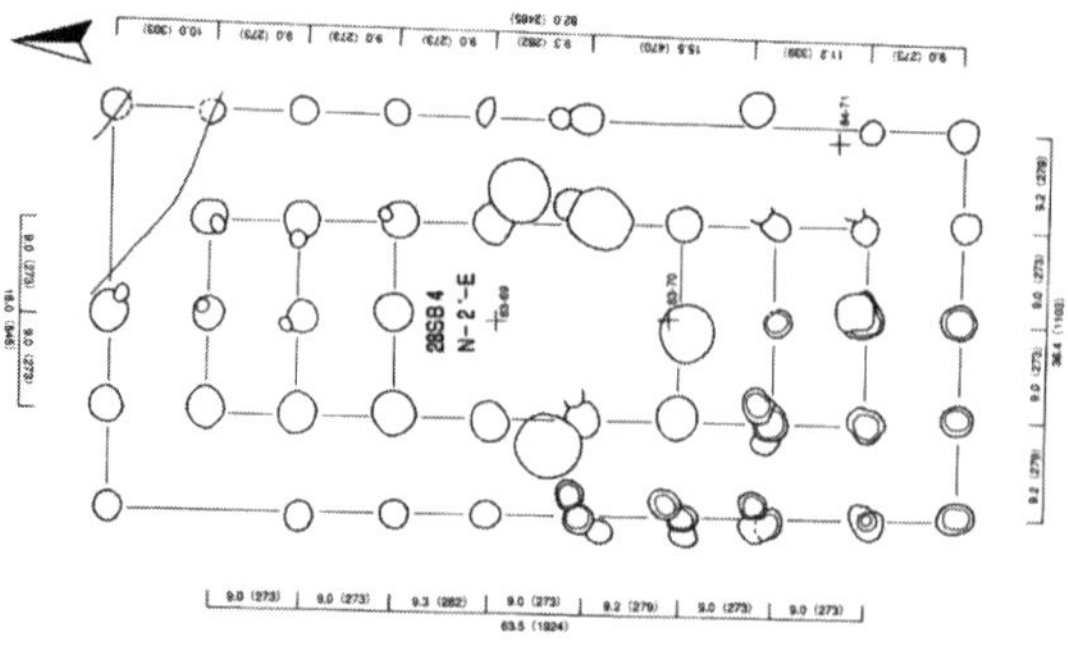

第５図　柳之御所遺跡　四面庇建物

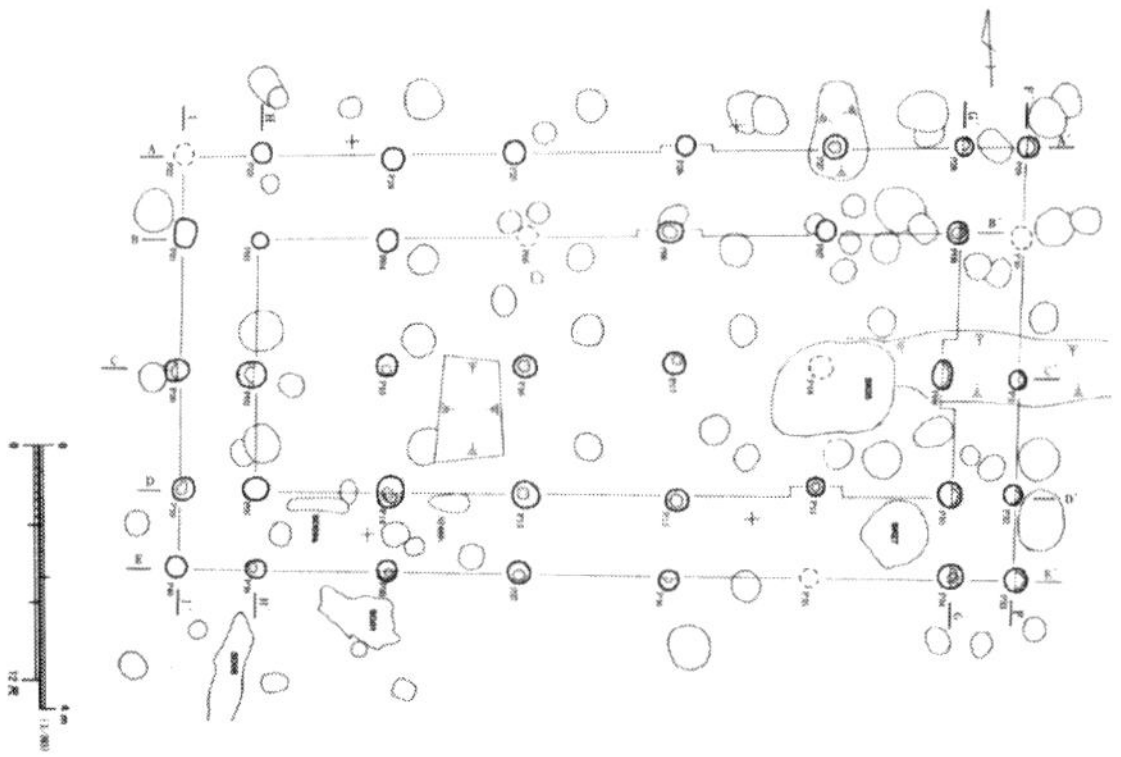

第６図　陣が峯城跡　四面庇建物

はいうけど、一二世紀前半の土器は、東北全部が似ている。官衙がなくなってそれほど時間はたっていないから、みんな模倣形態が似ているのです。それが一二世紀中頃になってくると、模倣の模倣になって個性が出てくるけど、スタートの一一世紀後半や一二世紀前半の土器は、みんな似ている。

どんどん模倣の模倣になるから、鎌倉の一三世紀前半の手づくねは、本家本元の手づくねを知らない人が、さらに写し写しやっていて、京都とは違う土器になるのです。地方にとって京都は、スタートだけあればいい、権威だけあればいいのです。

高橋　なるほどね。

八重樫　平泉の柳之御所遺跡では、大量に土器を使うし一括廃棄の数も多い。四面庇建物は、柳之御所遺跡以外にも志羅山遺跡や泉屋遺跡からも発見される。そしてそのそばには、二〇個や五〇個と小規模な一括廃棄があるのです。一〇〇個を越えるものはあまりなくて、小さな儀礼をやっている。鎌倉でも同じですね。大量に出る部分は当然あるけど、少ない一括廃棄もある。

つまり大小の宴会が行われていた。平泉も鎌倉も、恒常的に土器を使う空間です。しかしながら小規模なものも、鎌倉の外では出ない。

齋木　用途が二極化すると思うのです。一括廃棄されるかわらけと、そうでない場面で使うかわらけが都市の中で出てくる。絵巻物の惣菜をのせている器などです。大規模な一括廃棄で完形品が捨てられる器とは別に、トレーとしての使われ方もある。

八重樫　鎌倉では振り売りの記録はあるけど、そうであれば、かわらけが都市内にもっと広がっていても良い。だけど、かわらけがないところもあるので、使える空間は限られているのです。武士たちを大きくグルーピングする場は、平泉の中では柳之御所遺跡で、初期鎌倉では大倉幕府周辺に限られている。

5章　土器が語る武士の実像

1　土器の変化と時代性

●手づくねは京都の権威をまとう

八重樫　土器が変わるのも、時代をあらわしていると思うのです。鎌倉の一二世紀第4四半期に収まる土器は、総数一〇〇個のうち手づくねとロクロの比率は半々なのですが（遺構769）、一三世紀第1四半期（第2四半期前半含む）の土器は手づくねが九割に達します（総数二九四個・遺構5573）。一三世紀第2四半期の土器も手づくねは八五％です（総数四八一個・遺構5244）。あっという間にロクロに代わって、手づくね一色になる。

齋木　鎌倉では、一三世紀中頃を過ぎると、手づくねが一切なくなって、全部、ロクロになるね。

八重樫　平泉は一二世紀第4四半期の頃には、ロクロを席巻して手づくね一色になる。手づくねだけにする必要があったのですね。なぜ平泉も鎌倉も、手づくねが盛行するのか。京都系の土器をなぜ必要として、数を増やすのか。やはり、手づくねは京都の権威をまとっていて、京都を認識させる器だとしか思えないのです。

高橋　それは否定できないでしょうねぇ。

八重樫　鎌倉では京都系の手づくねというだけで、京都とは器の形も違う。京都では見たこともない土器になっている。折敷も違うので、鎌倉では京都のように何個も土器を並べるような宴会をしてない。せいぜい、大型の皿なら一個か二個です。京都からスタートした手づくねというだけで、使われ方が全然違うのです。
その鎌倉でも一三世紀中頃になると、京都を真似しなくてもよくなって、手づくねが消えていく。鎌倉時代になると公家から武家が政権を奪取していくわけだけど、その歴史が土器からも見えるのだろうな。官衙の模倣で始まったロクロだけの土器に、手づくねを入れていって、鎌倉ではべらぼうな数になる。それが一三世紀前半までの状況です。一三世紀第1・2四半期の鎌倉は手づくねが席巻します。
ところが手づくねは、すごく早いスピードで変化していくので、一三世紀前半の手づくねは、京都に存在しない形になっている。ロクロを使っていない土器というだけで、京都にはない形になる。地方にとっては、京都と同じに変化する必要はないのですよ。
高橋　それは全然ないですね。
八重樫　ただ、手づくねだという認識だけが必要だったと思うのです。手づくねが出土する遺跡は、ただならぬところだと僕は思っているのです。平泉から伝わったかどうかは別にして、手づくねを必要とした空間がないと、手づくねは出てこないだろうと思っています。
齋木　京都には京都の手づくねを使うような、何か儀礼があるのかな。
八重樫　でも折敷のサイズは京都の半分以下しかないのだから、同じ儀礼ではないですよ。土器の出土量にしても、一三世紀になったら京都とは比べられないほど鎌倉のほうがダントツに多くなる。京都の数より鎌倉が圧倒的に多いのは、それだけ土器を使う空間が鎌倉にあったのです。そして、鎌倉を一歩外に出れば、もう土器はほとんどない。
高橋　鎌倉という場と、武士を中心とした特定の階層にむすびつくわけですね。
齋木　一三世紀半ばを越えたところのかわらけでも、鎌倉以外にはほとんど出ない。

●手づくねの消滅

八重樫　鎌倉で手づくねが消えたのは、京都の真似をしなくてよくなったからです。武家政権がカッチリ成立したのかな、という気はするね。さらに、手づくねがいらなくなって以降、一切、手づくねを使わなくなる。考古から見ると、この現象こそが鎌倉の武士が一人立ちしていく様をあらわしているのだろうと、僕は密かに考えているのです。

高橋　そうですよ。私は授業でよく、中世という長い時間をかけて、武士とその家が京都の貴族社会から「離陸していく」と言い方を使うのだけど、まさにそういう感じです。八重樫さんの話から言うと、かわらけからみた武士社会の「離陸」が一三世紀中頃ということですね。

八重樫　一三世紀第2四半期です。承久の乱（一二二一年）を過ぎて、少し経ったあたりに、完全に京都は気にしなくなっている。手づくねが消えていくのは、そういうことでしょう。

高橋　都市鎌倉の構造も一三世紀半ば頃から変わっていくことが言われていますね。私は文書をなるべくモノとして見るようにしますが、文書の形式上のオリジナリティが鎌倉時代でごくわずかだけれどあらわれてくるのは、一三世紀前半からなのです。いわゆる下知状と呼ばれている文書です。

下知状は、それまで京都から模倣していただけのものをミックスして作られている。下知状自体、北条氏のために作っていくもので、ほんのちょっとですけど、デフォルメしている。

そうした変化がモノとしての文書の世界にも、形式的にあらわれてきているから、やはり一二〇〇年代の三〇〜四〇年代は、頼朝の時期から積み上げてきたものの上に立って、徐々に自分たちの独自性を主張しようとする動きが、いろいろな現象で言えるのではないですか。都市鎌倉のあり方もそうだと思いますよ。

●手づくねを使う意味

――　手づくねが京都の権威をまとうのはわかるけど、なぜ、そこまで京都の手づくねにこだわるのかな？

高橋　私はもちろん考古学はわからないのだけど、手づくねにする必要があるのは、見慣れていないからでしょう。だって、それまで一国の中では交流していたかもしれないけど、国を越えたもっと広い範囲での序列づけなり、八重樫さんが言われるような人心収攬という組織化の必要が生じたときに、その場にふさわしいものとして、手づくねが出てくるわけでしょう。

そのときに、自分たちが一国内の小さなまとまりでやっていた道具ではダメで、そのひとつ上の次元のモノといったら、やはり京都だろうと思うのです。日ごろ、顔を合わせていないような人びとを組織化するときに、いつも見慣れているようなモノとは違う道具を求めたのでしょう。形の上で自分たちと違う、超越することが、手づくねに求められたのではないですか。

ただ、鎌倉がそれを孤立的に思い立ったのか、あるいは平泉の影響もあるのか。やはり武蔵の河越で手づくねが出ているのは、私には平泉との関係が重要だと考えさせますね。

もちろん京都からストレートに武蔵に人間は来るし、情報や知識は入る。とくに武蔵守を平氏の関係者が握る前の段階、大蔵合戦で悪源太義平が菅谷館で源義賢を襲撃する事件がありますね。この大蔵合戦は、京都と関東をむすぶ北と南の交通体系とそれに拠る権力が接触したからおきた勢力争いであって、単なる同じ源氏どうしの主導権争いだとは思っていない。

実はそこに武蔵の知行国主もからんでくる。平治の乱でもよく知られる藤原信頼という院近臣が十数年くらい武蔵の知行国主なのです。南北に長い武蔵を掌握することが、北関東と南関東の全体を含めた社会秩序を編成する上で、とても重要であるという認識が京都側にあったのだろうと思うのです。後白河院領である河越庄の成立も、そのような文脈のなかでとらえることができる（落合義明『中世東国の「都市的な場」と武士』山川出版社）。

『東国武士団と鎌倉幕府』でも紹介したけど、古代史の川尻秋生さんの論文（川尻秋生「古代東国における交通の特質」）で、一二世紀の日本図に二つのパターンがあることに注目されています。ひとつは、古代の官道に沿った国々の編制を表現するような地図です。もうひとつは、一二世紀段階の実態を示しているらしい、古代の官道とは異なる陸路ルートの地図です(『二中歴』図参照)。その二つめの地図で南関東をみると、伊豆から安房へ、房総

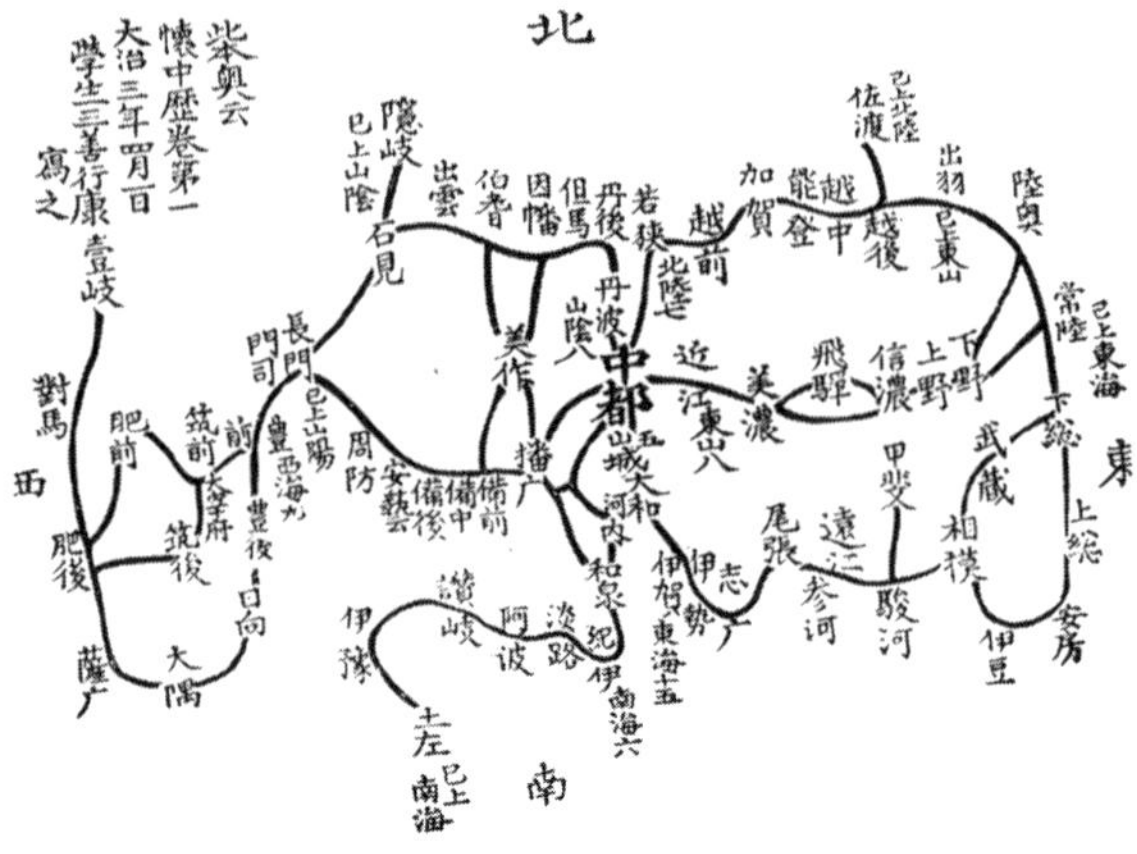

第１図　日本図「二中歴」

半島を縦断して武蔵、そして相模へと、石橋山の戦いで敗れたあとの源頼朝がたどったラインと同じく、相模湾と東京湾を取り巻くようにグルッと環状のルートになっている。南関東の環状ルートにおいて、その要になるのは武蔵国です。中世成立期の一二世紀段階で同じ貴族が武蔵の国務を掌握する地位に長く居座ることは、その段階で在地社会にもいろいろなテコ入れをしているだろうと、文献史学でも言われるようになってきている。

そうした武蔵の在地側の受け皿として、有力な勢力は河越氏ですね。河越氏が秩父平氏の中心にいることは明らかで、その河越の地で手づくねが出てくるのは、南関東にとどまらず、東国の奥、つまり平泉とつながるルートとの関係も考え合わせると、重要な意味があると思うのです。

八重樫　平泉の場合、官衙模倣のロクロだけでスタートして、手づくねが一二世紀半ばに導入され、ロクロを駆逐していく。関東には一一世紀の土器がないので、手づくねとロクロが混在している状況が鎌倉のスタート、

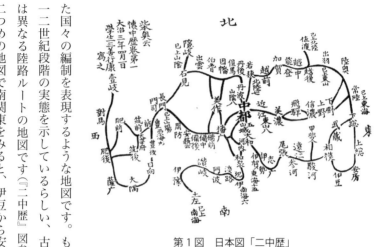

頼朝の段階です。
　頼朝は、一気に人を集めて、急激に大親分にのし上がっていきますね。頼朝は治承・寿永の内乱のあと、平泉に攻め込むまでにけっこう時間がかかっているので、その間にいろいろ組織づくりをしていて、そのときに使っているのが手づくねとロクロなのだろうな。ロクロは、官衙からの流れがあるから鎌倉で使われるのも、わからないでもない。でも、手づくねを使うのは、かなり意図的です。

高橋　そうだと思いますね。

八重樫　手づくねが出るのは、簡単な話ではないのです。河越の手づくねも地元で作ったものです。テクニックは、京都よりも平泉に近いけど、土は埼玉の地元です。だから、手づくねを作れる技術のある工人が河越にいて、ある程度の量を作っていないと、あそこまで丁寧な仕事はできない。たまたま一個二個しか出ていなくても、数はかなり作っていると思う。一つの窯で一回焼けば、一〇〇個単位になるのです。そうすると河越の手づくねは、ただならぬ連中がいたことの証拠になる。
　ロクロも重要だけど、手づくねは、それはまた別に重要な意味を持っていて、平泉の終末期には手づくね一色になっている。鎌倉もスタートは手づくね・ロクロが半々だけど、あっという間に一三世紀前半では手づくね一色になります。手づくねは京都の権威をまとった器で、これが出る遺跡は、要注意だと思う。
　武士というのは、極論すれば、京都の権威を収奪していくわけですよね。国家を奪う話なので、土器からもそうした様相が見えているのだろうなと思っています。何度も言うように、東北はすごく見えやすい。武士団の活動も分かるし、記録も残っているしね。

高橋　京都の権威に依存し、利用しながら、権力をだんだんと吸収していく。

八重樫　その流れの中で土器を見直すと、手づくねが出る・出ないは、重要な意味があると思っています。

●手づくねとロクロの混在

高橋　頼朝の段階で、手づくねとロクロが半々で混在している意味は、どういうふうに考えたらいいですか？まだ平泉が倒されていない時期の話ですね。

八重樫　平泉と並行ですよ。

高橋　平泉はその頃、手づくねだけになっているのですね。となると、平泉のかわらけの使用形態が鎌倉にストレートに来ていないことは、ほぼ間違いない。権力としても平泉と鎌倉が並存している段階ですが、それに先行して武蔵の河越では手づくねが一二世紀のある段階から使われている。

八重樫　鎌倉よりも確実に古い手づくねです。

高橋　平泉以外で東国に、しかも南関東ではあるけれど鎌倉とは異なる武蔵で、手づくねを一二世紀に使っている支配層がいた。東国では一方でロクロもあり、手づくねと混在している状況が、頼朝の初期の段階、平泉と並存している時期の鎌倉でみられる、というのは、その段階の政治情勢にもっとも整合的なのではないかな。手づくね一色に鎌倉が変わっていくのは、平泉の藤原氏を倒した後なのですか？

八重樫　そうです。潰した後です。その前はロクロ・手づくねの半々です。宴会の規模も違っているしね。

高橋　そうだとすると、鎌倉での手づくねを中心としたかわらけの使用は、平泉の権力を倒して直接の影響下においたことの反映なのかな。

八重樫　奥州合戦の帰り道に平泉から帰る鎌倉軍がかわらけを使っているシーンを『吾妻鏡』は書いていますね。かつては平泉から鎌倉に土器が伝わったことを示しているのではないかと解釈していたのですが、大量の消費をしなければいけない状況に、平泉を潰した後になったのでしょう。

高橋　川合康さんが論じられたように(川合康『源平合戦の虚像を剥ぐ』講談社メチエ)、奥州侵略は頼朝側にとっても、内乱の総括であり、御家人となった列島規模での武士たちを動員して、主従関係を演出する一大政治パフォーマンスですからね。

八重樫　しかも勝ち組になったから、もっと人は増えていくね。

高橋　そうそう。

齋木　鎌倉で一二世紀第4四半期のかわらけの量は、テンバコに一つしかないのです(遺構764)。次の段階になると、テンバコが六つくらいになる。急激に増えるのです(遺構5244)。

八重樫　鎌倉で出土量が増えるのは源氏三代の最後あたり第2四半期です。その時期の手づくねは象徴的な器で、武士団をまとめるときの大事なアイテムになっている。

齋木　我々が考えている以上に、かわらけは大きな力を持っているね。

2　国をまたぐ独自のルールづくり

●土器の宴会と傍輩

八重樫　僕は前からそう思っています。かわらけで中世初期の武士団を語れると熱く言っていたでしょ。

高橋　よくわかりましたよ。私自身、かわらけは京都との関係、むすびつきを示す自己顕示のアイテムだと思っていましたからね。とくに一四世紀以降の国人たちの館、たとえば北越後の江上館のようなイメージで、領主として自分よりも下位の、より地域に密着した従者たちとの宴会儀礼に手づくねのかわらけを使うことの意味を考えていました。そのときに権威を視覚化するモノとして、京都との関係を示すという意味合いで、かわらけを位置づけていたところが私のなかには強くあった。

そのような見かたを遡らせて一二世紀も考えていたけど、必ずしもそうではない。むしろ「あの人と、自分はどういう関係なの」とか、「どっちが上なの」とか、そういう場でこそ必要になることが、今日の八重樫さんの話を聞いてわかりました。

八重樫　確かに知らない者同士が集まるのですからね。

高橋　そこがすごく重要ですよ。国府など一国単位におさまる場だったら、多くはいつも顔を合わせている人びとでしょう。でも、平泉はそうではない。権威や正当性としては、多賀城や陸奥の国府から引きずっているし、清原氏の大鳥井山遺跡から続いてきていることもあるのだけど、平泉の権力は奥羽全体をすべて面的に支配できているわけではなくて、私に言わせれば、まだら模様の支配にとどまっている。そうであればあるほど、かなり広い範囲の人びとと関係をもつことになり、それは地方行政単位としての国をまたいでいるわけです。そもそも、陸奥国に限ってみても、一国といえるかどうか、わかったものではない。現在の福島県にあたる南奥は、武士たちの動向でみても全然違いますよね。そういうことを考えると、「さて、あの人と私はどんな関係？」という状況をその場とともに整序することが、より高次の権力としてはすごく大事になる。

それで思い出したのは、頼朝の画期性は、熊谷直実の話で言われていることだけど、『曽我物語』や『吾妻鏡』に、大名・小名という大きな区分で武士たちを把握するところがありますね（菱沼一憲『中世地域社会と将軍権力』汲古書院）。東国の武士たちは、おおざっぱに大名か小名かで分けられて、大名は相対的に所領も大きく財力を持っているから、初期の鎌倉幕府は建築物をつくるときに、大名たちに割り振って造営を分担させるわけです（七海雅人『鎌倉幕府御家人制の展開』吉川弘文館）。逆に言えば、その負担に耐えられるのが大名で、そうではない武士が小名ともいえる。

こうした区分を越えたところに、傍輩（ほうばい）の論理がある。つまり、頼朝というひとりの人間以外は、みんな傍輩だ。それまでは武蔵や相模などの一国単位で、そのなかの大名・小名と言われていたけど、頼朝のもとでは、みんな横並びの傍輩の関係で、所領の大小も、国府とのつながりやその濃淡なんかも原理的には関係ない。熊谷直実はそうした傍輩の論理にとても魅かれて、頼朝のもとに駆け付けたという逸話があります。

いま私が言ったのは、笠松宏至さんの研究を踏まえてのことで（笠松宏至「中世の「傍輩」」）、あるひとつの頂点を据えたときの、その下位に立つ新しい横並びの人間関係が傍輩です。いろんなところに傍輩の関係ができる可能性があるのだけど、東国という場に即してみると、もしかしたら頼朝と御家人の関係に影響を与えたモデルは、平泉の藤原氏の権力だったかもしれない。畿内に拠点をおいた平氏にのみ注目することもないはずです。

確かに考えてみれば、荘園だって京都と結びついてはいるものの、大田文という土地台帳の作成と機能によく示されるように、一国的な秩序でまとめあげようとする論理も生きている。荘園にも国の枠組みを抜け出せない性格が残るわけです。ところが、平泉は国と国を越えた、広大な領域を相手にしています。そんな権力は、失敗に終わった平将門の乱を除けば、東国では初めてでしょう。

平泉とは別に日本列島上で類例をさがすと、大宰府になるでしょうか。大宰府は九か国を管轄する上位機関ですからね。しかし、少なくとも東日本で平泉以前には、国を越えた権力は成立していない。その流れで鎌倉を考えるのは、ひとつの有力な道筋になりますね。

これまでまったく会ったこともない人たちが顔を合わせて、あるひとつの場に集まる。頼朝という主人は共有しているのだけど、お互い同格と言われても、フェイス・トウ・フウイスの環境のなかでの人間関係をどのように序列づけるのか。八重樫さんが言ったように、『吾妻鏡』に記されているのは、御家人たちが二列対座でならんでいるのだけど、たとえば文治四年(一一八八)の一場面だと、「上」の一番先頭は畠山重忠と梶原景時が座っている。

御家人たちは原理的に頼朝をトップに据えた傍輩だけど、そのなかで現実的には、お互い上下関係を持つことを余儀なくされてもいる。村井章介さんが注目された、鎌倉幕府における正月の椀飯儀礼の問題も同じですね(村井章介『中世の国家と在地社会』校倉書房)。『吾妻鏡』に出てくる鎌倉の御家人たちの世界は、傍輩といいながら上下の序列ができあがっていますが、それを創り出していく際の道具として、東国にいる自分たちが見たこともないような、京都の手づくねが意味をもったのではないですか。

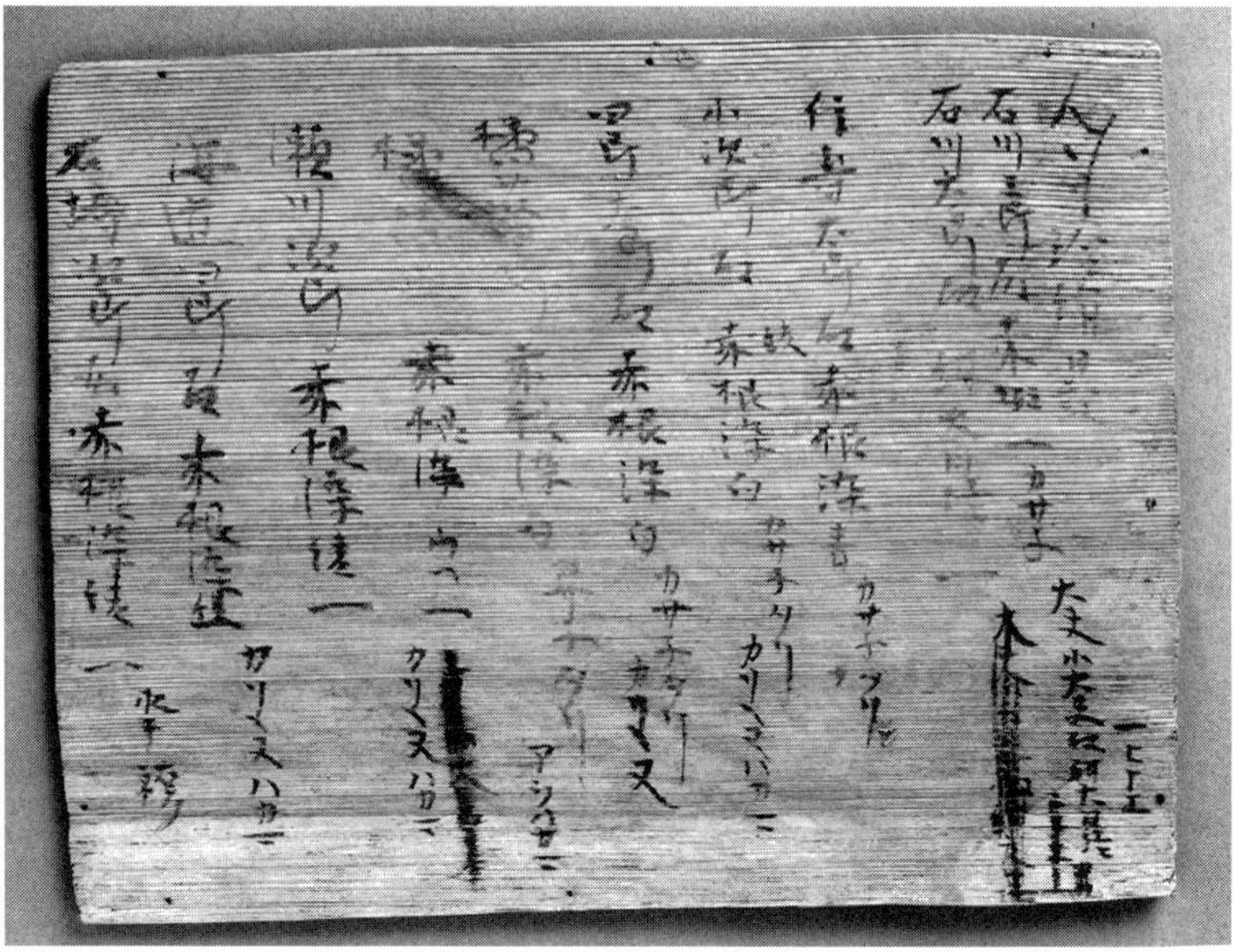

第２図　柳之御所遺跡出土「人々絹給日記」墨書折敷

――土器の大・小の法量は、もしかして格付け？

高橋　具体的な史料をみると、土器（かわらけ）の小を何枚、大を何枚準備せよ、という記述が多くて、それに何を載せるか、というようなかたちで使い分けがなされていたようだけど、東国ではもしかしたら使う人に応じた格付けの意味もあったりして。

八重樫　多賀城で土器の法量が大と小に分れる意味は、考古の人間は、京都とは異なると主張しながら、『餓鬼草子』などに魅入られて、京都の延長の饗膳形態の進化ぐらいにしか考えていなかった。確かに大名・小名の格付けはあり得ます。考古としてもう一度深く見直さねばなりませんね。

国を越えた顔も見知らぬつわものを結び付ける大宴会が平泉で行われていたことは、土器の出土量をみれば明らかですが、柳之御所遺跡で出土した一二世紀第４四半期の八〇センチくらいの大杓子も超重要です。復元で現物を作って実験しましたけど、大きな鉄鍋が必要になりますが、作ったカレーはなんと一〇〇食分です。この大杓子が捨てられているのを見ると、たくさんの人を集めて食事を伴う大宴会をして、手づくねを大量に捨てているのは確実です。

高橋　そう言われてみると、大石直正さんの「人々絹給日記」(第2図)に関する解釈が私はとても大事だと思っているのです。折敷に書かれたこの墨書史料は、平泉の藤原氏当主の近親や非常に近しい人間のリストで、常に柳之御所に詰めているような人たちです。ということは、逆にそうではない人たちも平泉藤原氏に仕えていることになる。頼朝以降でも、傍輩というような原理で武士たちを取り込むのだろうけど、しかしその中には頼朝に近いコアになる人たちがいた。「人々絹給日記」の史料としての性格や内容をきちんと理解すると、平泉の藤原氏からみれば一番近くにいて頼りになる人間とは別に、外様ともいうべき人たちもたくさんいて、それらを内包する大規模な集団の組織化が見えてきます。

みんな均質にみえてしまうようで、実は集団内に権力の主体との距離というか、関係性にグラデーションがあることが浮き彫りになってくる。コアになる人たち以外に、平泉との関係が薄れていく大多数の人たちが藤原氏の下に組織されていることが、八重樫さんの言う大杓子の話と関わるかもしれない。

3　土器の分布を読む

――手づくねは、国の枠組みを越えた見知らぬ者同士をつなぐアイテムにふさわしい、というのはおもしろいね。ロクロ土器はどうです?

八重樫　ロクロは、官衙の土器です。平泉は官衙との連続性が追えるけど、相模の国府は土器をほとんど使っていないので、鎌倉のロクロとは途切れているのです。東北のロクロ土器をどこかで見聞きした奴が作っているのかな。工人は鎌倉に居たのかもしれないし、東北から工人も来たのかもしれないけど、土器をみると、平泉とはいろいろ違う点があるね。

鎌倉のロクロの作り方は、板状圧痕という幅の広い板で乾燥させているのです(口絵参照)。こうした板状の圧痕は、平泉にない。平泉の土器は、幅の広い板にのせないで、スノコの上にのせるのです。鎌倉の土器は全部みたけど、板を使っているから、平泉ダイレクトの技術ではない。平泉と鎌倉の間には、どこかにクッションがある。

鎌倉の土器の内側も、なでつけてきれいに整えるのだけど、この技法も東北の一二世紀の土器にはない。一三世紀になってから出てくる技法なのです。板も一三世紀になってからです。だからむしろ、東北よりも鎌倉のテクニックは早くに始まっている。いろんな意味で齟齬があるから、鎌倉の土器は平泉直ではないね。

高橋　なるほどね。

八重樫　でもやっぱり、ロクロの土器を使うことに、何らかの意味があることを、どこかから聞いて知っていたんだね。

——　ロクロのかわらけは、関東のあちこちで出ているの？

八重樫　出ないね。とにかく、土器がない。

齋木　鎌倉にロクロかわらけがある以上、鎌倉の周辺にはあるとは思うのだけど、それにしてもかなり量は少ないね。相模でロクロかわらけに似ている坏型のロクロ土師が出ているのは、平塚の国府周辺と三浦半島です。

高橋　どちらも三浦氏の関係が深いですね。それは興味深い。

八重樫　確かに三浦は出ているね。

齋木　三浦半島は一二世紀段階のランダム押印の常滑焼が出ているからね。

八重樫　三浦で出ているロクロ土師は、ヘラ削りだった？

齋木　ヘラ削りはしていないね。ヘラ削りは相模型の坏です。その技法がなくなった後のものです。三浦半島は意外と出ているね。

高橋　一二世紀から出ているのですか。

齋木　編年で一二世紀に当てこもうとしているだけで、確証はない。

――一三世紀に鎌倉以外でロクロかわらけが出るのはどこ？

齋木　ロクロだったら、秦野にも愛甲にも厚木の毛利のところでも出る。相模の武将たちがいたと言われている場所では、だいたい出ています。ただ、量は少ないですよ。

高橋　愛甲と毛利ね。いいですね。愛甲庄は一二世紀半ばに源為義が所領としていて、京都の官人出身と思われる内記平大夫を沙汰人として派遣していたところ。毛利荘はご存知の通り、京都から鎌倉に下向した大江広元の四男が地頭となっていますね。

八重樫　土器が出るところは、ただならぬ場所だよ。

――手づくねは出ない？

齋木　手づくねが出るのは、鎌倉の中期くらいになって出てくる。初期の手づくねはまったくない。

八重樫　そう考えると、一二世紀前半には相模に武士がいても、土器を使った儀礼がない。かわらけ自体が出ないからね。だけど一三世紀後半になると、土器はけっこう出る。

齋木　波多野氏の館ではないかと言われているところを広く発掘しているけど、それでも口径の小さくなった厚手の手づくねしか出ないのです。口禿の白磁や青磁の蓮弁文といっしょに出るから、波多野でも一三世紀後半は鎌倉と同じモノの出方をする。

高橋　一三世紀前半の波多野義重は、たしか北条重時の娘を娶って被官となっているけど、波多野荘の半分が北条重時の所領になっからじゃなかったかな（森幸夫『北条重時』吉川弘文館）。

――いま確認されている中世前期の遺跡でかわらけが出ているのはどこですか。北関東の群馬にはない？

八重樫　群馬県の白石大御堂遺跡（藤岡市）には、一二世紀第4四半期の手づくねが出ているね。でも数は少ないし、周りにも広がらない。

――信濃はどうですか？

八重樫　諏訪大社関係の遺跡で手づくねといっしょにロクロも出土している。御射山の資料もある。数は少ないけどね。

―― 寺社から少量出る手づくねと、平泉や鎌倉で出る大量廃棄の手づくねは、同じ評価でいいの？

八重樫 寺社というのは、そもそも武士が関わっている場所なので、土器が出ることに不自然さはない。問題なのは、すべてが少数ということですよ。

つまり平泉や鎌倉のように大きなグループを作る段階には達していないということ。とはいえ、それらの前段階として、重要な位置であり、有力な武士がいたことは動かない。これらをもとに、文献史と照らし合わせて、中世前期の様相を明らかにする必要がある。

●下野の小山氏と土器

八重樫 祇園城（栃木）でも、前期のかわらけは出ているね。一三世紀前半か、半ばくらいだね（本書水口論文）。

高橋 それはおもしろいですね。

八重樫 完形品がかなりあるから、見たときびっくりしたね。たくさんの武士たちが集まって宴会やっているなって気がするよ。

高橋 小山という地点は、下野のなかに含まれるけど、国をまたいだひとつの地域の核になっていると思います。常陸国の信太庄（茨城県稲敷市）を拠点とした志田義広が乱を起すとき（一一八三年）、志田義広は常陸から下野を通っていくけど、最大の戦場は小山のすぐ南、野木宮です。

この野木宮の戦いは、一二世紀後半の北関東に割拠する有力武士たち（小山氏・下河辺氏・志田氏）の争いに加えて、菱沼一憲さんが言っているように、頼朝の弟にあたる源範頼も参戦していることに注意する必要がある（菱沼一憲編著『源範頼』戎光祥出版）。

つまり、局地的な合戦ではなくて、小山周辺は、下総・常陸・下野・武蔵の境が接しているところで、古代から河川の流路変化の問題もあって、しばしばトラブルのおきている場所なのです。南関東の一部にも範囲が及ぶような、ひとつの地域社会の結集核になるところで、頼朝に結びつく小山氏がみずからの覇権を確立したいという要素もある。単に志田義広が侵攻してきたからどうこう、という話ではないのです。小山氏の祇園城でかわらけが出土しているのは、下野だけにとどまる話ではなくて、まさにいくつかの国をまたいだ広域エリアの問題ですよ。

南関東と比べて、一二世紀の北関東には軍事貴族ともいうべき有力武士たちがゴロゴロしている。彼らの覇権争いもあるけど、なぜ範頼がわざわざ鎌倉から派遣されて行くのかを考えなきゃいけない。地域内の局地戦ではなくて、もっと大規模な戦闘なのに、『吾妻鏡』はそれを矮小化しようと書いているんじゃないですか。それに惑わされないようにしないと。

八重樫　伊豆の韮山も、すごく特殊だと思う。ただ、一二世紀の土器は少ないね。頼朝がいたというわりに土器は少ない。一三世紀前半が主です。やっぱり、韮山も人をまとめる場なのだろうね。

高橋　挙兵時の頼朝のまわりには、ごくわずかな武士しか出入りしていませんからね。一三世紀前半というと、早い時期なら時政らもよく鎌倉と伊豆を往来していて、しかも内乱の時期とは比べものにならない武士やら人びとが出入りすることになったでしょうしね。

八重樫　量の多さから言ったら、韮山は鎌倉の次くらいです。それだけでも普通じゃない。

――お互い顔も見たことのない武士たちを集めてまとめるのだから、大変だ。

高橋　かわらけがある世界と、かわらけがない世界とでは、かなり異質だと思います。

八重樫　福島県の伊達市でも、船橋遺跡でわずかですが一二世紀の手づくねが出ているのです。報告書を見ていると、常滑の鉢もある。平泉の後見役をつとめた佐藤氏か、そんな連中が伊達市にいたのではないかって思っています。

――いつ発掘したの？

八重樫　発掘はずいぶん前だけど、遺物を整理したら見つかったのです。河越と同じパターンだね。もっとしっかり見てほしいよ。

4　土器と武士の「一揆」

●武士の概念

八重樫　いずれ、こうして整理してみると、かわらけは、顔を合わせたことがないような連中の間で序列を作るための道具であるとすれば、かわらけがないところはなくていいね。

――そこに集まってくる人たちは、別に武士である必要はないのでしょ？

高橋　もちろん、それはそうでしょう。だけど、そもそも当時の「武士」という概念をどうするかが難しい。髙橋昌明さんの考え方でいけば、鎌倉幕府に結集してくるような、あるいは奥羽に侵略するときに動員をかけられるような御家人たちの多くは、ほんらいの武士ではなく、いわば半プロだというのです（髙橋昌明『武士の成立　武士像の創出』東京大学出版会）。

それは、かつての在地領主制論と区別するために、平安末期の武士と認識された人びとの実態を狭くとった議論の立て方をしているわけですが、武士（プロ）と半プロの違いというと、流鏑馬の技術に優劣があるからトレーニングしなければいけないとか、そういうレベルではあるかもしれない。しかし、京都のかわらけからみたら東国のものは使い物にならないとか、京都の文書から見たら頼朝の初期の文書は下手だからダメだ、といっているのと、ある意味、同じ議論になってしまうのではないか。

そうではなくて、かつてのように、地方社会で武力を持っていれば何でも武士だ、というのは困るけど、ここ二、三十年の議論をふまえて、新しい「武士」という概念を立てればいいんじゃないですかね。だって、一二世紀や一三世紀に限っても、「武士」の語義は単一ではなくて、いま私たちが使っている分析概念としての武士とは乖離があるんだから。

研究の進展をふまえて、新たに武士の概念規定をするときには、荘園の沙汰人などとなって下向してくる下級の実務官人なんかも含めていいのかもしれない。彼らだって当然、武力を持っているし、本人でなくても、武力を持っている者を身近に置かないと、徴税は無理ですね。とくに「家」という単位で考えたとき、武力を持たないことはあり得ません。

古代史のほうからは、森公章さんがかつての武士発生論とは違うのだけど、東国の在庁官人や相撲人などから武士の発生をとらえようとしていますね(森公章『在庁官人と武士の生成』吉川弘文館)。史料上は相撲人として出てくるけど、その実態は、地方で生み出される、あるいは再生産される武士の裾野をかたちづくっているのでしょう。

そうした人びとも含めて、基本的には武力を備え、しかも地域的な基盤を異にする人びとが集まってくるとき、京都のかわらけが求められた。

―― 地元から湧き上がってくる連中も中にはいるわけでしょ?

高橋 いないとはいえないですが、そこはよく見えないですね。

―― かつては地元から湧き上がってくる在地領主が屋敷を囲って用水引いて、武士になるって話でしたらね。

高橋 一九八〇年代まではそうでしたね。

八重樫 あり得ないね。自分たちを正当化するには、考古資料からみれば官衙です。官衙を模倣する。京都ではなく、官衙を模倣して、最後は官衙を乗り越えて、その次に京都なのです。在地からのしあがって、「俺はこの土地の親分だ」と言い張ったところで、もはや正当化できないですよ。まわりから袋叩きに合うのがオチです。

―― 土地に根付いて農業経営に直接タッチする連中はいるのでしょ?

高橋 私たちが見ている中世前期の文献史料は、それより上のクラスにかかわる情報になるでしょうね。それを中世の成立期からもっと下の階層にかかわる情報として分析してきたけど、現存する史料の性格を考えると、やはり限界がある。

荘園制もそうです。かつては、ある史料をもとに、現地を開発・開墾した人物が土地の所有権を名目的に中央の有力者に寄進していたと考えていた。ところが、開発して寄進したとある人物が実は国司クラスの貴族だった。石井進さんがもう四〇年以上も前に指摘していることです（石井進「「鹿子木庄事書」の成立をめぐって」）。でも、未だに日本史の教科書は「鹿子木荘条々事書」を載せているんだから、いくら言っても変わらないのかな、と半ばあきらめかけています（笑）。

「鹿子木荘条々事書」からは、本当に現地で開発行為にあたった人びとの姿はまったく見えてこない。文書を中心とした文献史料というメディアは、時期をさかのぼるほど、いかに上辺だけしか見えていないか、ということを、あらためて認識しないといけないと思うのです。

●武士団に代わる概念を

八重樫　考古資料でも底辺は見え難いところです。少なくとも関東にはたくさんいるのに、考古学では痕跡が見えない。武士が集結してかわらけを残してくれたおかげで、少しずつ見え始めてきた。つまり、武士が集まって武士団を作るための重要なアイテムが土器ですよね。鎌倉幕府に東北が押さえられると、武士の団体化は必要なくなるから、東北に土器は出なくなる。関東も鎌倉以外はそんなことをしないから、土器が出ない。という意味では、武士をまとめるため、団体化するための大きなグルーピングを作ろうとするとき、土器が使われる。

齋木　武士が団体化して序列がつきはじめるときのアイテム。

高橋　序列をつけようとするときのアイテムですね。いま八重樫さんが言われたので気を付けないといけないのは、武士団という用語には、学術的に厳密な使い方があることです。中世の武士団は、いま八重樫さんが言われた流れと逆の方向性で考えてきたといってもいい。

どういうことかというと、石井進さんの『中世武士団』（講談社学術文庫）を読めばわかるけど、いわゆる中世武士団は、在地領主制論の影響もあって、あるひとつの家から所領が分割譲与されて、支配が細分化していき、惣領といわれる中心的な家によって庶子家が統率される、というあり方で範疇化されています。惣領をトップにしたピラミッド型の上から下へ下降分散していくベクトルを持っているのです。

ところが、いまここで話しているのは、ピラミッド構造ではなくて、多少のデコボコはあるにしてもヨコの関係性です。少なくとも中世成立期の土器は、国とか家とかを越えて、ヨコに広がりをもつ武士たちが結集するときに使うときの道具ではないか、と思い至ったのは、本当に勉強になりました。それをふまえて、武士たちをまとめあげていくときの形態をどのような言葉で表現するかです。既存の分析概念である「武士団」との違いを表現できた方がいい。

―― 石井さんの『中世武士団』のイメージは強烈です。

高橋　私も学生時代から学んできたからそうだけど、そのイメージは、武士の家々が残した系図のレトリックにはまっているのです。いまにつながる地名を名字として名乗る庶子の家がだんだん増えていき、一族で集団的にある領域を支配している、というレトリックですね。だけど、高橋修さんが石井説の大きな根拠だった常陸平氏の事例について、新しい見方を提示されましたね（高橋修「常陸平氏再考」）。常陸平氏という武士集団は、従来の武士団という概念では到底とらえられないと、実証的に明らかにされた。それをみても、武士団に変わる新しい概念を組み立てる必要が高まっています。

ある意味、幕府というのはわかりやすい。でも、平泉の段階をどう考えるかです。平泉を入間田宣夫さんのように幕府と言ってしまってよいか。いま私たちが話しているのは、入間田さんの考えているイメージとはちょっと違うでしょう。

―― 武士団に代わるいいネーミングをつけないとね。

高橋　とくに平泉段階をどのように呼ぶかです。

八重樫　僕は「つわもの」と呼んでいます。入間田さんが「つわもの」だからというから…

高橋　当時の史料に出てくる語彙としても、「つわもの」はピタッと来ますね。「武士」という言葉は、さっきも少しふれたけど、鎌倉時代の前半でさえ、六波羅の配下にいる御家人たちというように、かなり限定的な使い方もあって、ひと筋縄ではいかない。それに対して、平安後期から最も一般的な言い方は、「つわもの」「勇士」ですね。

――「つわもの」「勇士」に団体化の匂いがあまりないね。勝俣さんが言っている一揆に近い感じかな(勝俣鎮夫『一揆』岩波書店)。

高橋　一揆といえば、歴博に足利尊氏の馬廻衆たちが連署している史料があるのですが、名前の部分が同じ筆跡で書かれた武士たちは、たぶん一か所に集まって、本人が花押を書いたのだと思います。その場では、かわらけも使われたのかな。まさに、かわらけは、そういう道具なのだろうと思うのです。

八重樫　平泉も鎌倉も、ずっと一揆しているわけね。

――一揆に参加する人は、その場に居ないとダメなんでしょうね。

高橋　そうそう、それこそ入間田さんの言う一味神水です。みんなで場を共有していることが大事です。だからこそ、使い終わったかわらけの完形品を一括廃棄するのでしょう。その場限りだからね。かわらけの清浄性の問題だけでなくて、その一瞬の場が持っている意味合いですよ。

5　西国・大宰府との比較

●西国は国をこえて一揆しない

――今回は東日本の話題が中心になったけど、最後に西日本はどうですか?

八重樫　平氏の祇園遺跡(神戸市)の庭園では、渥美の甕に入った一二世紀後半の手づくねが見つかっているから、平氏も似たようなことをしているのです。ただ北に比べると、平氏はそれほど盛んにやっていない。

高橋　平氏は東国からも家人となった数多くの武士たちを内裏の警固などで京都に動員しているけど、福原には地方の武士たちを集めていないのかも。髙橋昌明さんの表現を借りれば、「六波羅幕府」だから（髙橋昌明『平家と六波羅幕府』東京大学出版会）。

八重樫　都にいたせいもあるのかな。

齋木　都の近くは、あまり出ないと思う。

八重樫　そもそも土器を使う意味が東北・鎌倉と京都とは違うからね。

高橋　そうなんでしょうね。でも、平氏の勢力が拡っていくと、どうなんだろう。

八重樫　畿内はもともと京都から広がっていくから、まわりにパラパラと出る。西国でいう職能武士の連中がまとまっていくには、土器は必要な道具だったのでしょうね。

高橋　元木泰雄さんの言う「京武者」たち（元木泰雄『武士の成立』吉川弘文館）の京都周辺での活動と、かわらけの出土状況を組み合わせてみたら、なにか言えそうな気もしますね。

――中国・四国地方に土器は出ないのですか？

齋木　中国・四国地方は、京都系の手づくねも入るけど在地の土器をいっぱい使うね。

八重樫　中国・四国地方では、武士がまとまる必要がない。頼朝以前の関東と同じ状況ですよ。

高橋　一国単位を越えたまとまり、という意味ではそうです。自分の本拠地があるところの国府に行くか、京都とつながる。そのどちらかでしょう。

八重樫　国を越えて一揆する必要がない。でも東北は、前九年・後三年合戦から一揆しているから、どんどんグループも大きくなっていって、大量の土器を使うのです。

――そうか。自分のところの国府に行けばすむのか。

高橋　基本的には、国府か京都だと思うな。

齋木　たとえば鎌倉と足利という関係ですよ。足利はほとんどかわらけが出ない。

八重樫　足利氏は樺崎寺みたいに大きな庭園を持っていても、ロクに土器は出ない。新田氏関連もほとんど出ない。

高橋　そうでしょう。北関東の新田氏と足利氏は同族で上野と下野にまたがって展開したけど、そうした広い地域で他の武士たちを包摂して一揆する力量はなかったのでは。なにせ藤原姓の足利氏らと厳しく対立していますからね。

八重樫　西国は、その通りだと思うね。

●大宰府と平泉・鎌倉幕府

――九州は？

八重樫　大宰府にあります。大宰府は多賀城みたいなところです。国司館は明確ではないけど、土器の一括廃棄は一〇世紀からある。九州を統括しているからだろうね。ただ、武士が育ってくるような環境ではない。

――大宰府に一〇〇・二〇〇の数量を越えるような完形品の大量廃棄はない？

八重樫　ないね。

齋木　九州に平泉藤原氏みたいな勢力は育たないね。

八重樫　だって、国の支配形態ができあがっている。

――大宰府のトップも、都から下ってくるのでしょ？

高橋　長官はそうだけど、大宰府は府官たちが九州の各地に地盤を築いて、領主化して行く。だから、大宰府とは関係のなかった在地の勢力をヨコのつながりでどうやってグルーピングしていくか、つかんでいくかという話がメインではない。大宰府から地域に向かって、だんだんと下降分散していくというイメージです。

八重樫　すでにスタートの時点でできあがっているからね。東北はそれがない。北の「つわもの」だから、まだルールがない。自分たちでルールづくりをするのです。

高橋　古代に大宰府のおかれた九州との対比で、その表現は適切ですね。さっきも言ったように、「この人と会ったことがないけど、今度、いっしょになった」とか、「どっちが上なの、それとも同じなの」とか、ヨコのつながりを作り出していくのです。

――九州の場合は、序列がもうわかっている？

高橋　大宰府という組織が象徴するように、律令の段階から依拠すべきものがあったはずです。東北にはそれがなかったのではないかな。

八重樫　東北には郡がないからね。

――南九州も同じですか？

高橋　南九州には郡はありますよ。もちろん大宰府の管内にも入っています。大宰府の府官クラスが領主化し、荘園の形成などに関わっていく動きは、かつての工藤敬一さんの研究などをふまえて、最近は小川弘和さんが精力的に分析されています（工藤敬一『九州庄園の研究』塙書房、小川弘和『中世的九州の形成』高志書院）。

あらためて確認しておきたいのは、大宰府と鎌倉幕府とでは、方向性が逆なのです。一国単位とか、地域社会をこえて、ひとつ上に立つ組織なり、国家レベルの権力体が東国にできたのは鎌倉幕府が初めてで、平泉は間違いなくその前提になる。大規模な戦争の過程で鎌倉が立ち上がってきて、そこを拠点にどうやって武士をまとめあげようか、というのが幕府です。

伊豆で頼朝が挙兵したときは、わずか数十騎です。石橋山で負けたときは、三〇〇騎程度。安房から上総・下総へと移動していくなかで、桁違いの兵力になる。そのプロセスともかかわって、頼朝と武士たちの関係にもいろんなパターンがあって、ひと筋縄ではまとまらない。

今日の土器の話は、そのような状況を考えるとき、とても参考になった。これまでの研究に、こうした議論はなかったのではないかな。『東国武士団と鎌倉幕府』を書くとき、入間田宣夫さんの議論から学んでいるところがあって、東国を鎌倉幕府をささえる一枚岩としてとらえるなんて、とんでもない、という問題提起は、実態としてそうなんだと思いますよ。それとつながるような議論を本郷和人さんや高橋典幸さんもしていて（本郷和人「鎌倉幕府の意識する東国の地域的分類」、高橋典幸「鎌倉幕府と東海御家人」）、もっと深く掘り下げていくべき視角だと思います。中世の東国における、かわらけの研究のためにもね。

八重樫　ついに文献の方といっしょに土器でこれだけ議論できるステージに来たね。

高橋　土器で武士の問題が語れるのですね。中世東国のかわらけが京都からの直輸入だとか、京都の権威を田舎で表象しようとか、そういうことではすまない話であることは、文献史学の人たちにもよく理解してもらえると思う。自分たちの手もとにはないものを読みかえているとか、模倣していくなかで、独自の秩序が創り出されてくる歴史を考古と文献で描くことは、とても楽しい議論ではないでしょうか。かなりインパクトのある話だと思いますよ。

八重樫　とにかく今後、少数でも中世前期の土器が出たなら、要注意です。それらの分布は、間違いなく有力な武士たちの所在と重なるはずですし、何よりも彼らが一揆を始めた不穏な動きの結果だからです。その小さな流れは、合流し、やがて大河となって、京都から始まった手づくね土器を媒介にして、京都そのものを飲み干すことになります。

考古学にとって土器は、最も身近なものですが、ついに当時の社会の一端を復元できるまでに研究が深化してきました。今後は、このような学問の枠を超えた議論を加速させ、中世という社会全体の実態を解明していかなければなりません。

今回は、そのような意味からも第一歩、非常に有意義な対談でした。皆さま、本当にお疲れさまでした。

第II部　関東・東北の土器

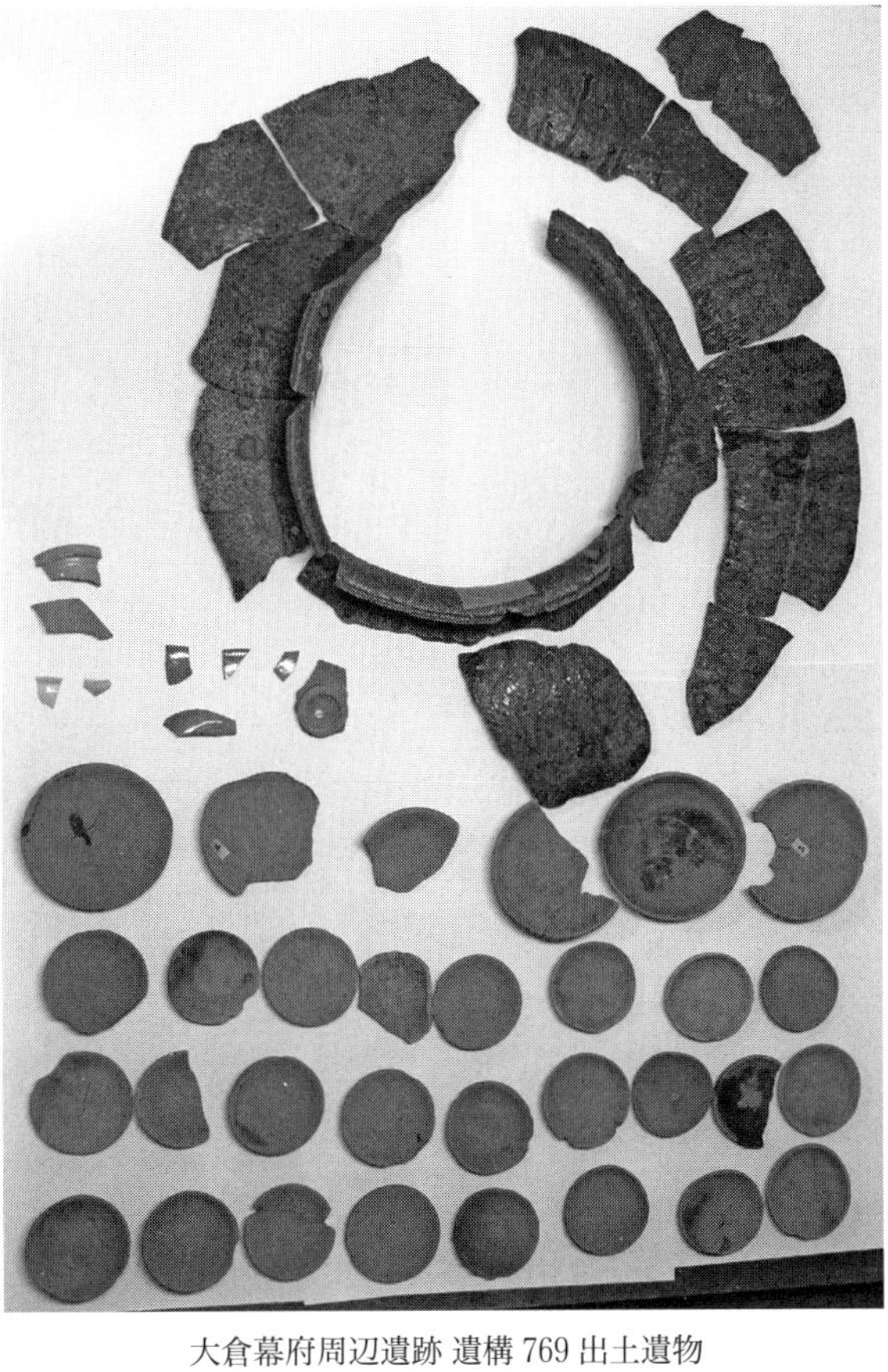

大倉幕府周辺遺跡 遺構 769 出土遺物

鎌倉の土器《かわらけ》

飯村　均

はじめに

鎌倉市大倉幕府周辺遺跡（鎌倉市二階堂字荏柄三八番二・第1図）を調査中であるという一報を受け、二〇一二年四月の雨の日に見学に伺い、調査担当者の齋木秀雄氏にご案内いただいた。その井戸から一括出土した土器を見て驚愕した。これは鎌倉でも古いグループの土器群で、ロクロかわらけと手づくねかわらけが多数出土していた。その時点で即断はできなかったが、伴出遺物を見ても一二世紀に遡る可能性があり、文治五年（一一八九）下限とされる岩手県平泉町柳之御所遺跡より古いのではという感触を得た。そこで改めて二〇一二年九月に同好の士とともに、遺構ごとの出土遺物を見学し、鎌倉時代初期の良好な一括資料であることが認識できた。そこで早急に資料化して、研究者間で共有し今後の研究に資するべきと衆議一決し、公開検討会の開催を決定した。

そして、二〇一二年一〇月に「鎌倉草創のかわらけ」〔鎌倉遺跡調査会二〇一二〕という公開討論会を開催し、鎌倉市、神奈川県、関東・東北地方各地、京都などから六〇名を超える参加者があった。その後、二〇一三年一二月に埼玉県嵐山史跡の博物館で「遺物検討会　北武蔵の一二世紀のかわらけ」〔中世を歩く会二〇一三〕が開催され、鎌倉・平泉との比較検討が行われ、平泉との共通性や鎌倉とは異なる系譜が確認された。そして、二〇一四年六月から二〇一五年二月にかけて前述の一括資料の

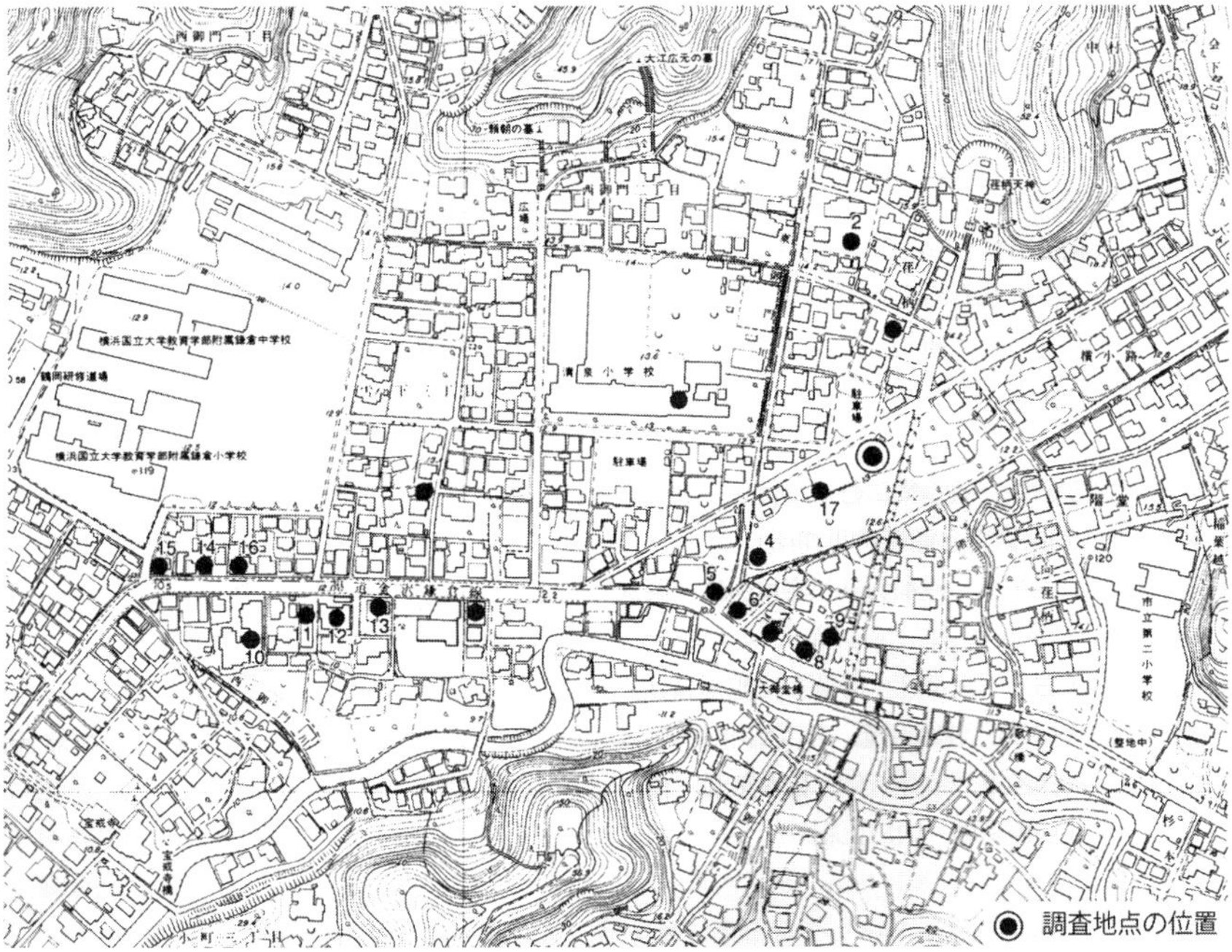

第１図　鎌倉市大倉幕府周辺遺跡位置地図（齋木 2016）

計測・観察・検討を行い、二〇一五年二月に鎌倉かわらけ研究会が主催して公開討論会が再度開催された。鎌倉、関東・東北地方各地、京都から五〇名の参加者があった。その成果はすでに、『鎌倉かわらけの再検討―大倉幕府周辺遺跡の一括資料の分析から―』［鎌倉かわらけ研究会 二〇一六］として取りまとめられている。

本稿はその成果を前提として、私見を交えて「鎌倉の土器」の様相の一端をご紹介させていただきたい。

1 「鎌倉の土器」研究

鎌倉の土器研究史については、松吉里永子が丁寧に整理し、問題点を明らかにしている［松吉 二〇一六］。それによると、かわらけ編年は出土層位やその出土遺物が年代決定の根拠とされ、編年資料は器形の変化が明確なものが選択されていることから、器形変化は概ね一致しているが、その実年代は最大で半世紀のズレがある。そして、例えば「薄手丸深」と通称される器種については定

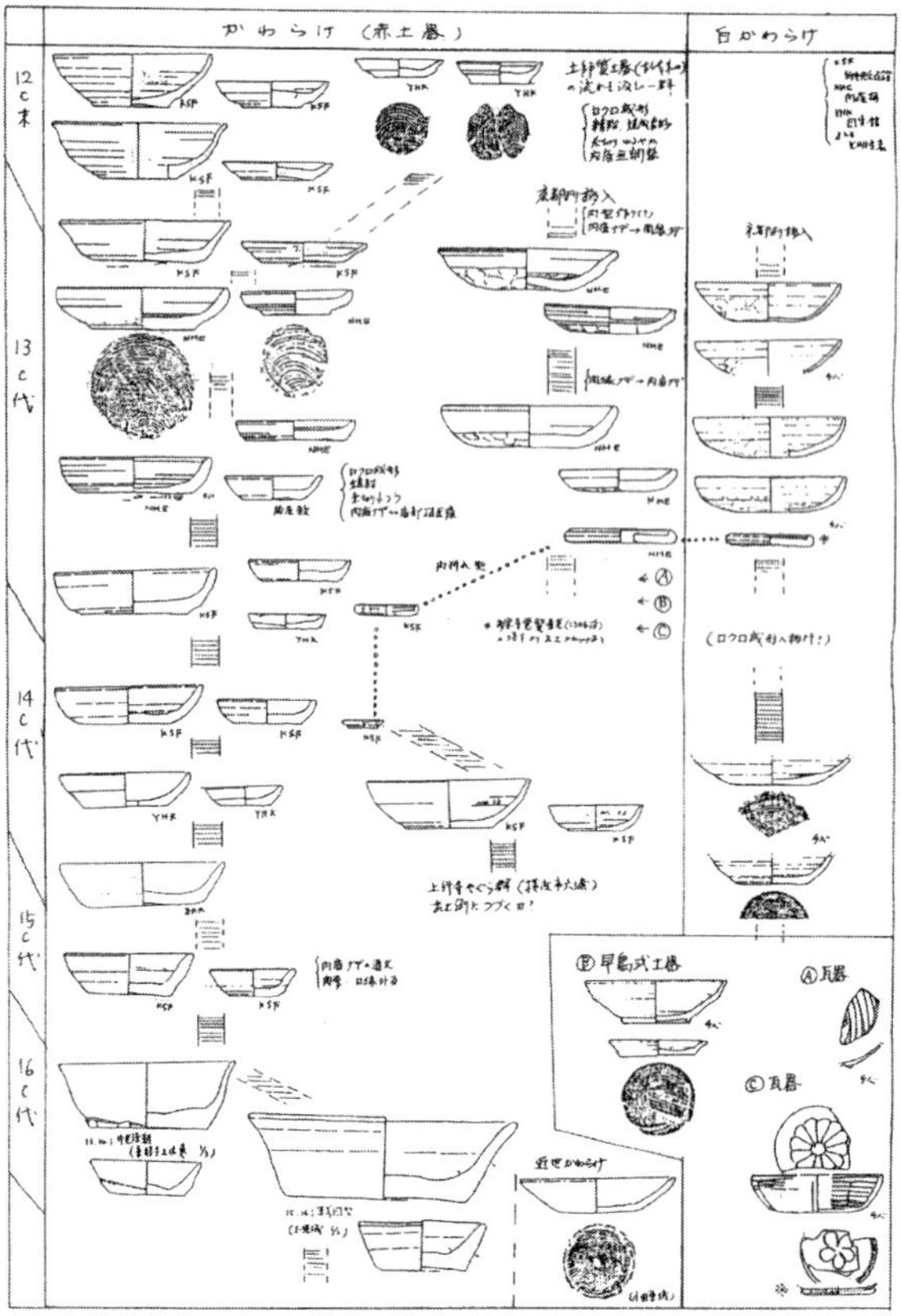

第２図　河野編年（河野 1986）

義がなされず、共通理解がないという現状の問題点を指摘している。また、従来の研究では層位や器形を優先して編年研究がなされた結果、一時期の器形や技術の多様性が捉えられていないことから、一括資料の有効性を指摘している。

河野眞知郎の先行研究［第2図　河野 一九八六］を見ると、遺跡ごとの代表的な器種の提示であり、その具体的な共伴関係は不明であるが、型式変化を重視した「イメージ編年」ともいえる。この段階では、暗中模索していた鎌倉の土器の年代に光明を与えるもので、その型式変化も一定に普遍性、妥当性をもって受け入れられた。しかし約三〇年を経た現段階では、根拠資料は示されていないので、層位や貿易陶磁器・国産陶器などの共伴資料は不明である上に、原資料を検証することはできない。こうした編年を繰り返しても、「私の編年」の域を出ず、共有できる基準資料の提示が不可欠と考えている。そこで、三〇年間以上の発掘調査の資料の蓄積を踏まえた、新たな方法論の提示とともに、検証可能な資料提示が必要であると痛感していた。

その意味で、今回は大倉幕府周辺遺跡の一括資料を、基準資料として紹介するものである。

2　大倉幕府周辺遺跡の一括資料

遺構769は調査区中央付近で検出された径120センチの円形の素掘りの井戸で、深さ約180センチである。堆積土からかわらけが出土している。遺構769東側に遺構5573はあり、一辺150～160センチの方形の井戸跡で、深さ125センチであり、堆積土中層・下層から多量のかわらけが出土した。遺構5244は調査区南東隅で検出された井戸跡で、歪んだ円形を呈し東西215センチ、南北182センチで、深さ170センチとなる。堆積土中層・下層からかわらけが出土した［齋木二〇一六］。以下、各遺構一括出土のかわらけについて詳述する。

(1) 遺構769（第3～7図）

① 法量・器形・胎土・調整の特徴

(ア) ロクロかわらけ

大　口径14～15センチ（平均14．71センチ）
　　底径5．7～8．6センチ（平均7．6センチ）
　　器高2．7～3．6センチ（平均3．01センチ）
小　口径9～11．0センチ（平均9．82センチ）
　　底径4．3～6センチ（平均5．05センチ）
　　器高1．6～3．2センチ（平均2．01センチ）

内底（見込み）にナデ調整があり、外底に板状（スノコ状）の圧痕があり、これがセットで見られることが特徴である。胎土は夾雑物が少なく精良で、灰白色のものが主体である。

(イ) 手づくねかわらけ

大　口径15．0～15．8センチ（平均15．35センチ）
　　器高2．3～4．2センチ（平均3．49センチ）
小　口径9．2～10．0センチ（平均9．70センチ）
　　器高1．5～2．4センチ（平均1．77センチ）

ロクロかわらけと同様に、内底（見込み）にナデ（ササラ状）調整、外底面に板状の圧痕があり、これがセットで見られることが多い。外底面に回転糸切りの痕跡が残るものが数個体ある。また、煤が付着したものも少なからず見られる。胎土はロクロかわらけと同様に夾雑物が少なく精良で、灰白色が主体であり、赤褐色の胎土のものも少数ある。

②推定個体数

完形の資料を基準に重量計算により推定した個体数とその比率が下記のとおりで、総個体数が100個体で、手づくねかわらけの比率がやや高く、大小の比率ほぼ同じである。

ロクロ(大)
4個体(1個体230グラム)　10.1パーセント　1100グラム
ロクロ(小)
42個体(1個体70グラム)　27.2パーセント　2950グラム
手づくね(大)
20個体(1個体210グラム)　40.2パーセント　4350グラム
手づくね(小)
34個体(1個体70グラム)　22.3パーセント　2420グラム
総個体数　100個体

③共伴遺物

(ア)　中国磁器

白磁・青白磁・青磁が共伴している。白磁には水注・四耳壺、青白磁には輪花碗や小壺があり、青磁には龍泉窯系青磁碗I―4類、I―2類がいずれも一二世紀後半であり、同安窯系青磁碗は一二世紀第4四半期から一三世紀初頭である。

(イ)　国産陶器

常滑・渥美が共伴し、常滑甕は3型式で一二世紀第4四半期であり、渥美甕は2a型式、一二世紀第4四半期である。

(1)遺構5573(第8~13図)

①法量・器形・胎土・調整の特徴

(ア)　ロクロかわらけ

大　口径13.4~14.5センチ(平均13.9センチ)
底径7~10センチ(平均8.74センチ)
器高3~4センチ(平均3.48センチ)

小　口径8．4～9．8センチ（平均9．07センチ）
　底径5～7．8センチ（平均6．23センチ）
　器高1．3～2．3センチ（平均1．72センチ）

小皿には粘土紐積み上げ痕があるものがあり、内底面にナデ調整、底部外面に板状圧痕が少数見られる。胎土は夾雑物が少なく精良で、灰白色が主体で、赤褐色のものは少数ある。小皿には、煤が付着したものもある。

(イ)　手づくねかわらけ

大　口径13．2～14．9センチ（平均14．05センチ）
　器高2．9～3．7センチ（平均3．28センチ）
小　口径8．4～9．8センチ（平均9．18センチ）
　器高1．3～2．2センチ（平均1．67センチ）

口径11．5センチを測る「中皿」と呼ぶべき器種も1点ある。粘土板(帯)の貼り合わせと思われる痕跡が見られるものがあり、内底面にナデ調整、底部外面に板状圧痕がみられるものがある。胎土は夾雑物が少なく精良で、灰白色が主体であり、赤褐色のものは少数ある。煤が付着したものもある。

②推定個体数

完形、略完形の資料を基準に重量計算で推定した個体数と、その比率は下記のとおりであり、総個体数は約394個体で、手づくねかわらけが8割以上を占め、大小の比率はほぼ3：7で小が多い。

ロクロ(大)
　3．157個体(1個190グラム＋α)　1パーセント
ロクロ(小)
　34．91個体(1個60グラム＋α)　11．9パーセント
手づくね(大)
　100．73個体(1個203グラム)　34．3パーセント
手づくね(小)
　154．96個体(1個67．5グラム)　52．8パーセント
総個体数　293．757個体

③共伴遺物

共伴遺物は常滑のみで、甕が2・3型式で一二世紀後半、片口鉢は4・5型式で、一三世紀第1～2四半期である。

(3) 遺構5244(第14～23図)

① 法量・器形・胎土・調整の特徴

(ア) ロクロかわらけ

大　口径13．4～14．4センチ(平均13．81センチ)
　　底径8～9．9センチ(平均9．15センチ)
　　器高2．8～3．6センチ(平均3．25センチ)
小　口径8．4～10．3センチ(平均9．48センチ)
　　底径6．2～7．7センチ(平均7．09センチ)
　　器高1．4～2．6センチ(平均1．92センチ)

底径がやや大きくなり、器高もやや高くなり、箱形に近い器形を呈するものが主体となる。大小いずれもほぼすべてに内底面のナデ調整がみられる。外底面の板状圧痕は、大皿はすべて、小皿では約8割に認められる。小皿の底部に粘土板、粘土紐積み上げ痕のあるものがある。胎土は精良であるが、赤褐色を呈するものがほとんどで、灰白色のものは少ない。

(イ) 手づくね成形かわらけ

大　口径13～14．9センチ(平均13．85センチ)
　　器高2．6～3．9センチ(平均3．39センチ)
小　口径9．2～10．2センチ(平均9．89センチ)
　　器高1．4～2．9センチ(平均1．92センチ)

大小ともに器高が高くなり、器壁が厚くなる傾向がみえる。外底面には板状圧痕・スノコ状圧痕が認められ、小では少ないが、大では半数を占める。小に、粘土板貼り合わせ痕跡の残るものがみられる。胎土は精良で、赤褐色と灰白色のものがほぼ等量であるが、前者がやや多い。ロクロ・手づくねかわらけともに器形の歪みが著しく、左右の器高差が0．5センチ以上になるものも多くある。とくに小にその傾向が強い。

②推定個体数

完形の資料を基準に重量計算で推定した総個体数は約481個体で、手づくねかわらけが8割以上を占め、大小の比率はほぼ同じである。

ロクロ(大)
15．8個体(1個223グラム)　3．3パーセント

ロクロ(小)
55・5個体(1個170グラム) 11・5パーセント
手づくね(大)
213・3個体(1個204・3グラム) 44・4パーセント
手づくね(小)
196・3個体(1個74・7グラム) 40・8パーセント
総個体数 480・9個

③共伴遺物

(ア) 中国磁器

白磁・青白磁・青磁が共伴し、白磁は白磁碗Ⅶ類、白磁四耳壺、青磁は龍泉窯系青磁碗Ⅰ—5類、青白磁合子があり、一二世紀後半から一三世紀前半である。

(イ) 国産陶器・土器等

山茶碗・常滑・渥美・瓦器・瓦などが共伴し、尾張産山茶碗は尾張型6型式、13世紀第2四半期、渥美産山茶碗は3a型式、一三世紀第2四半期である。常滑は片口鉢Ⅰ類、5~6a型式、甕が3・4・5・5~6a型式であり、渥美は片口鉢、2b型式である。一二世紀後半から一三世紀前半である。楠葉型瓦器の輪花皿は一三世紀であり、ほかに平瓦、滑石製石鍋がある。平瓦は永福寺Ⅰ・Ⅱ期とされる平瓦二点と、鶴岡八幡宮の建久二年(一一九一)前後の平瓦がある。

3 一括遺物の年代

(1) 年 代

主に法量を基準として、新旧関係を推定すると、左記のとおりとなる。遺構769と遺構5573の法量などの型式差は大きく、間に1型式程度の型式差を置くこととした。

①遺構769➡( )➡②遺構5573➡③遺構5244

①遺構769 一二世紀第4四半期 一一八〇年代か?

100個体出土し、手づくねかわらけが6割を占め、大:小の比率は1:1で、ロクロ・手づくねかわらけとも灰白色の胎土が9割以上を占め、内底面にナデ調整、外底面に板状圧痕があり、ほぼセットで見られる。法量の平均は下記のとおりであり、口径15チセン前後と口径10チセン前後の大小のかわらけがセットになることがわかる。共伴遺物から一二世紀第４四半期を下限とし、一三世紀に降る可能性は低いと考えている。また、後述する遺構５５７４・５２４４の年代観を考慮すると、一二世紀第４四半期でも一一八〇年代を中心とした年代観を推定した。

ロクロ大　口径14．7チセン　底径７．６チセン　器高３チセン
ロクロ小　口径９．８チセン　底径５チセン　器高２チセン
手づくね大　口径15．４チセン　器高３．５チセン
手づくね小　口径９．７チセン　器高１．８チセン

②遺構５５７３　一三世紀第１・２四半期

294個体出土し、手づくねかわらけは７割以上を占め、大・小は３：７で小が多い。胎土は灰白色が主体で、赤褐色が少数ある。内底面にはナデ調整、外底面に板状圧痕が残るものがある。法量の平均は下記のとおりであり、口径14チセン前後と口径９チセン前後の大小のかわらけがセットとなる。伴出遺物からは一三世紀第２四半期を下限とし、遺構769・５２４４の関係から、遺構５２４４に先行する一三世紀前半と推定し、一二二〇〜三〇年代頃の年代観を想定しておきたい。

ロクロ大　口径13．９チセン　底径８．７チセン　器高３．５チセン
ロクロ小　口径９．１チセン　底径６．２チセン　器高１．７チセン
手づくね大　口径14チセン　器高３．３チセン
手づくね小　口径９．２チセン　器高１．７チセン

③遺構５２４４　一三世紀第２四半期

481個体出土し、手づくねは８割以上を占め、大・小は１：１である。胎土は赤褐色と灰白色が両方あり、赤褐色がやや多い。ロクロかわらけでは見込みナデと板状圧痕がほぼセットで見られ、手づくねでも内底面にナデ調整、外底面に板状圧痕が残るものが定量ある。法量の平均は下記のとおりであるが、遺構５５７３に比して口径の変化は少ないが、底径がやや広がり、器高がやや高くなる傾向があり、後出するかわらけに繋がる「箱型」の

器形になる傾向が看取できる。いわゆる「鎌倉型かわらけ」の成立と考えることができる。伴出遺物の山茶碗などを考慮すると一三世紀第2四半期を下限とすることができ、一三世紀第2四半期、一二三〇・四〇年代頃の年代観を推定しておきたい。

ロクロ大　口径13．8チセン　底径9．2チセン　器高3．3チセン

ロクロ小　口径9．5チセン　底径7．1チセン　器高1．9チセン

手づくね大　口径13．9チセン　器高3．4チセン

手づくね小　口径9．9チセン　器高1．9チセン

(2) 評価と課題

前記の年代観を前提にすると、都市・鎌倉における手づくねかわらけの導入時期は、遺構769に先行することが明らかであり、一二世紀第3四半期が想定できる。前記の変遷を見ると、初期は口径15チセンと口径10チセンの大小のかわらけがセットとなり、基本的に時期が降るに従い、法量は縮小する傾向があるが、一三世紀第2四半期には口径はやや縮小しながら器高が高くなる傾向と、底径が広がる傾向が見られ「鎌倉型かわらけ」の成立と評価したい。胎土・色調を見ると、初期は灰白色が主体であるが、一三世紀第2四半期には赤褐色が次第に主となり、灰白色から赤褐色へという色調の変化が想定でき、これも「鎌倉型かわらけ」の要素と考えることができる。

大小の比率は1：1ないしは1：2と考えられ、宴会時の折敷に置かれるかわらけのセットと考えることもできる。それを前提とすると、遺構769で50名程度、遺構5573で100名程度、遺構5244で160名程度の宴会が行われたことを推定することができる。大倉御所の式正の宴会としても相応しい規模ではないだろうか。また、井戸あるいは井戸状遺構への一括廃棄は、平泉・柳之御所遺跡のかわらけの一括廃棄とも共通し、その関係も注目できる。

本資料は法量・器形の変化に注目して新旧関係を推定し、伴出遺物やその新旧関係を考慮して実年代を推定した。しかし、実年代は伴出遺物の年代研究や紀年銘資料の出土により、変更を余儀なくされることはあるが、形

式の相対的な新旧関係について変更はないと考えている。

製作技法についてはほとんど触れることはできなかったが、ロクロかわらけは基本的に底部円形粘土板、粘土紐積み上げ、ロクロ成形である。手づくねかわらけは粘土板結合法と言われる、粘土板(帯)貼り合わせ技法である。京都と同じ「左手手法」の系譜と単純に同じとは言い難く、古代以来の在来のロクロ土器工人が手づくねかわらけを製作したと考えられる。本資料の手づくねかわらけには粘土板(帯)貼り合わせの痕跡ばかりでなく、粘土紐積み上げ痕跡や底部回転糸切りの痕跡、あるいは底部押圧の痕跡があり、今回は十分できなかったが、土器の観察に基づく実証的な製作技法の再検討が必要である。それが東国における手づくねかわらけの系譜を考える上で、重要であると考えている。

以上、鎌倉初期のかわらけの一括出土資料について紹介してきたが、多くの課題を含んでいることも事実である。一つは、本資料を自明のこととせず、不断のさらなる検証を継続することであり、同時に一定の方法論によるさらなる基準資料の蓄積が必要である。その検証を繰り返すことで、より精緻な編年を組み立てることが可能であり、それによって京都との年代観の齟齬の評価が可能になると考えている。もう一つは、かわらけの系譜の問題である。ロクロかわらけの系譜は古代ロクロ土師器に求めることができるのか、その製作・生産技術はどうなのか、あるいは手づくねかわらけの系譜は、単純に京都や平泉に求めることができるのか、それは編年や年代観の問題を考える上でも重要である。また、東日本の鎌倉時代以前のかわらけ、「(仮称)志羅山タイプ」の成立との系譜の問題もあり、一二世紀段階の手づくねかわらけの分布と系譜、編年を再検討する必要があり、その意味を考えなければならない。以上のような課題を検討しつつ、土器の用途・機能やその変化についても検討し、その歴史的な意義を考えていく必要がある。

おわりに——土器の系譜——(第24図)

押木弘己の研究〔押木 二〇一六〕に拠りつつ、相模国の古代土器研究を概観すると、一〇世紀後半から一一世紀前半には相模型坏が消滅し、「回転台成形・酸化炎焼成」の土師質土器（ロクロ土師器）が主体となり、一〇世紀中頃には南多摩古窯群の生産が衰退し、須恵器が消滅する。特に三浦半島では、九世紀後半から「回転台成形無調整・酸化炎焼成」のロクロ土師器が土器食膳具の主体となる。

このロクロ土師器・土師質土器の系譜の上に、鎌倉市千葉地東遺跡、鎌倉市鶴岡八幡宮境内のロクロかわらけがあることが窺え、特に千葉地東例は今回紹介した一括資料に先行する土器群であり、器形に手づくねかわらけの影響を受けていないことから、一二世紀第2四半期の可能性があると考えている。まだ十分な検証のできていない見通しでしかないが、土器の系譜をたどることは鎌倉幕府の成立や都市・鎌倉の成立の意味を考える上で、重要な要素になると考えている。

引用・参考文献

飯村 均 二〇〇九『中世奥羽のムラとマチ 考古学が描く列島史』東京大学出版会

飯村 均 二〇一五『中世奥羽の考古学』高志書院

押木弘己 二〇一六「古代末相模の土器」『鎌倉かわらけの再検討』科学研究費補助金「平泉研究の史料学的再構築」（研究代表 柳原敏昭）

鎌倉遺跡調査会 二〇一二『資料集 鎌倉草創のかわらけ検討会』

鎌倉かわらけ研究会 二〇一六『鎌倉かわらけの再検討―大倉幕府周辺遺跡の一括資料の分析から―』（前掲）

河野眞知郎 一九八六「鎌倉における中世土器様相」『神奈川考古』第二一号 神奈川考古同人会

齋木秀雄 二〇一六「3．大倉幕府周辺遺跡の調査概要」『鎌倉かわらけの再検討』（前掲）

中世を歩く会 二〇一三『遺物検討会 北武蔵の一二世紀のかわらけ』

松吉里永子 二〇一六「鎌倉かわらけ研究史」『鎌倉かわらけの再検討』（前掲）

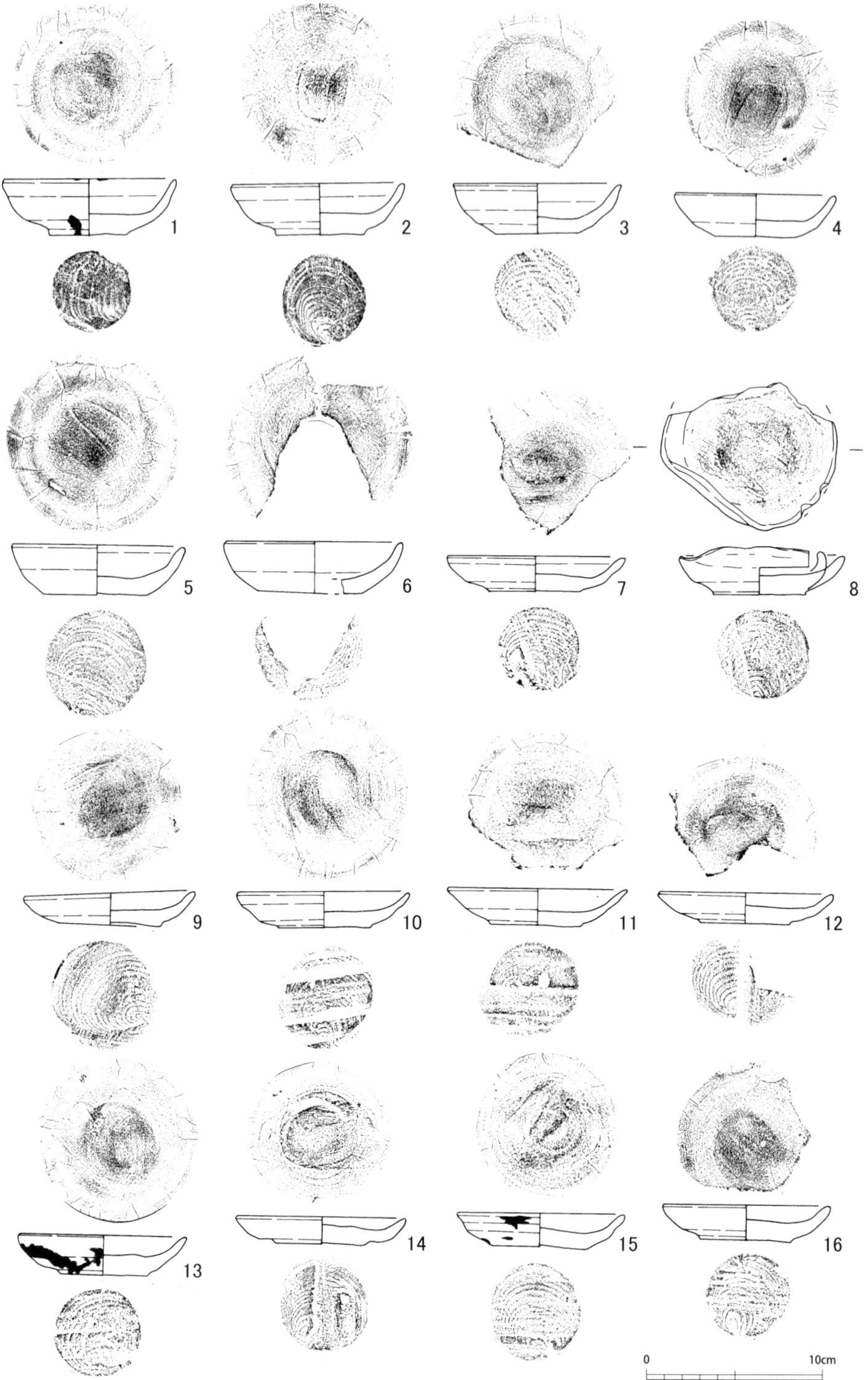

第3図　遺構769　出土遺物(1)

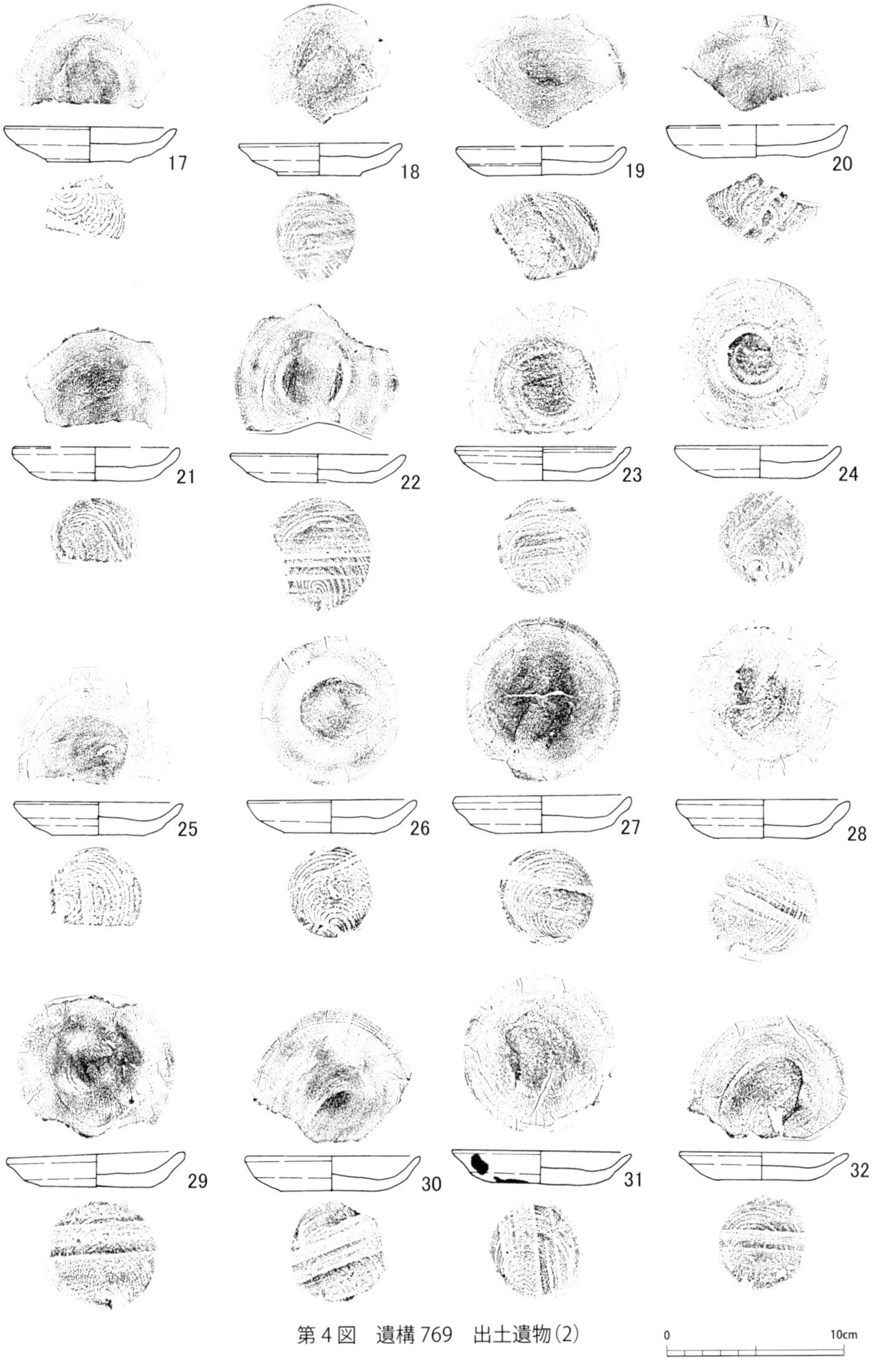

第４図　遺構 769　出土遺物(2)

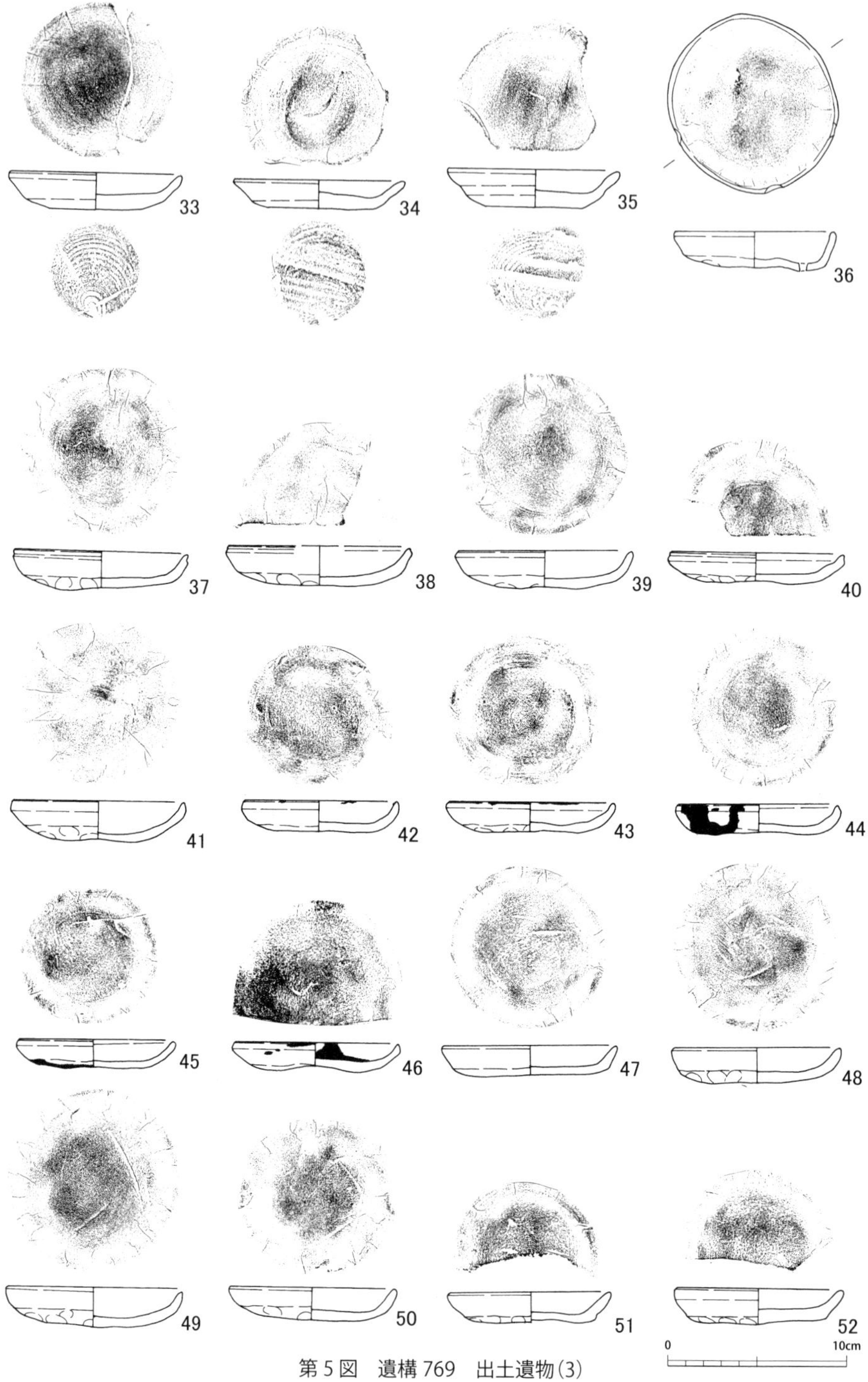

第5図　遺構769　出土遺物(3)

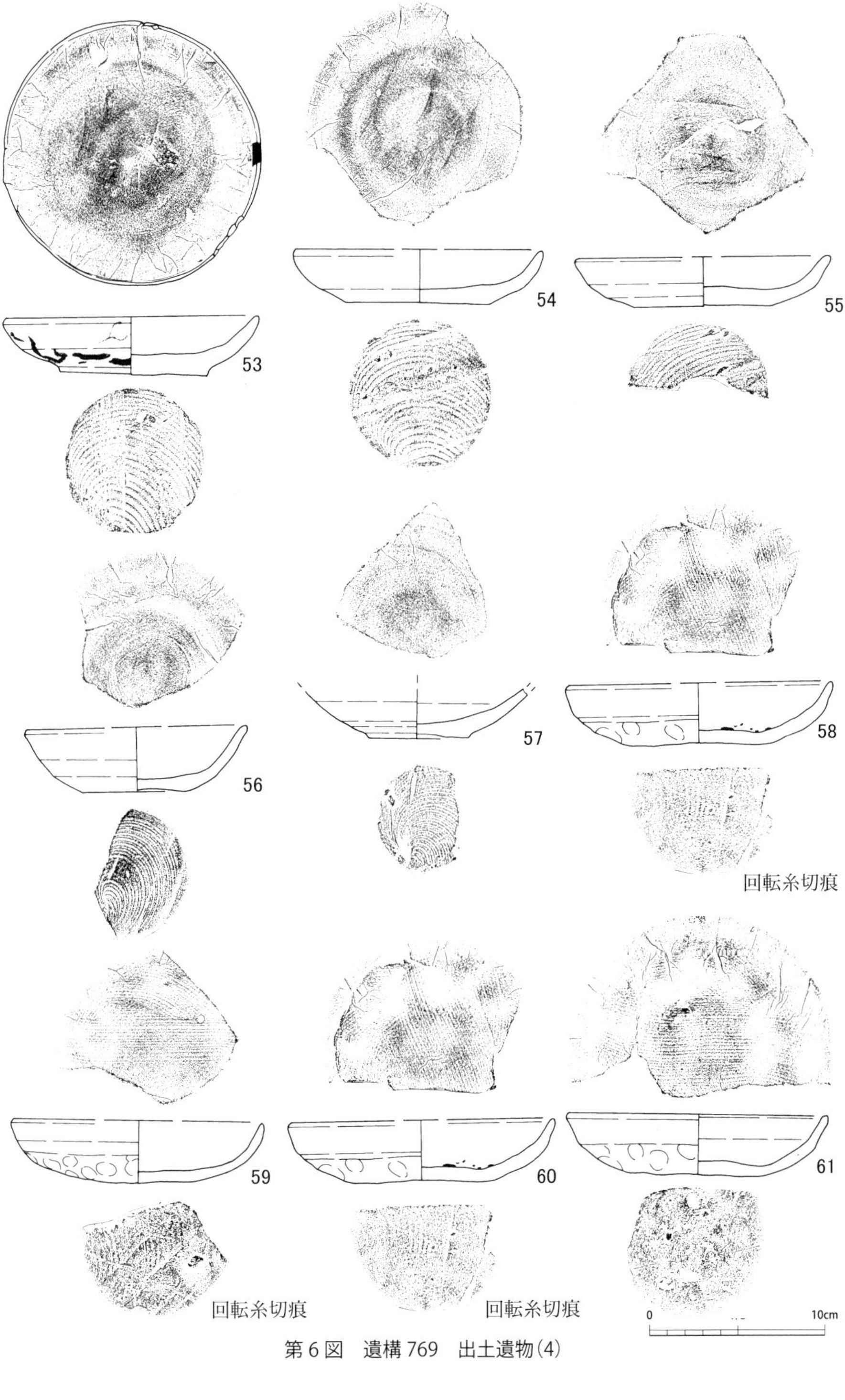

第６図　遺構 769　出土遺物(4)

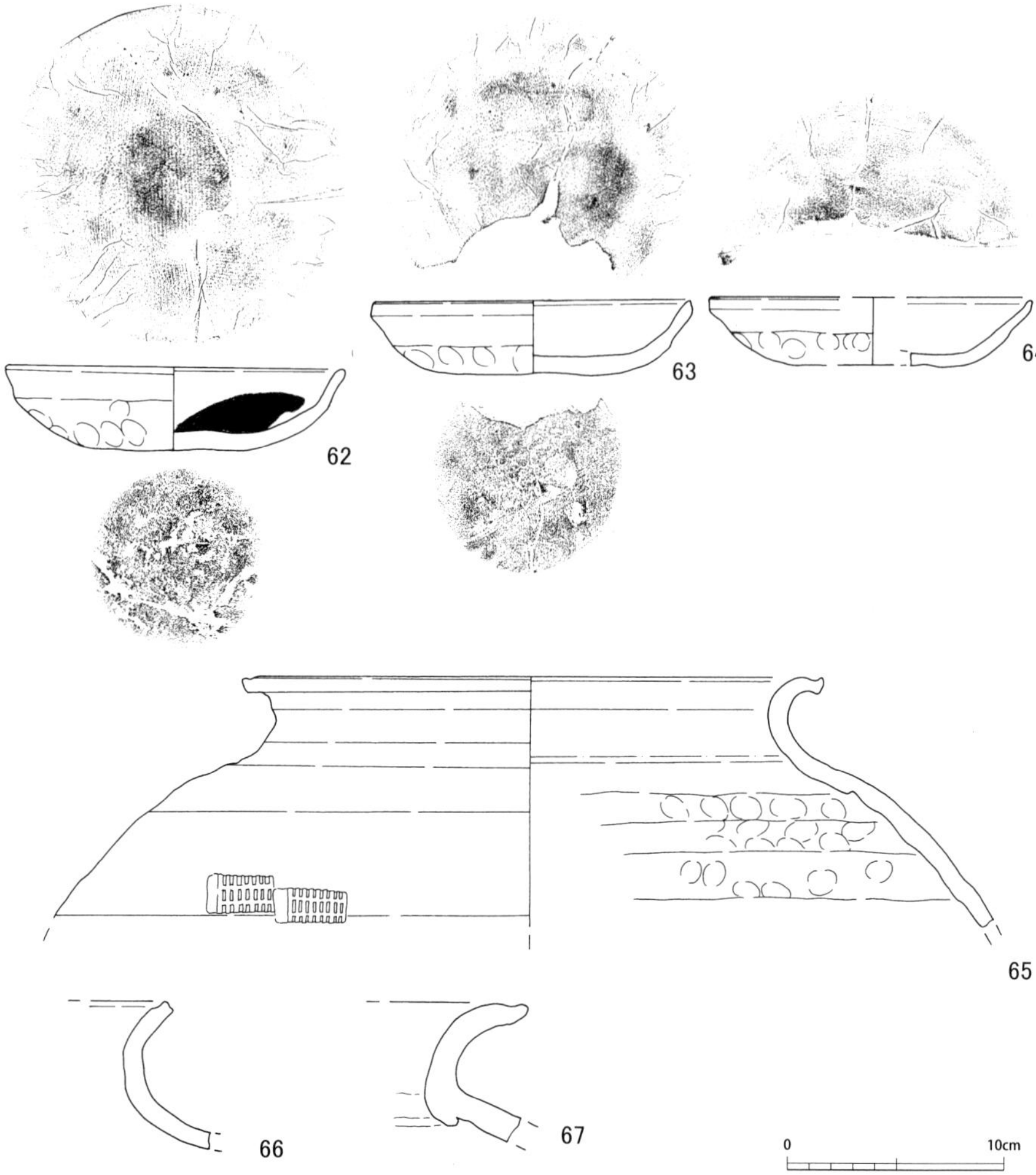

第７図　遺構 769　出土遺物(5)

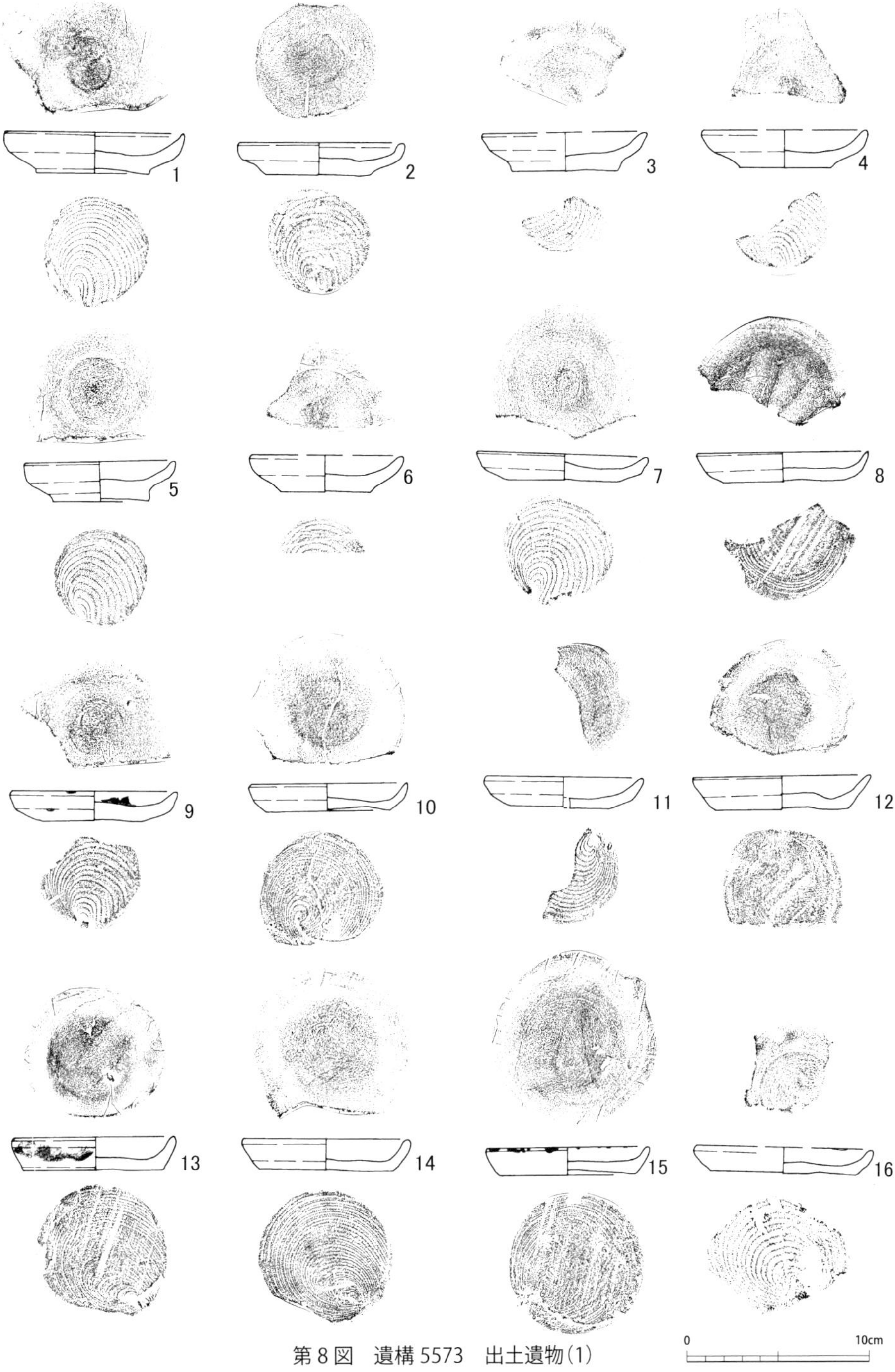

第８図　遺構5573　出土遺物(1)

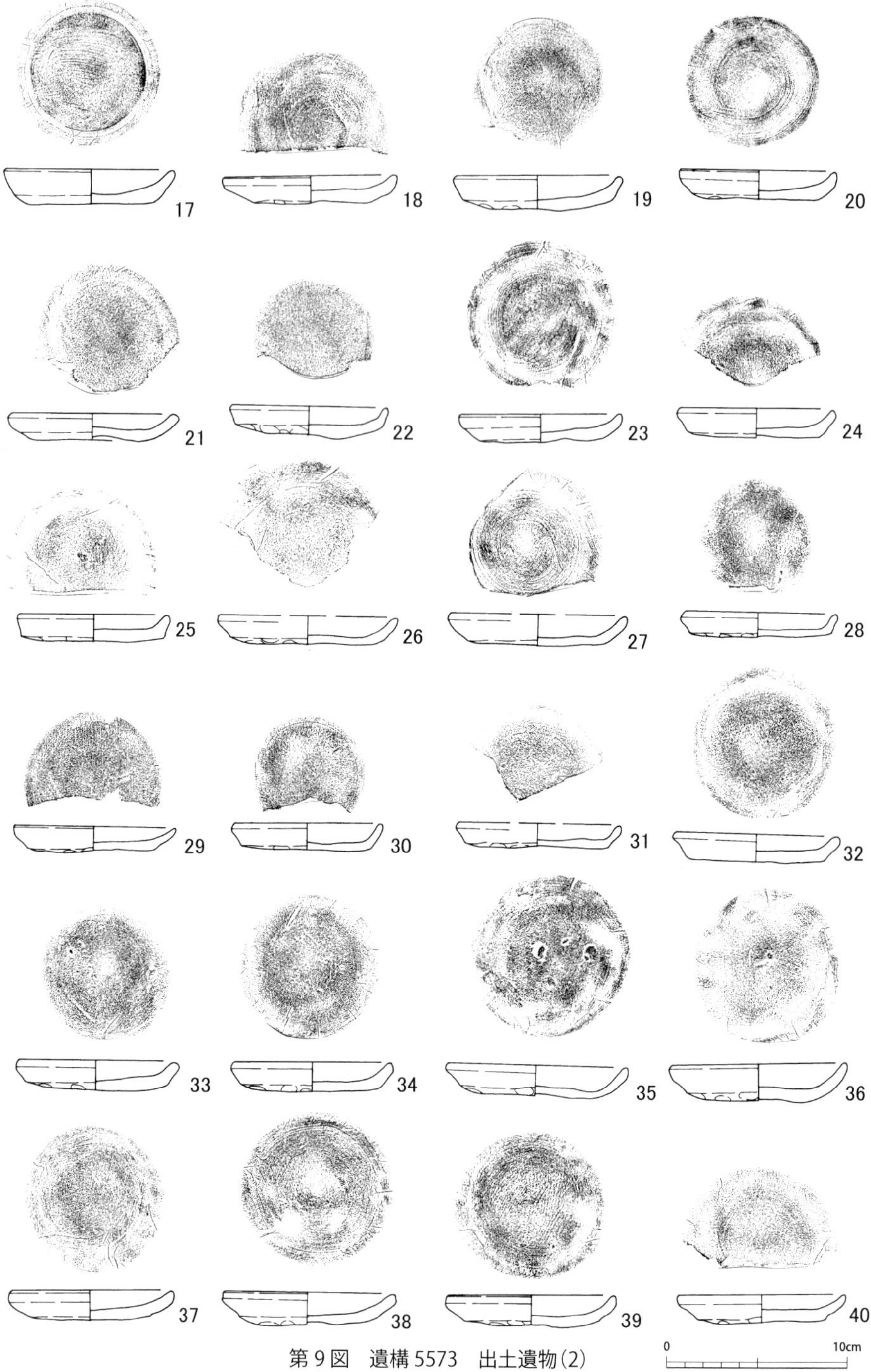

第９図　遺構 5573　出土遺物（2）

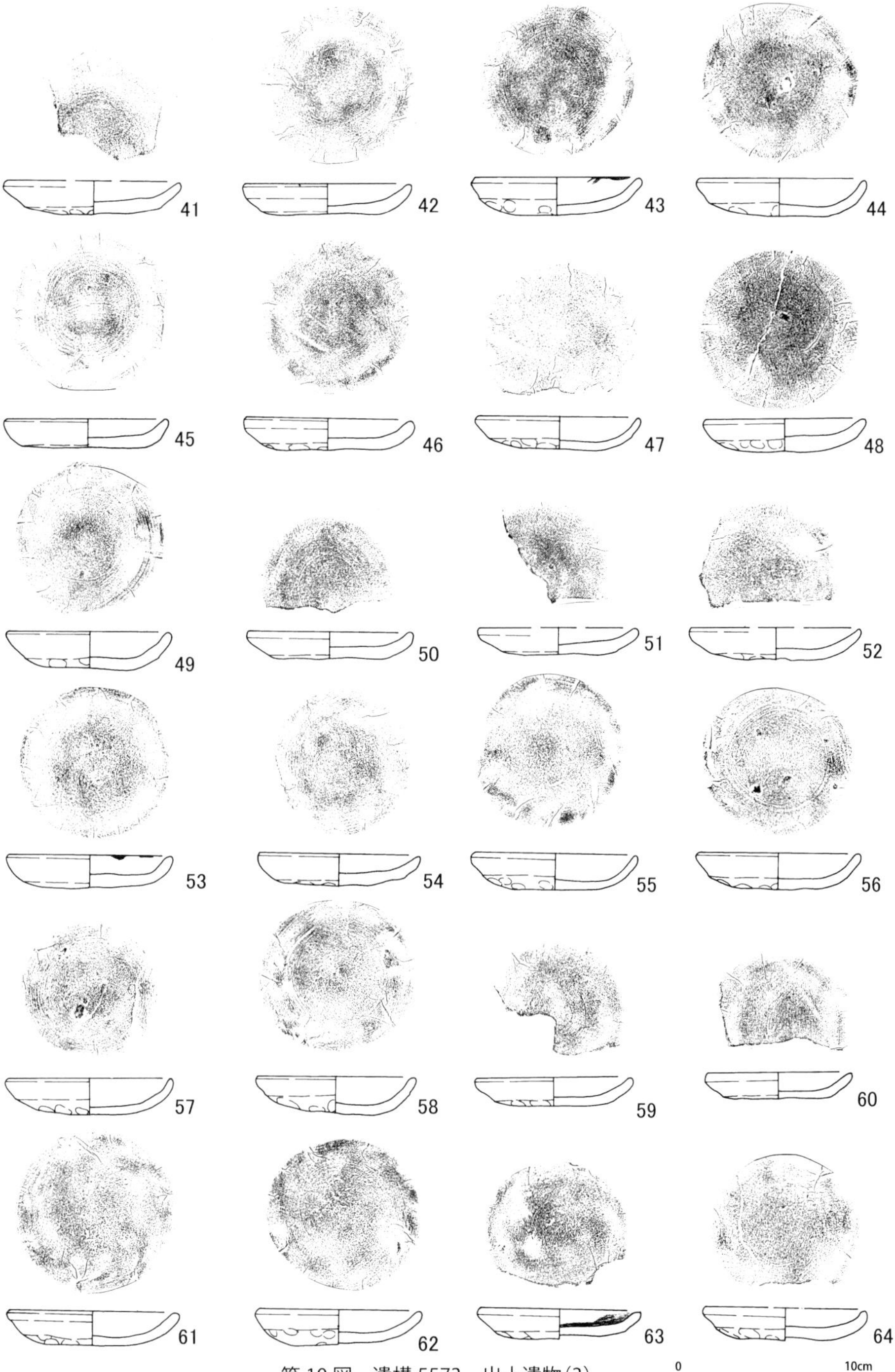

第 10 図　遺構 5573　出土遺物(3)

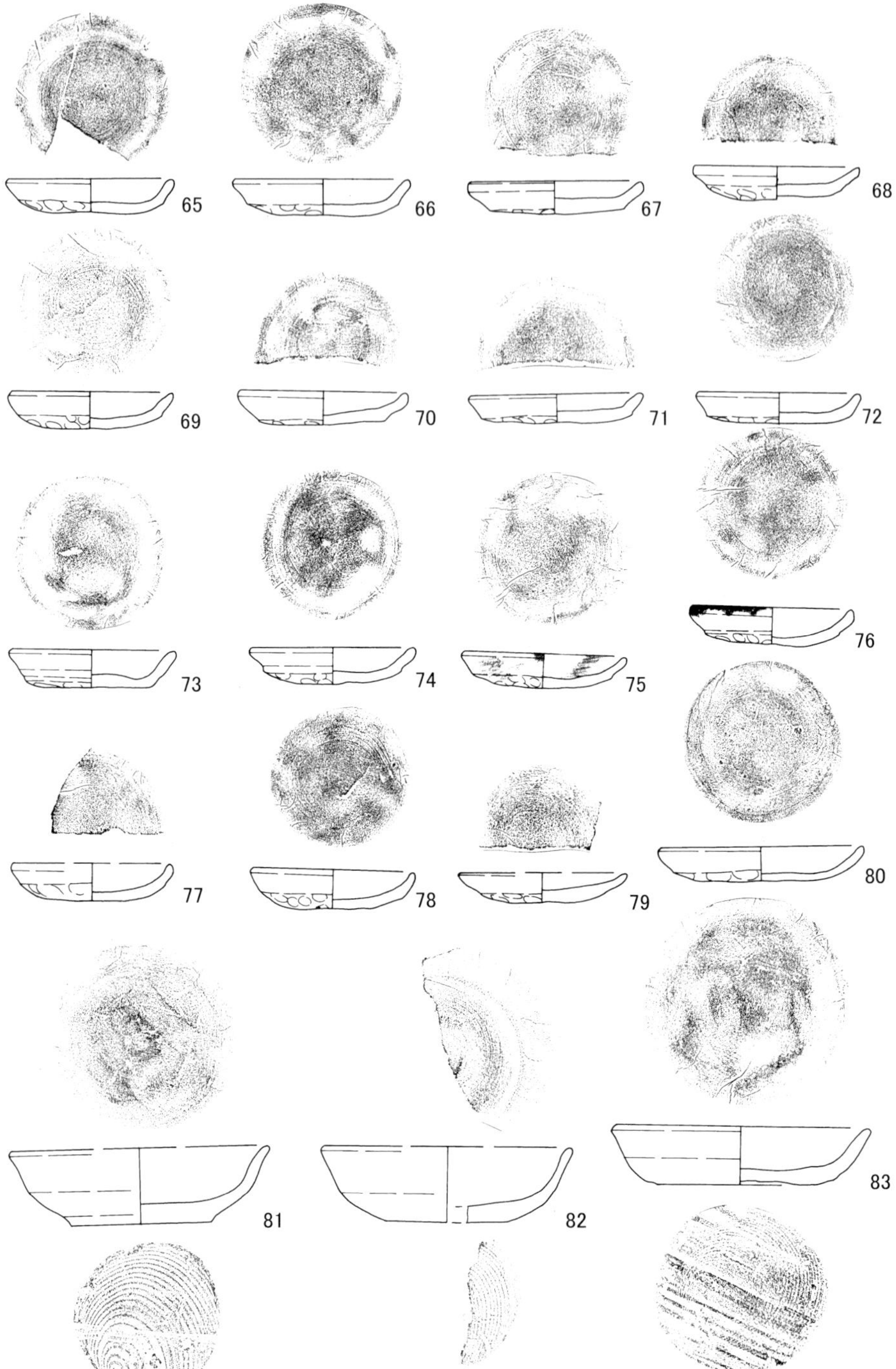

第 11 図　遺構 5573　出土遺物（4）

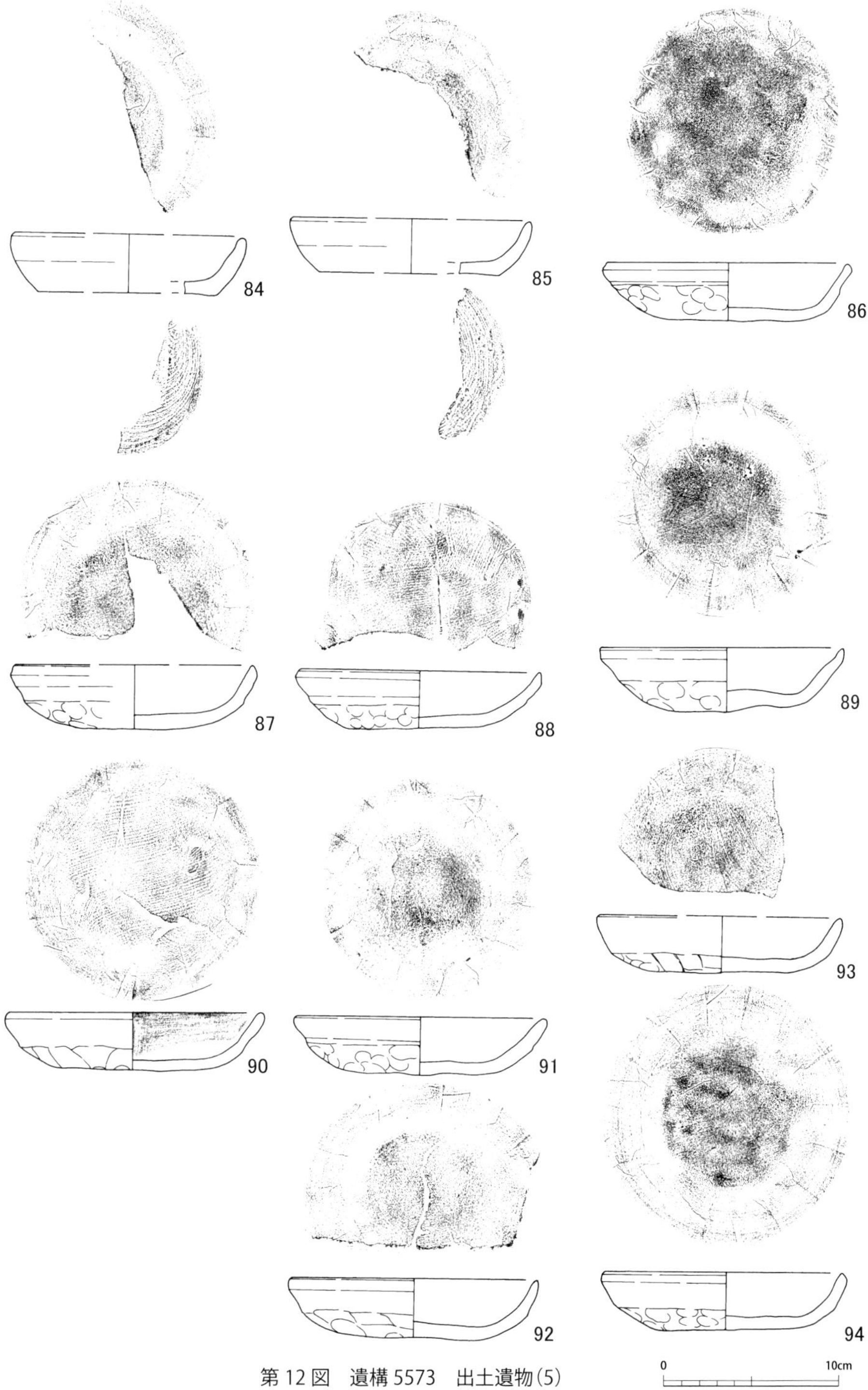

第 12 図　遺構 5573　出土遺物（5）

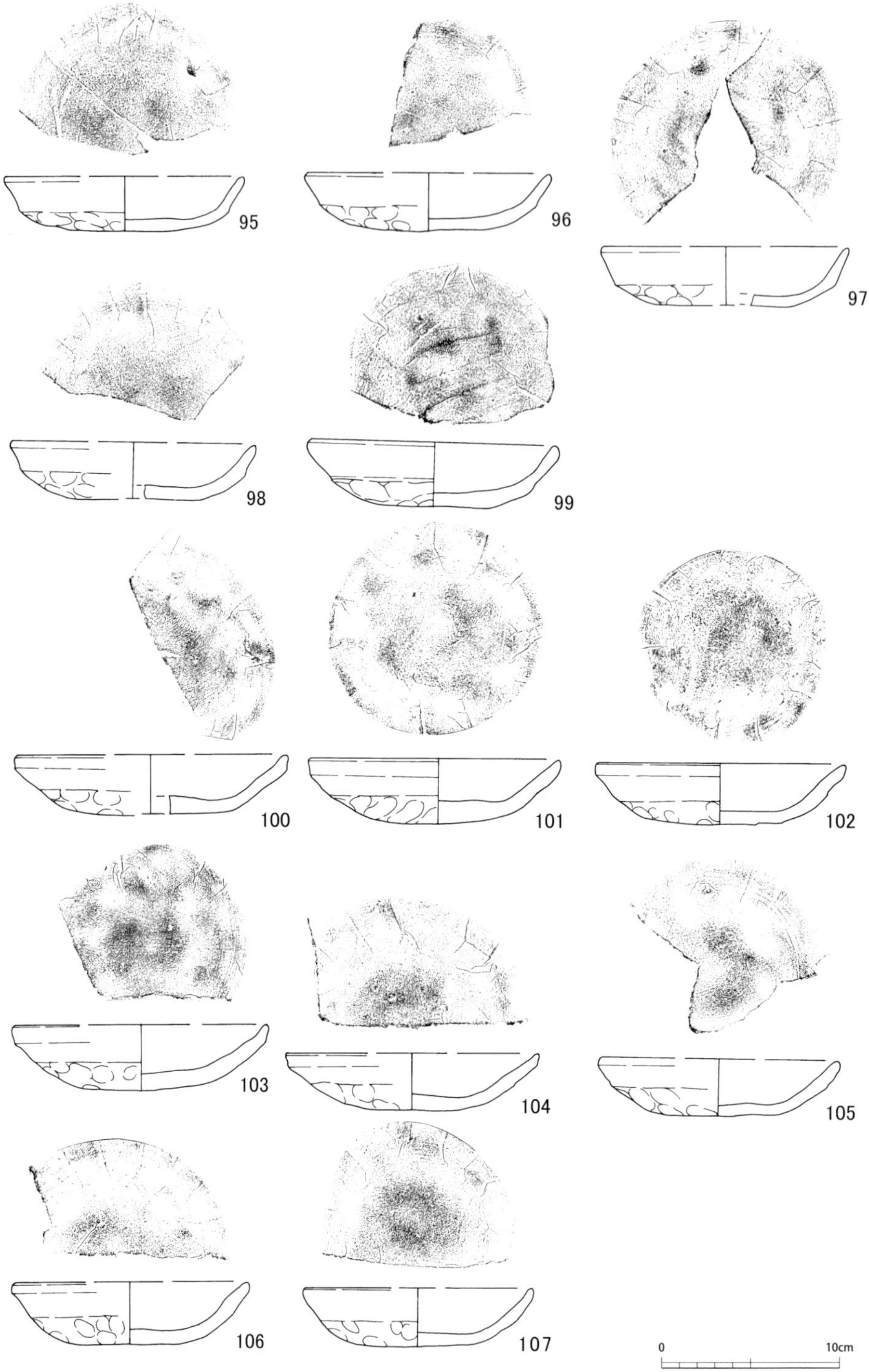

第 13 図　遺構 5573　出土遺物（6）

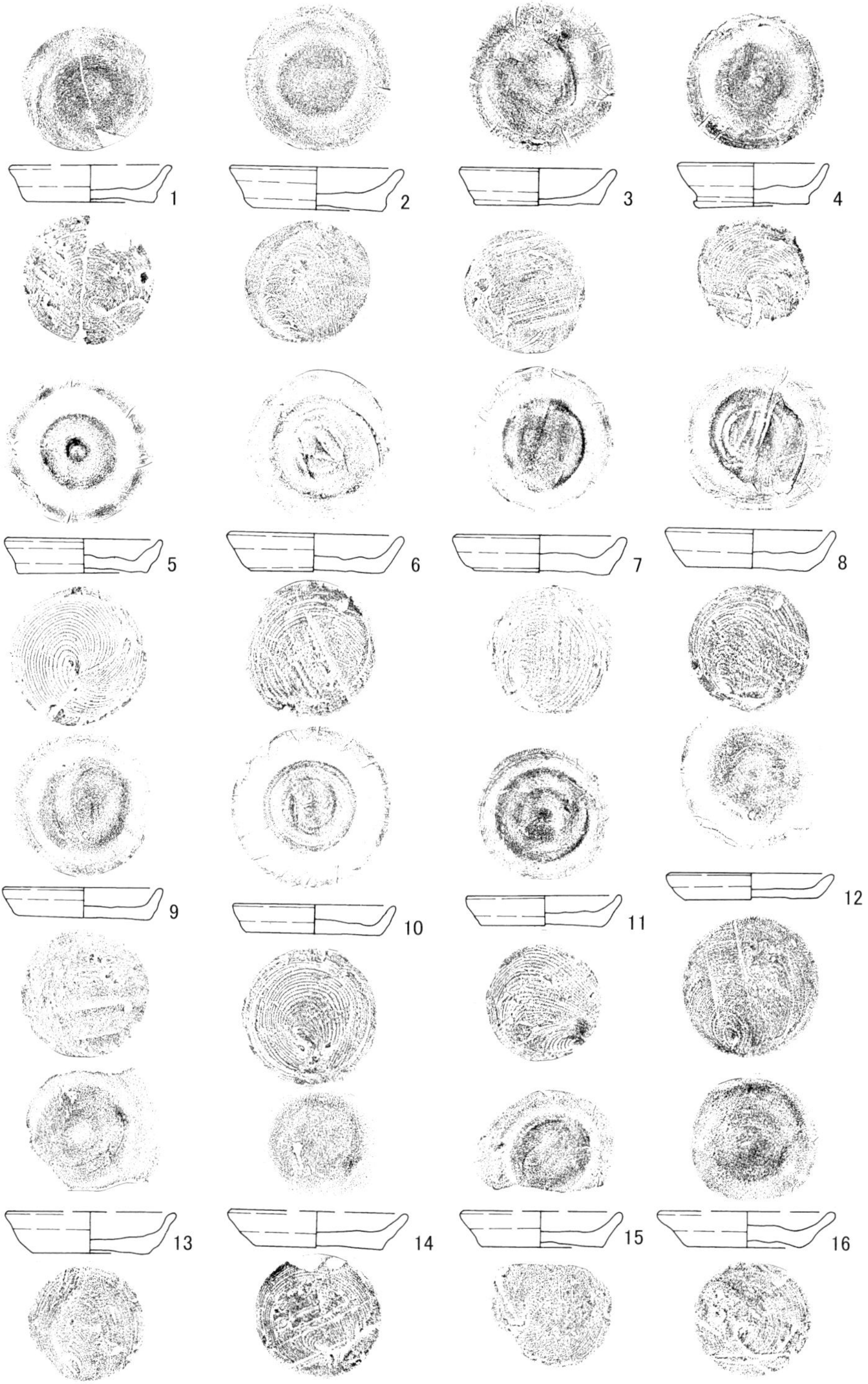

第 14 図　遺構 5244　出土遺物(1)

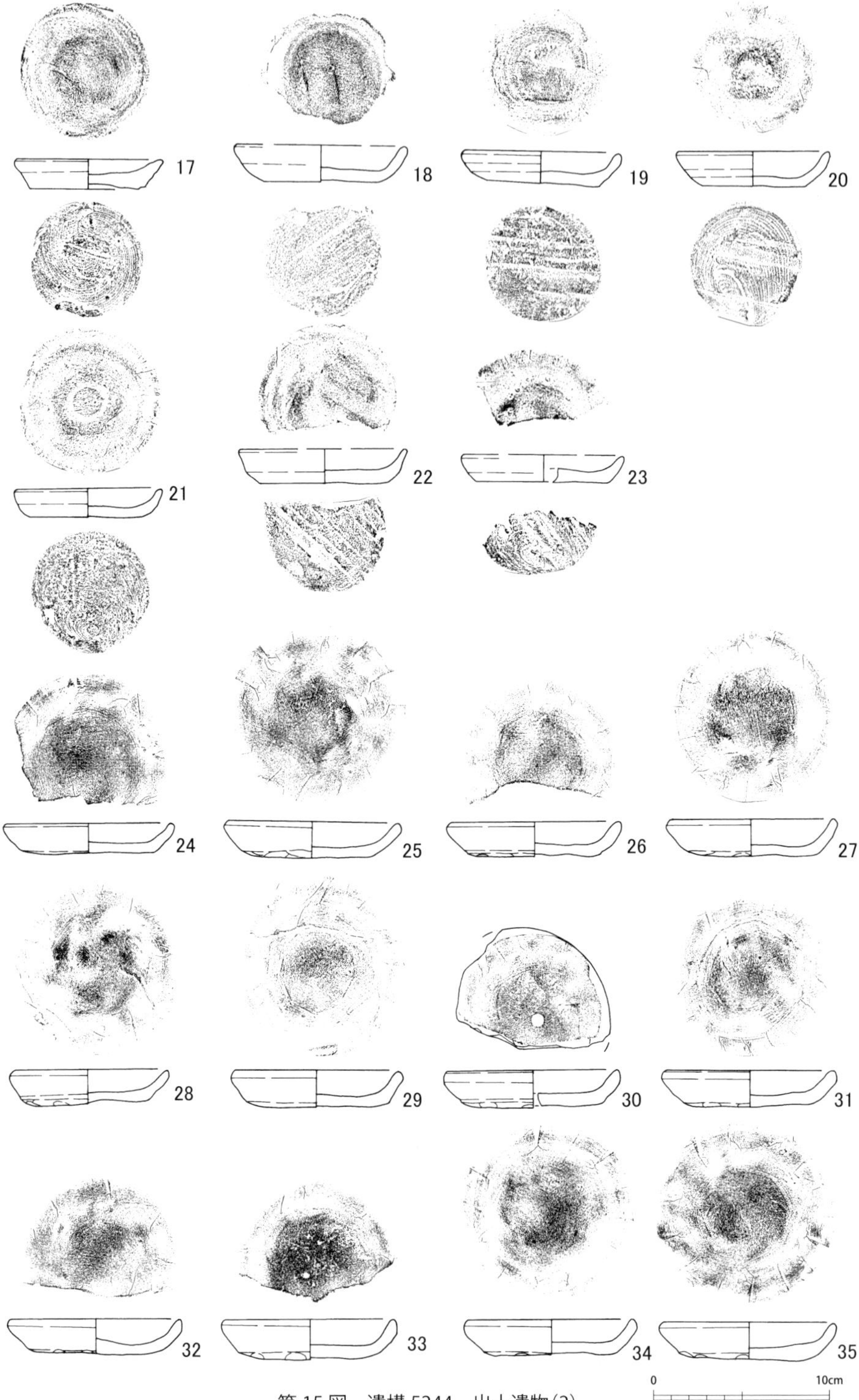

第 15 図　遺構 5244　出土遺物（2）

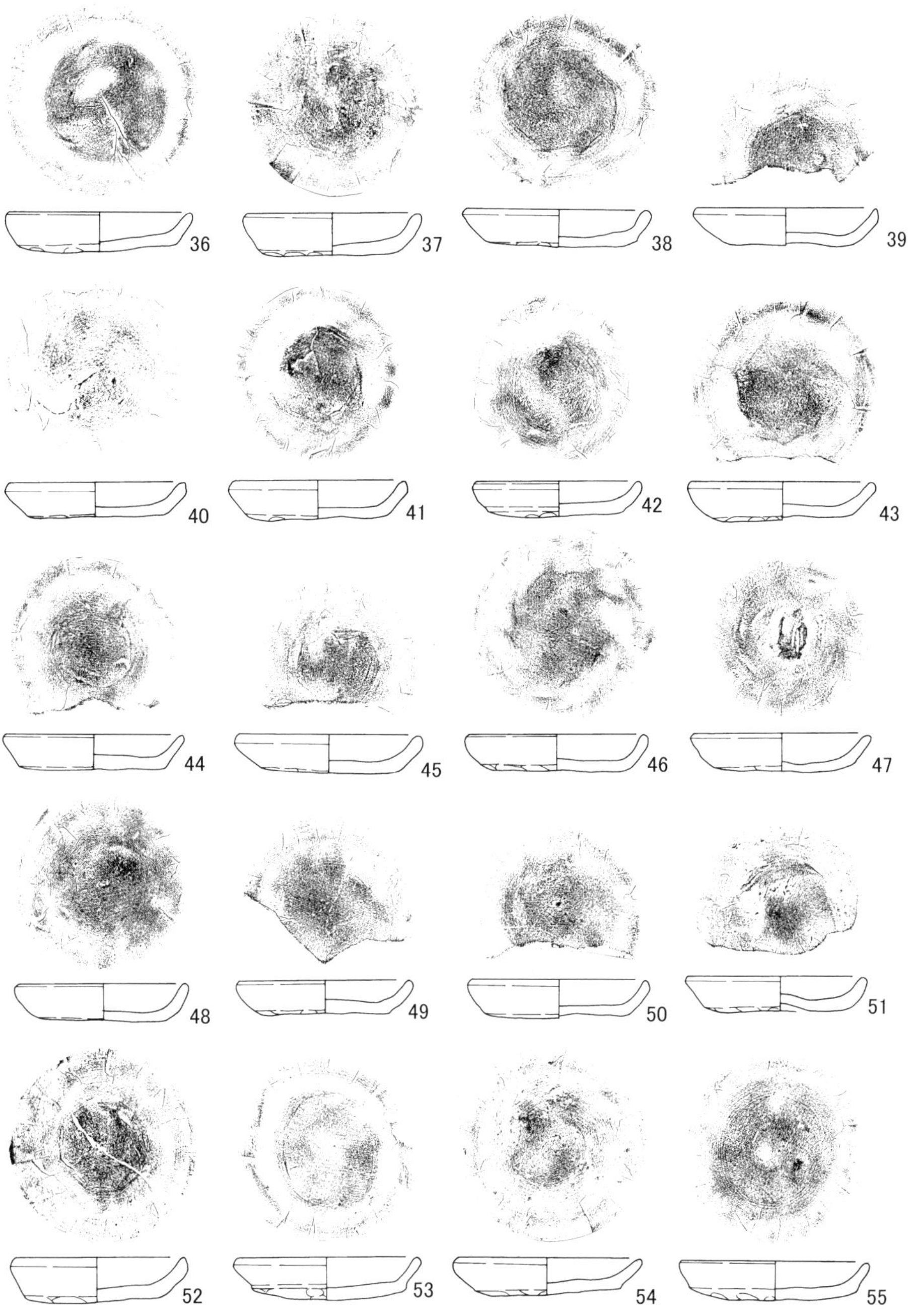

第 16 図　遺構 5244　出土遺物（3）

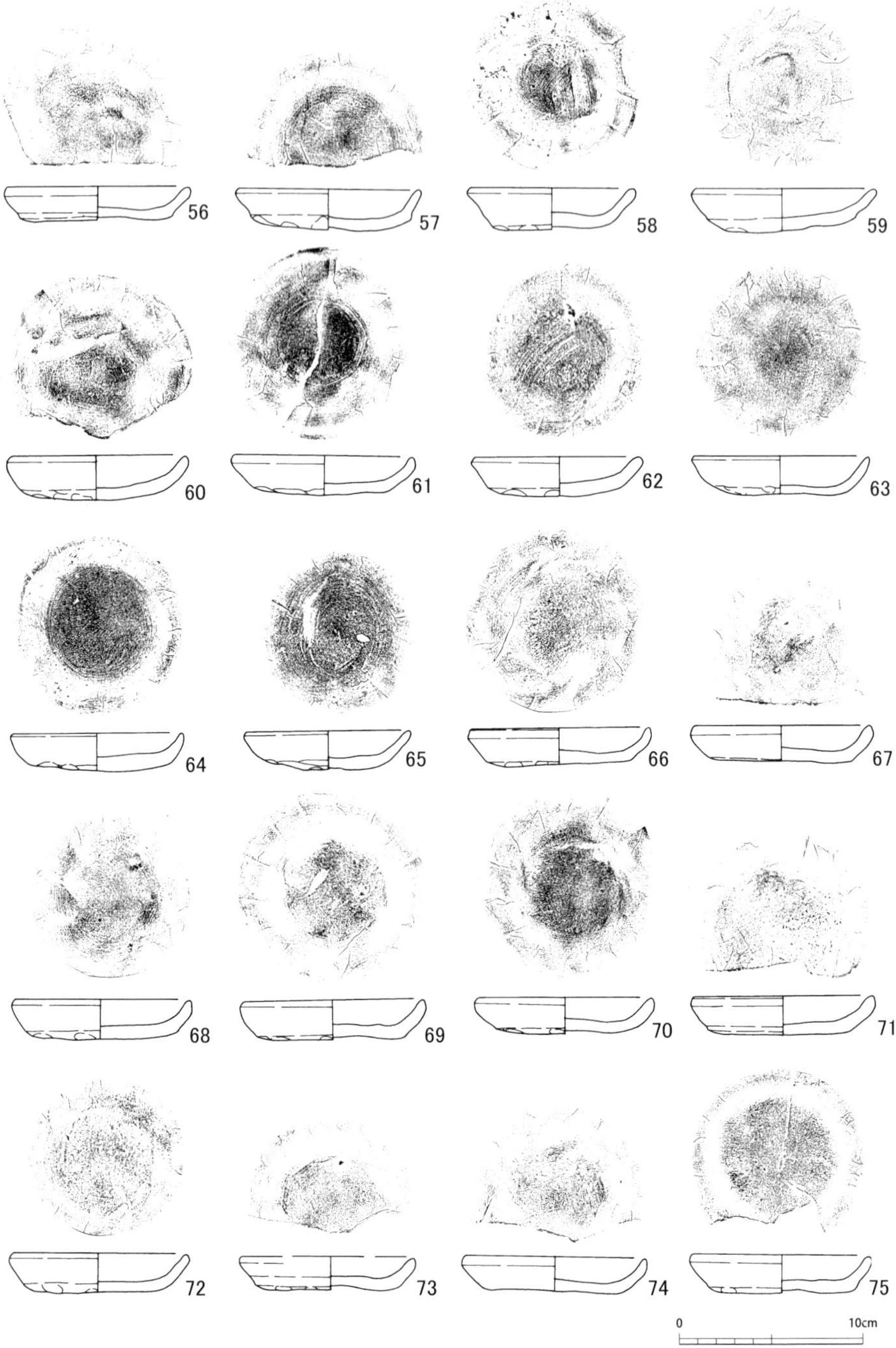

第 17 図　遺構 5244　出土遺物(4)

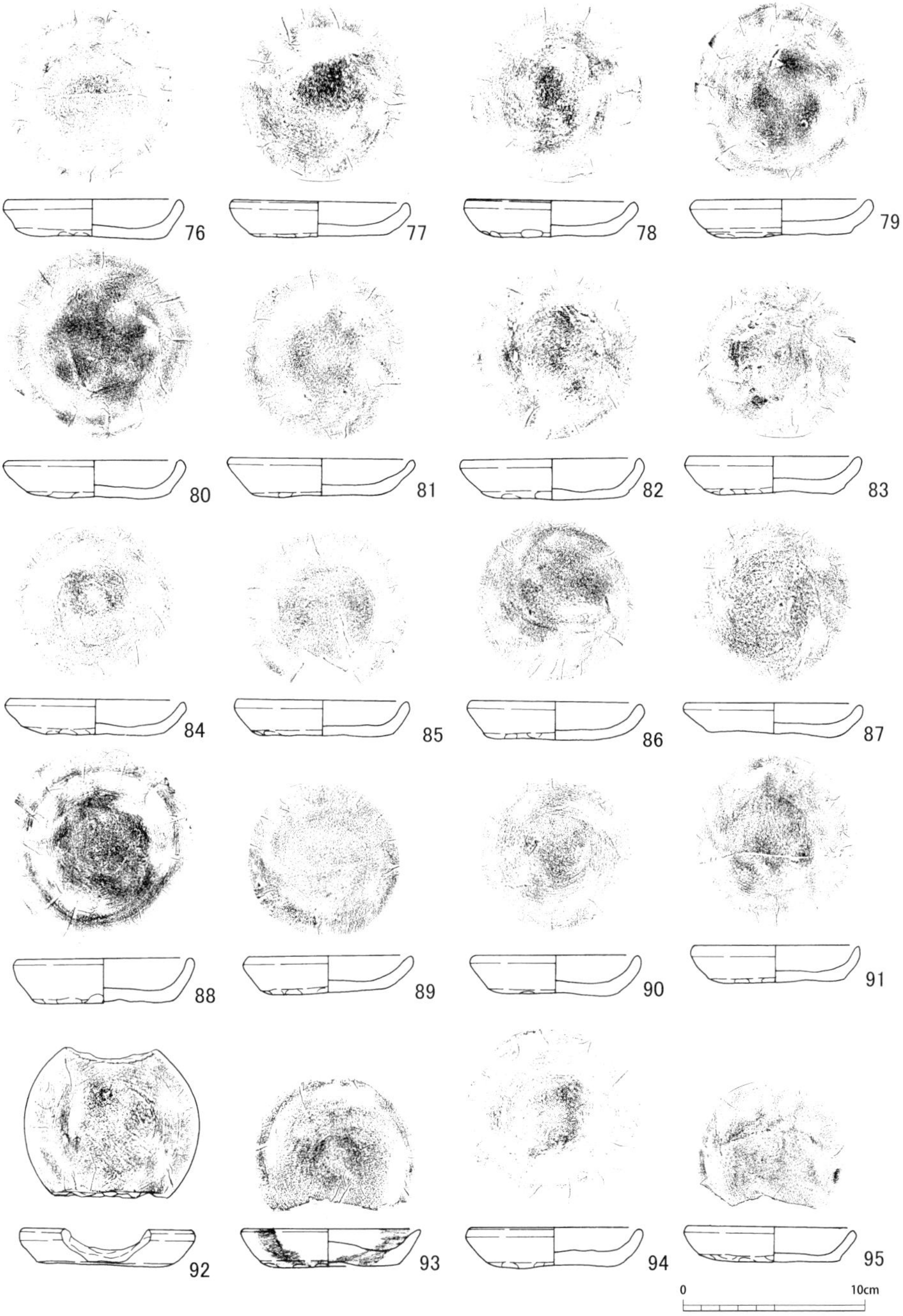

第18図　遺構5244　出土遺物(5)

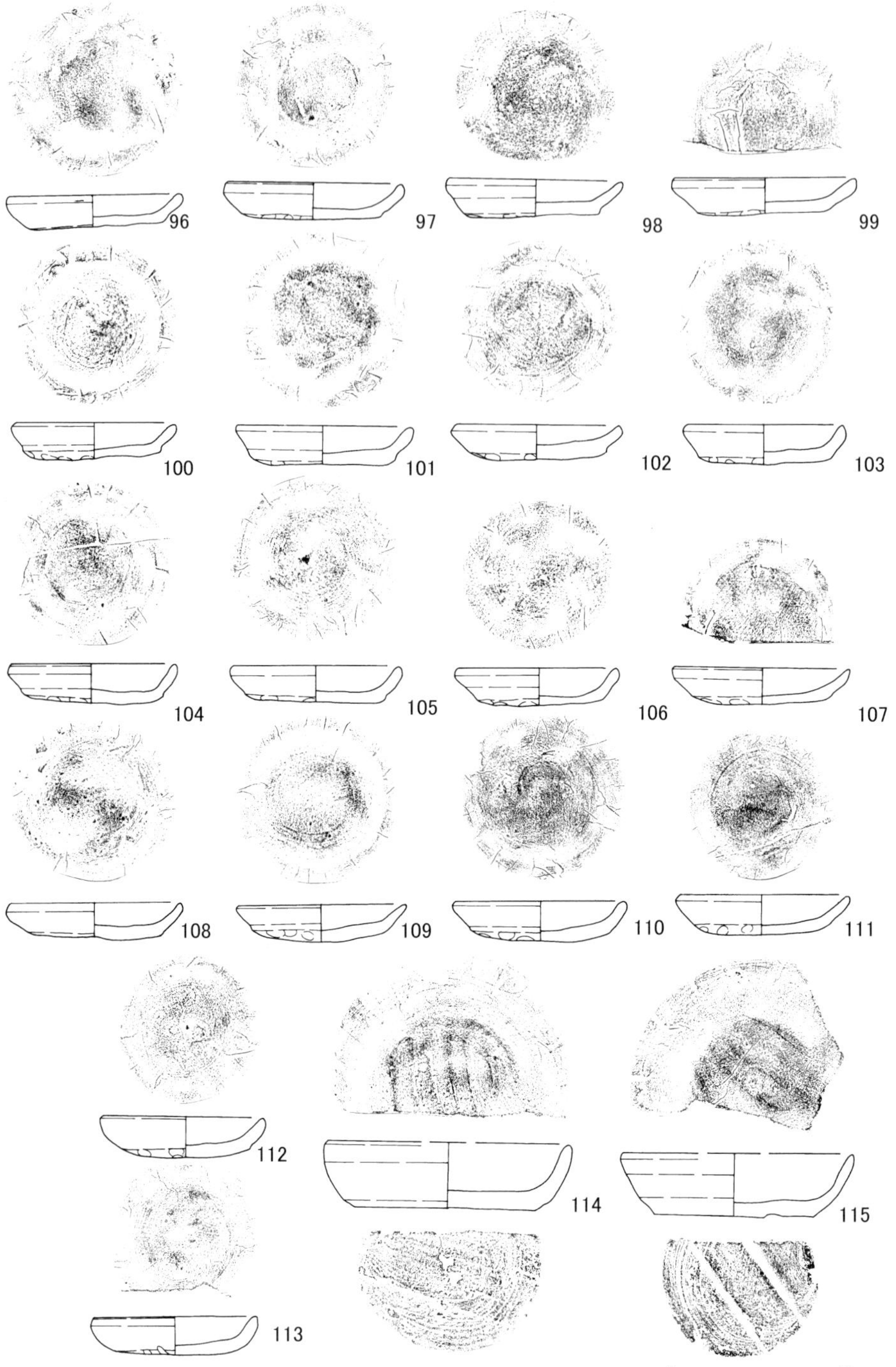

第19図　遺構5244　出土遺物(6)

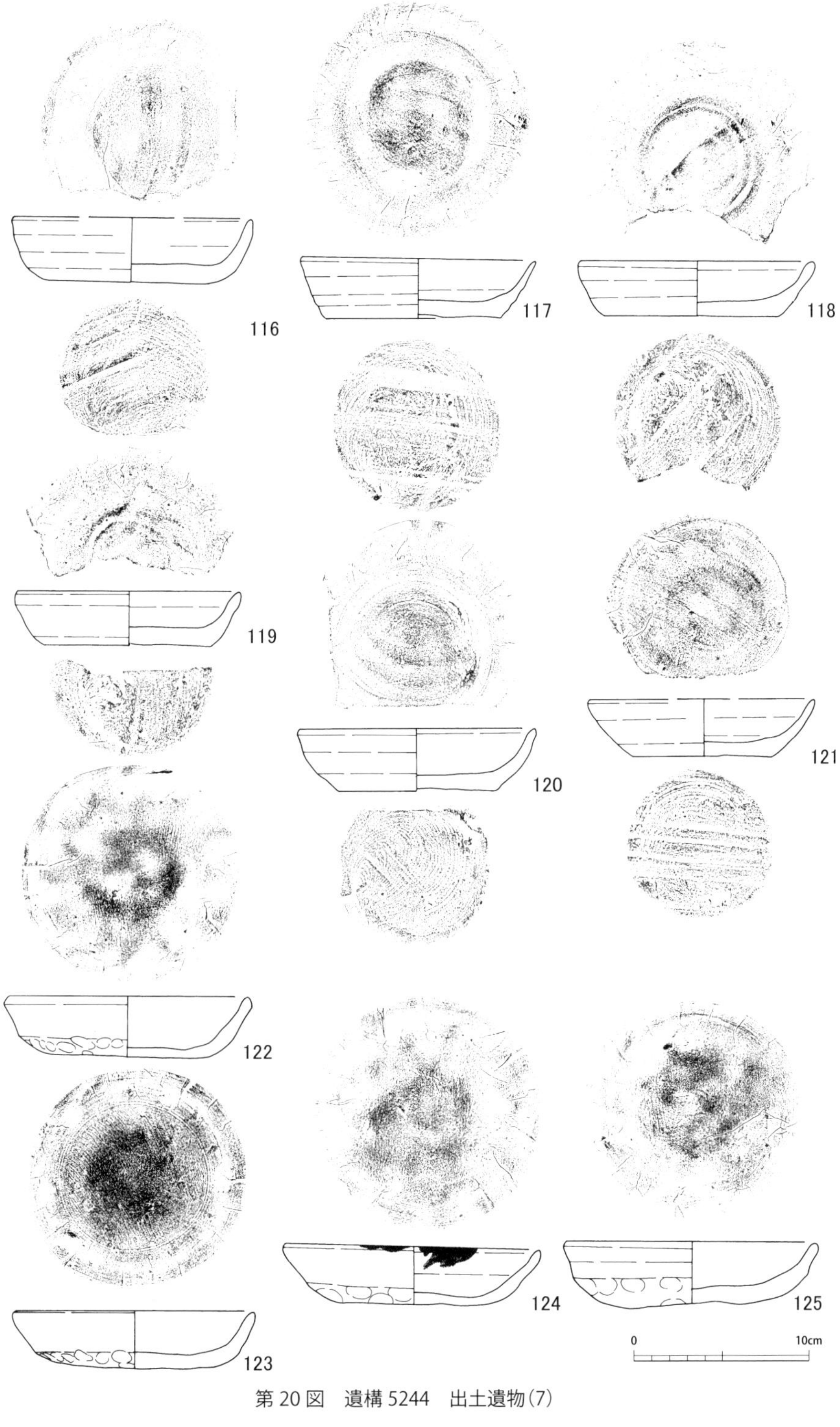

第 20 図　遺構 5244　出土遺物(7)

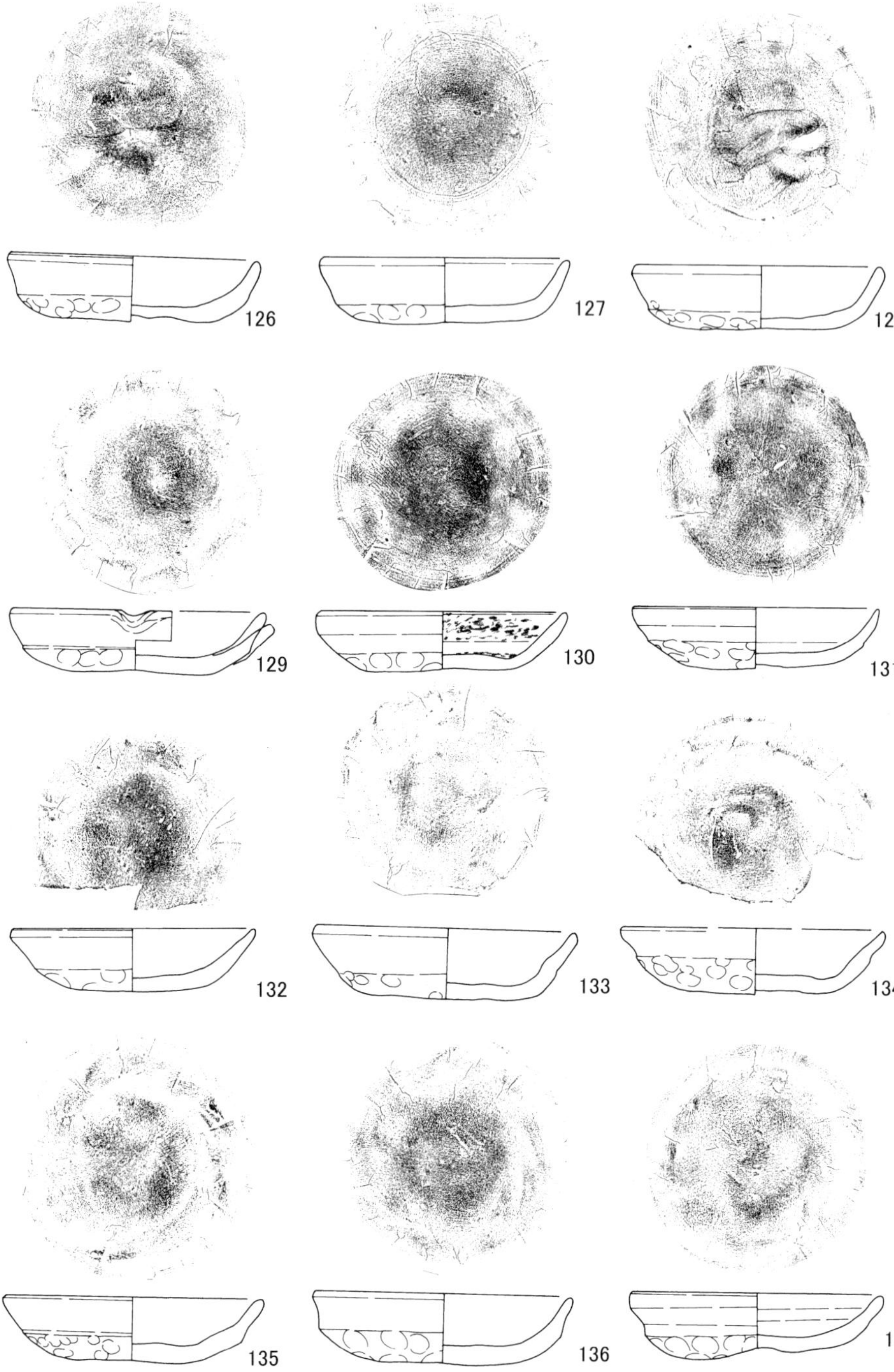

第21図　遺構5244　出土遺物(8)

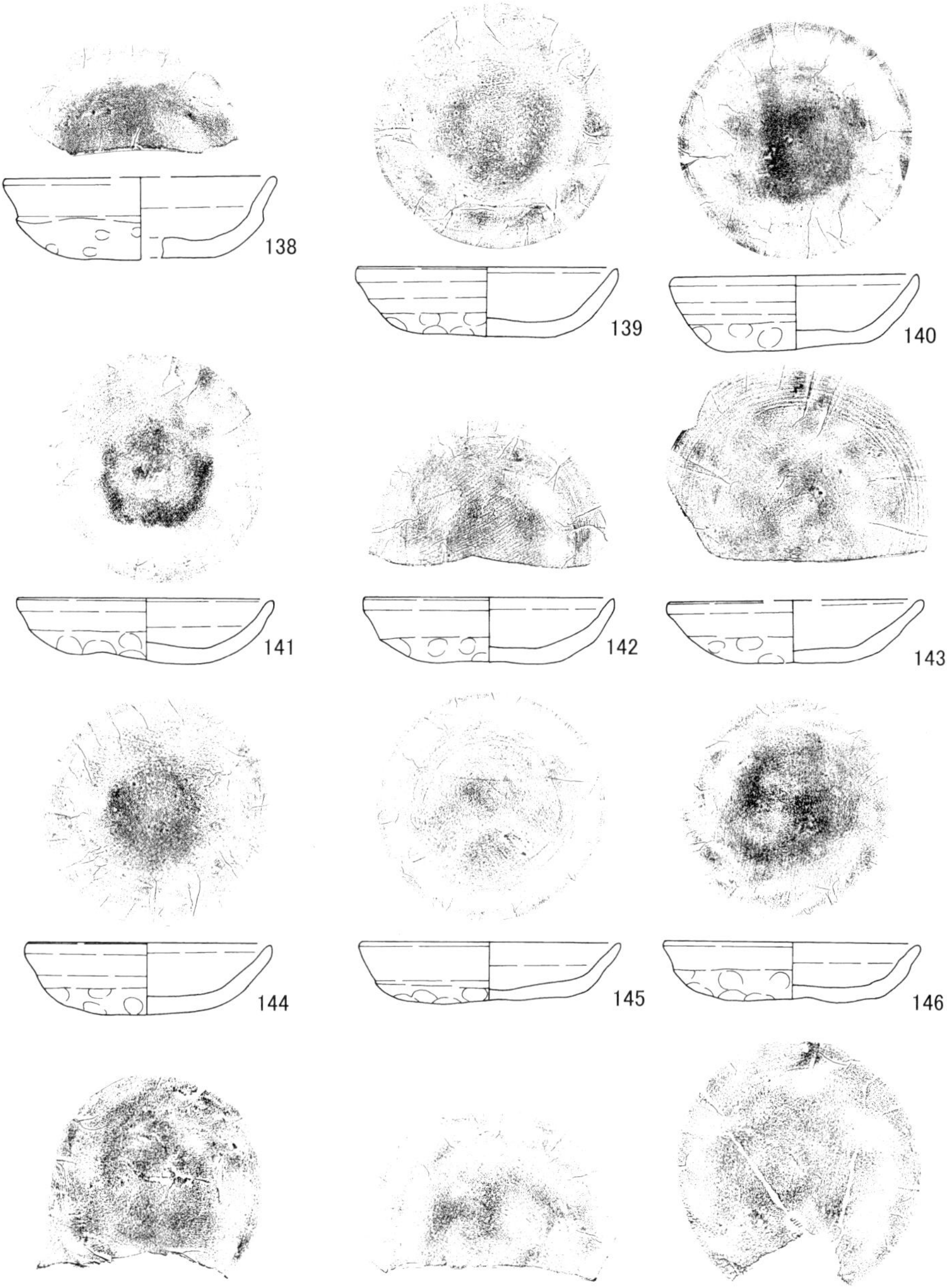

第 22 図　遺構 5244　出土遺物(9)

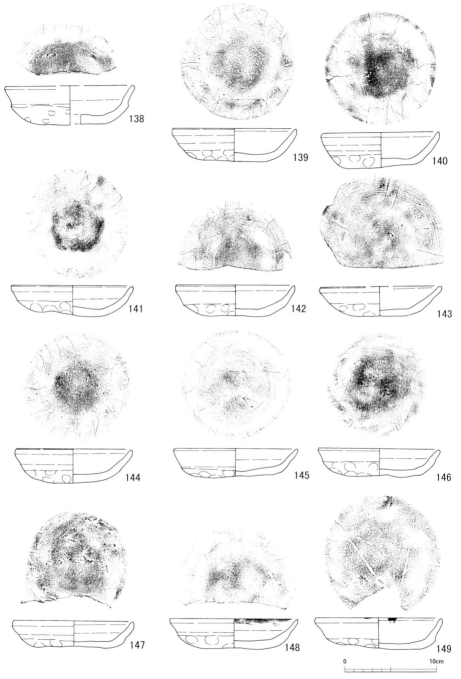

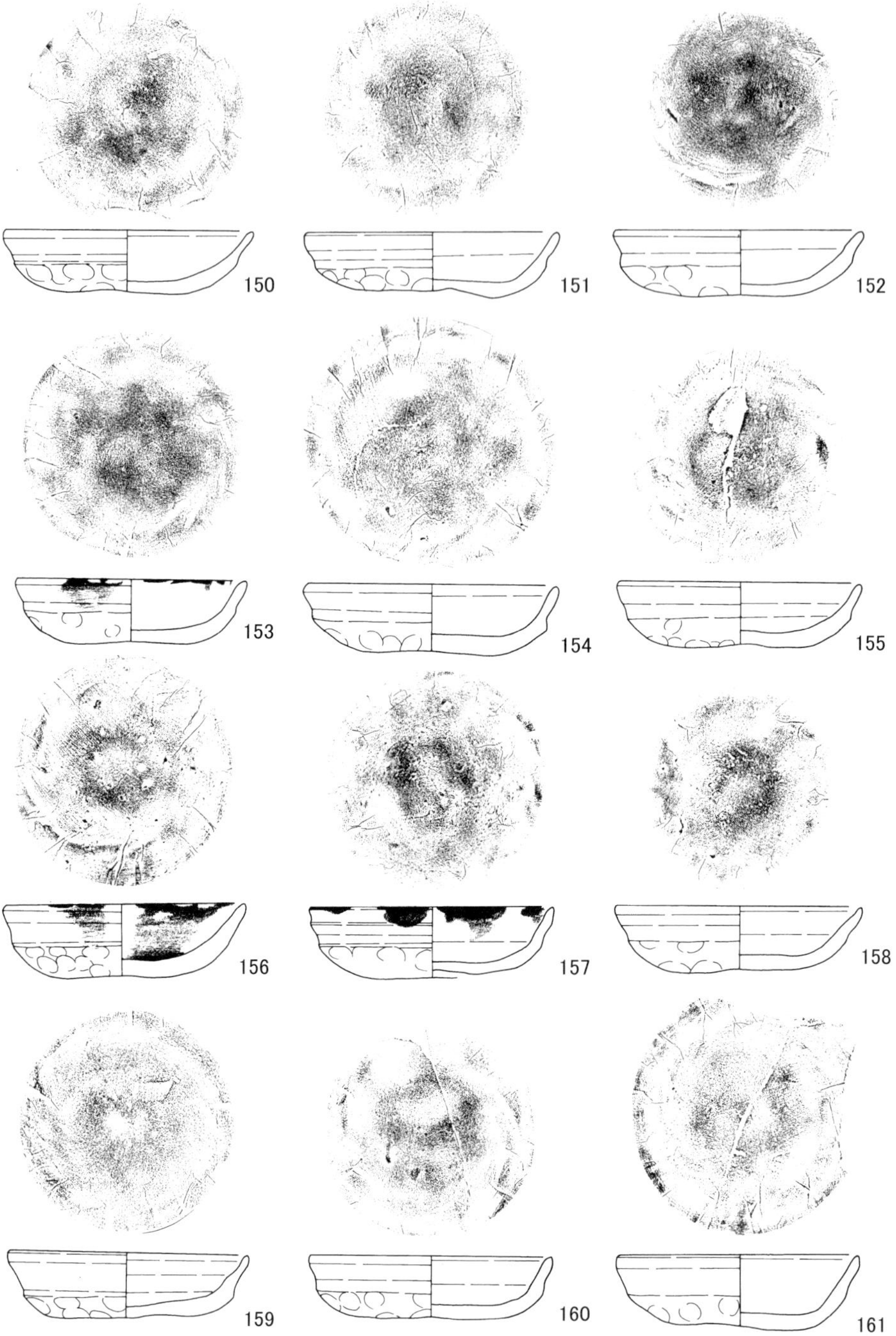

第 23 図　遺構 5244　出土遺物（10）

0　10cm

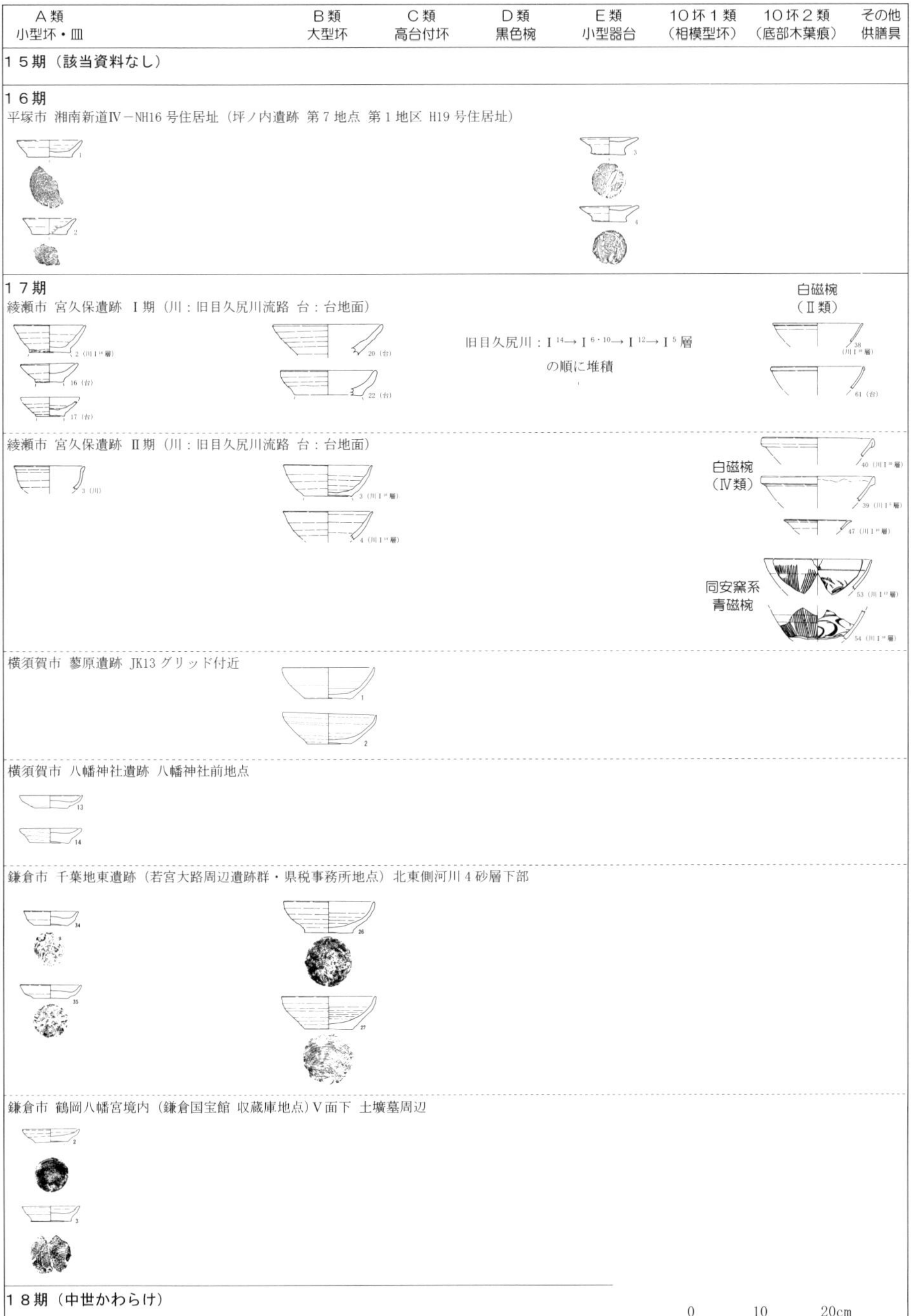

第24図 相模国の土器（11世紀第4四半期～12世紀）（押木2016）

伊豆韮山と相模の土器

池谷 初恵

はじめに

東国（静岡東部〜関東地方）中世の土器[1]（かわらけ）、とくに前半期の土器は、どの地域、遺跡でも普遍的に出土するものでない。小破片が数点〜十数点出土する遺跡があるいっぽうで、数百点規模で出土する遺構もあり、出土量の多寡は歴然としている。また、土器の器形や調整技法の特徴は、小地域ごとに異なり、少なくとも郡単位では様相が異なる。

また、東国のおいては、古代からの土器の系譜は一一世紀中葉には途絶え、一一世紀後半以降は土器がほとんど出土しない状況がある。これは政権都市である京都や、官衙からの系譜で土器が続く東北地域とは大きく異なる点である。もちろん、小皿や台付き皿形態の土器が少量出土する事例はあるが、その多くは寺社関連遺跡や祭祀遺構であり、日常的な供膳具としての土器は、一一世紀中葉には途絶えたと捉えてよいであろう。その後、一二世紀中葉から土器が出現するが、その系譜はもはや古代の土器に遡ることはむずかしく、新たな中世の器が出現したと考えるべきである。東国における成立期の土器は、①皿・坏形形態の大小のセット　②ロクロ成形　③大量生産と大量廃棄、の三点の特徴を挙げることができるだろう。

本稿の課題は、伊豆国と鎌倉を除く相模国の土器編年を示すことであるが、現段階では伊豆国・相模国全体を通しての編年は確立されていない。すでに鎌倉の大倉幕府周辺遺跡の土器分析の結果で示したように［鎌倉かわらけ研究会二〇一六］、大量生産された土器は法量や器形に個体差が生じており、とくに供給元が複数ある場合には、単一系統で変化することはない。したがって、古代の土師器・須恵器のような一貫した編年表を作成することは困難である。しかも、地域差も古代に比べて大きく、少なくとも郡単位で様相が異なっている。これまでのように、器形等の変化が明確なもののみ抽出して並べるのではなく、遺跡内の良好な一括土器を検討し、一括土器に見るバラエティを認めた上で、共伴する陶磁器などから年代を与えていく作業が必要となる［松吉二〇一六］。

以上のような視点から、本稿では、伊豆国韮山と三島神社の出土事例から、北伊豆地域の土器様相の変遷を示すことにする。相模国については、鎌倉を除くと良好な遺構一括資料が乏しく、一定量出土する遺跡も限られるため、筆者が実見した土器を中心に、いくつかの地域・遺跡の土器を提示し、共伴遺物等から現在想定できる年代観を示すこととする。小地域ごとに年代の把握できる良好な資料がそろっていない現段階においては、変遷案は留保しておきたい。

1　北伊豆地域の土器

①遺跡の概要

伊豆韮山（現伊豆の国市韮山地区）は、鎌倉幕府執権北条氏の本拠地であり、北条氏が本拠を構えた一二世紀後半より鎌倉幕府が滅亡する一四世紀前半まで、遺跡が継続して営まれている。北条氏が滅亡した後も、同じ場所に北条氏ゆかりの円成寺が建立されたため、遺跡は一五世紀末まで続いていく。また、北条氏の菩提寺である願成就院でも、境内で小規模ながら発掘調査が行われ、瓦とともに土器が一定量出土している。他にも一五世紀後半の堀越御所跡、一六世紀の韮山城跡と、地域の中心となる遺跡が営まれており、一地域で中世約四〇〇年間にわたる土器の変遷を追うことができる。

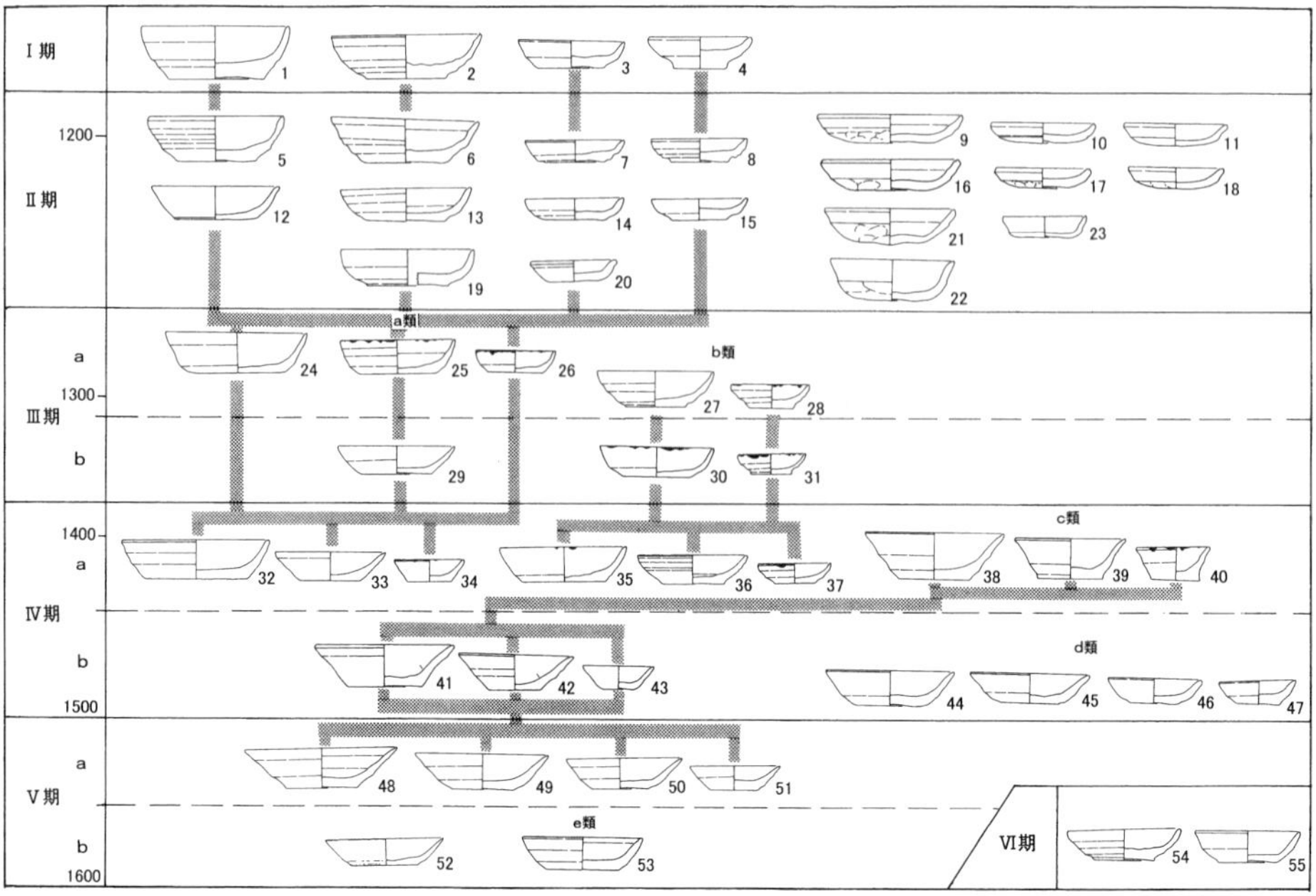

第1図　北伊豆の土器変遷(1/10)

三島神社(現三嶋大社)は、伊豆国一の宮として地域の宗教的な中心であり、源頼朝や北条氏から篤い崇敬と庇護を受けた神社である。三嶋大社境内では三地点で発掘調査が行われ、土坑や溝状遺構から、一括して土器が出土している。

② 北伊豆の土器変遷

最初に北伊豆地域の土器変遷を概観する(第1図)〔池谷二〇〇八〕。各時期の一括資料の中から代表的な土器とその系統を示した図である。ただし、以下に示す遺構の一括資料に基づき、器形や調整技法等の変化をモデル化したものであり、すべての土器様相を網羅するものではない。

Ⅰ期は、ロクロ成形土器(以下ロクロ土器と略記)のみで構成される。大小ともに底部の大きな皿形(第1図1・3)とやや小さめの坏形(2・4)の2種の器形が見られるが、法量の偏差も大きく、均一性に乏しい状況がみえる。また、大小の量的なバランスも均等ではなく、小タイプの方が多い傾向がある。柱状高台やその系譜を引く小皿も含まれ、古代から中世への過渡的な様相を示している。年代は一二世紀中葉～後半である。

Ⅱ期は手づくね成形土器（以下手づくね土器と略記）の出現する時期である。ロクロ土器はⅡ期になると法量の縮小、とくに器高の低下が顕著になる。それに伴って坏形と皿形の差が希薄となり皿形が主流になっていく。手づくね土器は、第1図9→16→21→22のように、厚手化・法量の縮小・ナデ調整の省略などの変化がみられる。Ⅱ期の中でロクロ土器・手づくね土器ともに前半・後半で法量や器形などに変化が認められるが、漸移的な変化であり、現状では明確な段階を設定することはむずかしい。年代は一二世紀末～一三世紀中葉である。

Ⅲ期は手づくね土器が消失し、再びロクロ土器のみとなる時期で、a・bの2段階を設定した。韮山では遺構・遺物の少なくなる時期であり、土器の出土量も減少する。とくにⅢb期においてその傾向が顕著である。Ⅲa期で最も特徴的なことは、法量がこれまでの2法量から3法量に増加することである。器形そのものはそれほど大きな変化はないが、見込みのナデと底部の板状圧痕が普遍的に認められるようになる。また、27・28のような体部が内彎し器高の高い一群が現れる。年代はⅢa期が一三世紀後半～一四世紀前半、Ⅲb期が一四世紀中葉と位置づけたが、共伴する陶磁器等は少なく年代根拠は乏しい。

③ Ⅰ期の土器

史跡北条氏邸跡第1号井戸跡[2]（第2図1～11）

第1号井戸跡は屋敷地の北側に位置し、庇付きの掘立柱建物跡・塀跡の南側に位置する。木枠はなく、中～下層から遺物が出土している。

底部厚手のロクロ土器の大・小があり、底径の小さい逆台形状の坏形（2～4・11）と、底径が大きく皿形（1・5～10）の2形態がある。大の口径は約14センチ、小は9～10センチで、底径は坏形が約5センチ、皿形が6センチ前後である。ロクロ成形・回転糸切りの後に調整はなく、内底面は中

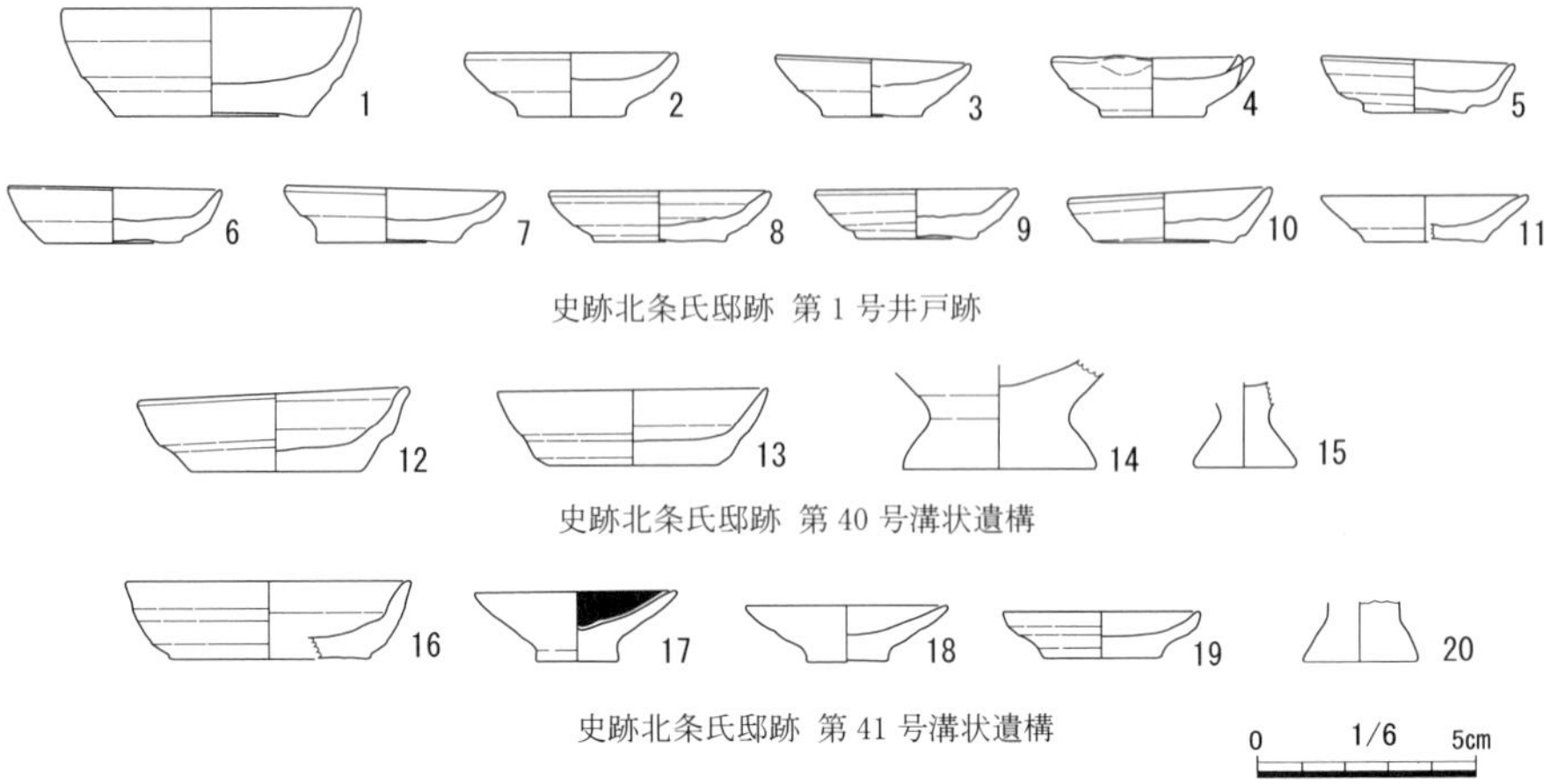

第2図　北伊豆Ⅰ期の土器

心部の凸部をナデ消す程度の調整で、明瞭なナデ調整や外底面の板状圧痕は認められない。出土量の大小の比率は、小が圧倒的に多い。

共伴する陶磁器は、貿易陶磁の白磁玉縁碗（Ⅳ類）、端反碗（Ⅴ～Ⅷ類）、小壺、合子、国産陶器の山茶碗・鉢（東遠江系）である。

史跡北条氏邸跡第40・41号溝状遺構（第2図12～20）

第40・41号溝状遺構は、北条氏邸跡中世最下層で検出された屋敷地を区画する溝である。一部重複し41号の方が古いが、遺物の時期差はほとんど認められない。溝出土のため、上～中層に新しい時期の遺物が混入しているが、溝底や下層の土器を抽出して図示した。

両遺構ともに、底径が大きく厚手のロクロ土器の大小と柱状高台土器が出土している。41号では、古代からの系譜である底径の小さな逆台形の小皿が出土している（17・18）。

第40号溝状遺構で共伴する陶磁器は、貿易陶磁の白磁玉縁碗（Ⅳ類）、常滑鉢（1b型式）、渥美鉢（2a型式）、山茶碗小皿（尾張系5型式）・小碗（東遠江系一二世紀中葉）などである。

④ Ⅱ期の土器

史跡北条氏邸跡第2号井戸跡（第3図1～46）

第2号井戸跡は建物跡群からやや離れた南部で検出された木枠を伴う井戸である。下～中層から大量の土器が出土した。

ロクロ土器はⅠ期同様大小の2法量があり、口径は大が14㌢前後、小は9㌢前後である。皿形（4～9・13～16）と坏形（1～3・10～12・17）の器形があるが、ともにⅠ期に比べ器高が低くなる傾向がみえ、小は皿形が主体となる。

手づくね土器は口径14～15㌢の大（18～23）と9.5～10㌢の小（24～46）の2法量がある。器厚は比較的薄手で、口唇部も丁寧につくられている。外側に面取りを施す例が多いが、丸くおさめるものもある。底部は平坦で底部内面にはナデまたはササラ状工具によるナデ調整痕（18・21・22・24～29・36・37）が認められる。底部外面に板状圧痕を残すものは少なく、20・21のみである。また、口縁部のナデ方向が左回転になっているものも一定量含まれている（19・27～29・36）。

共伴遺物は貿易陶磁の白磁端反碗（Ⅴ～Ⅷ類）、青磁劃花文碗（Ⅰ―2類）、国産陶器の常滑・渥美の甕・鉢類などがある。

史跡北条氏邸跡第44号溝状遺構（第3図47～80）

第44号溝状遺構は、屋敷地を南北方向に走る浅い溝で、数ヶ所で土器が一括廃棄されたようすが見られた。

ロクロ・手づくね土器ともに、第2号井戸跡出土のものと法量・調整ともにほぼ同じである。第2号井戸跡に比べて、ロクロ土器が多い傾向がある。手づくね成形のうち、73は内底面にササラ状工具によるナデ調整、71・79は外底面に板状圧痕が認められた。

共伴する遺物は、貿易陶磁の青白磁碗、国産陶器の山茶碗（渥美2b型式）がある。

このほか図示はしなかったが、同時期の井戸一括出土

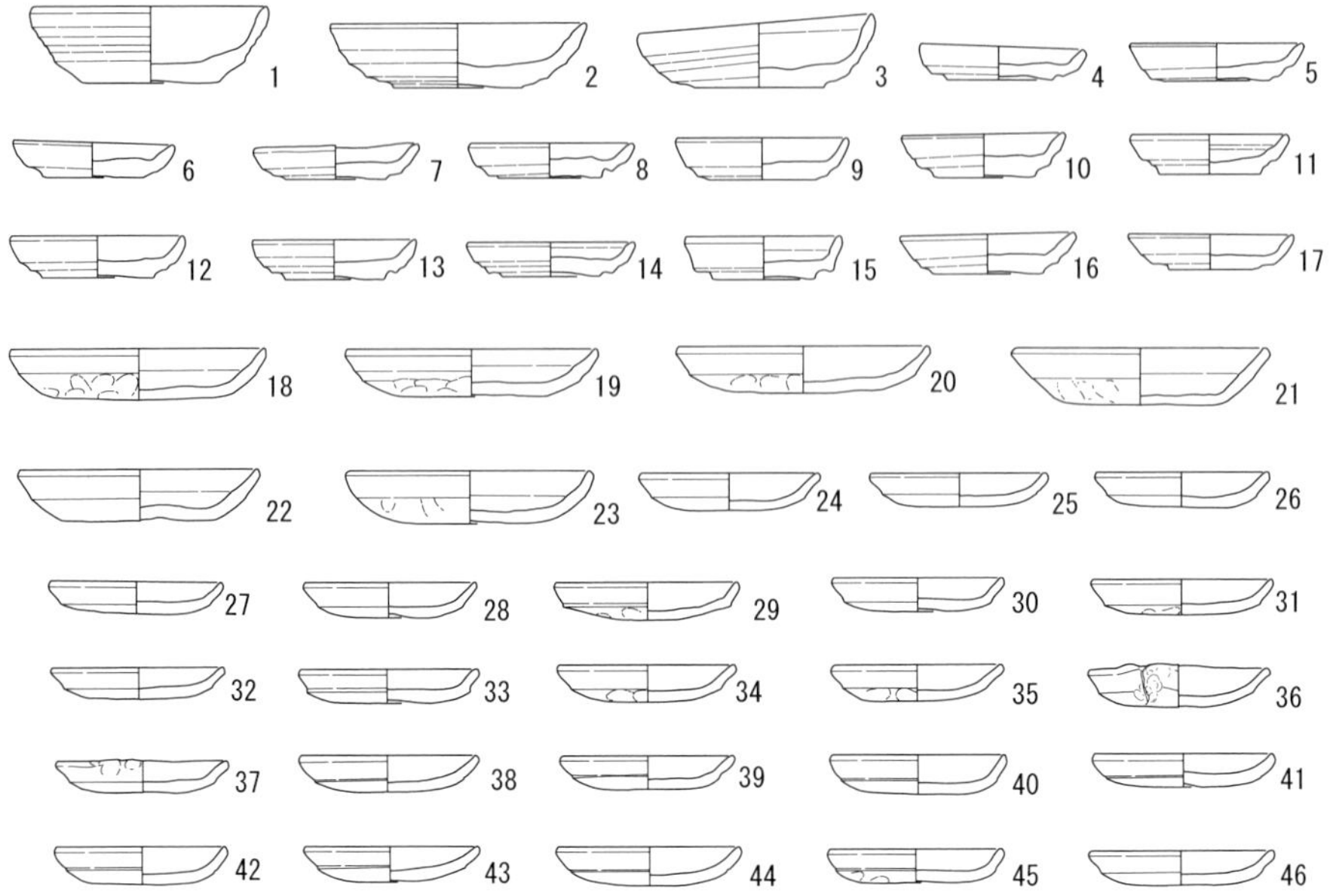

史跡北条氏邸跡 第2号井戸跡

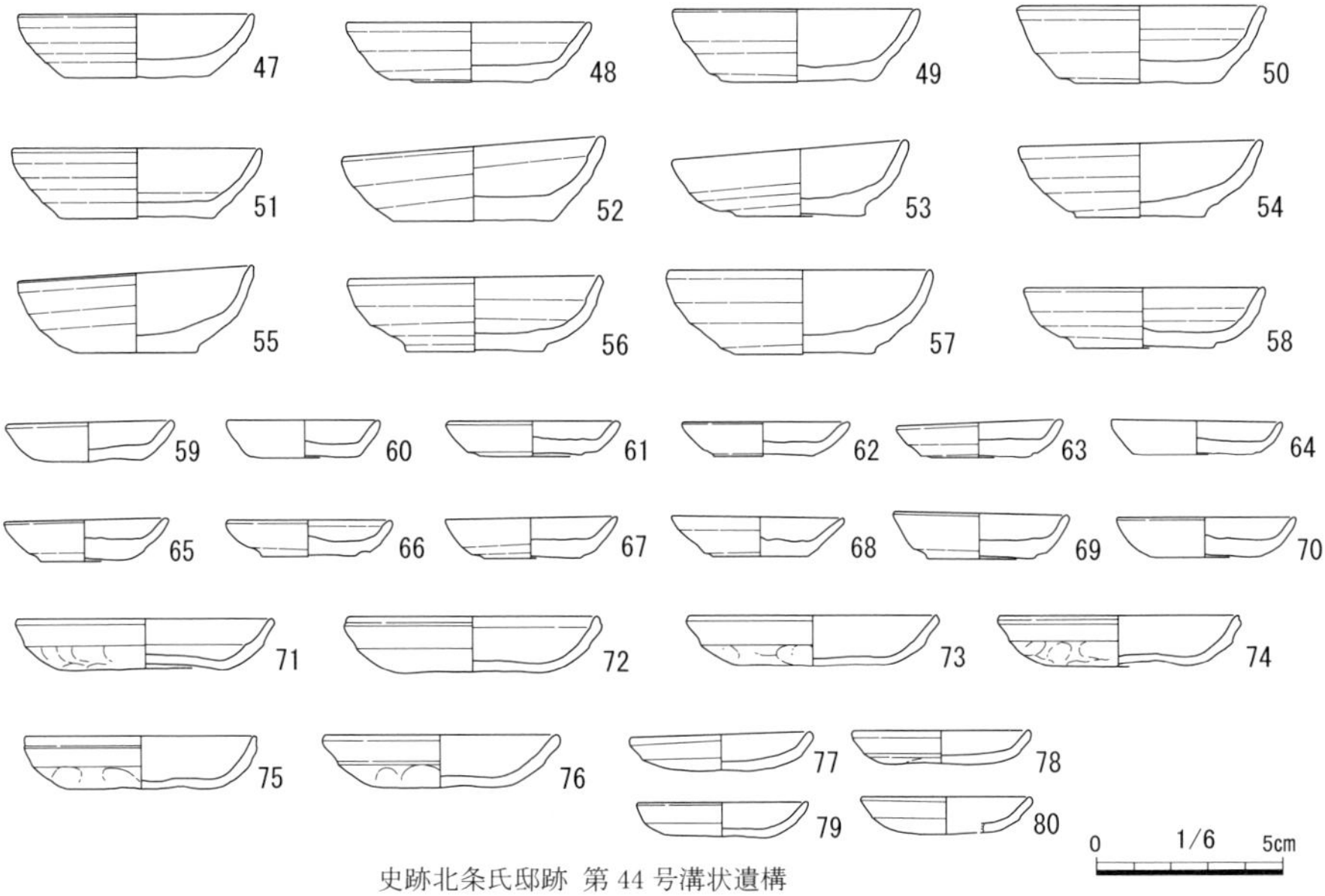

史跡北条氏邸跡 第44号溝状遺構

第3図 北伊豆Ⅱ期の土器(1)

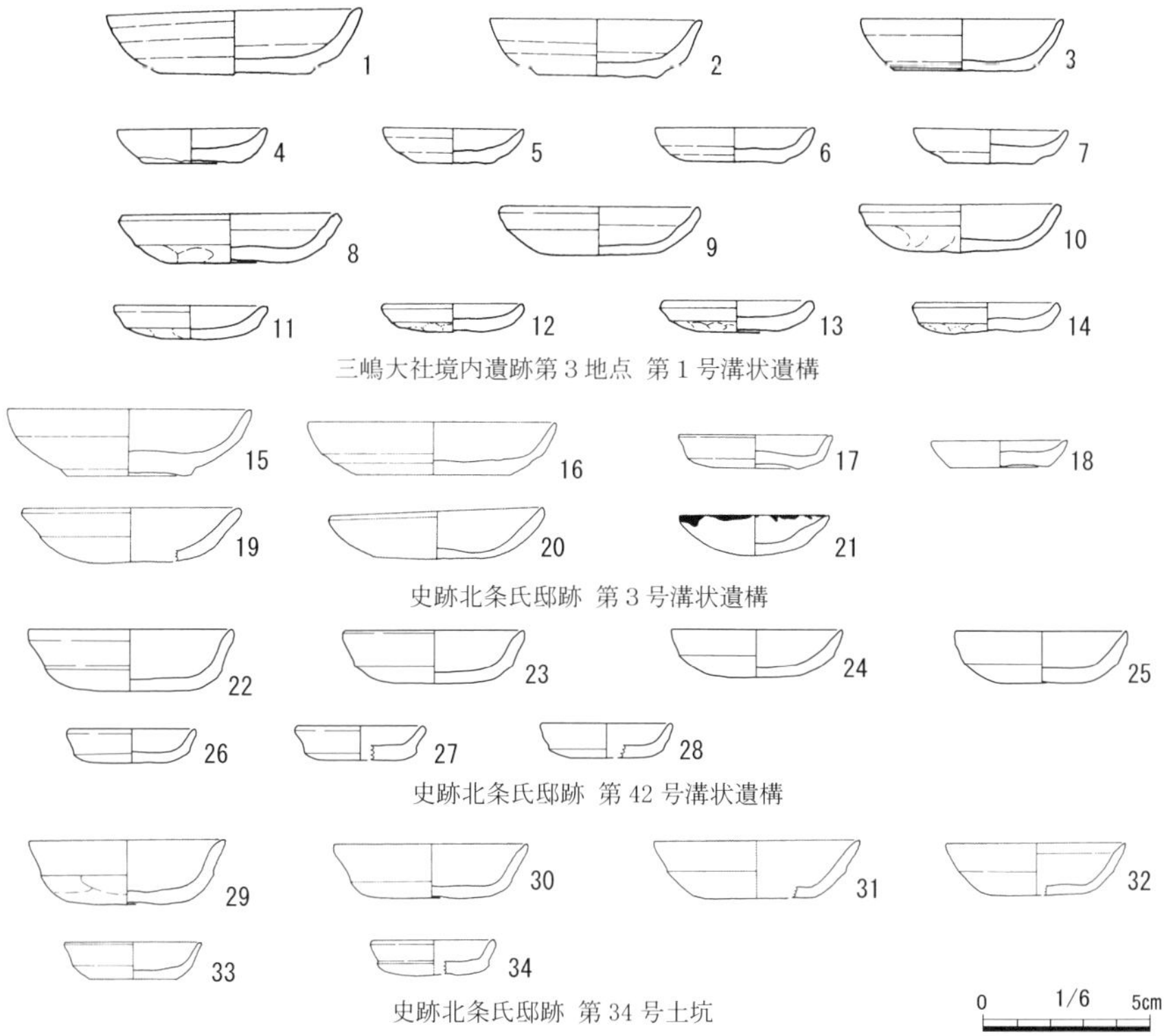

第4図 北伊豆II期の土器(2)

土器として、御所之内遺跡第1次調査第1号井戸跡［韮山町教委 一九八五］、第15次調査5号井戸跡［韮山町教委 二〇〇二］などがある。

三嶋大社境内遺跡第3地点1号溝（第4図1〜14）

第1号溝は、幅2.4㍍、深さ1.3㍍の東西方向の区画溝で、下〜中層から土器がまとまって出土している。ロクロ・手づくね土器ともに、北条氏邸跡第2号井戸跡や第44号溝状遺構に比べて口径が小さくなる傾向があり、ロクロ土器大（1〜3）の口径は13〜14㌢前後、小（4〜7）は8〜9㌢となる。皿形が中心で、坏形はほとんど認められない。手づくね土器は大（8〜10）の口径が13〜14㌢、小（11〜14）が9㌢以下となる。器高は北条氏邸跡第2号井戸跡や第44号溝状遺構に比べてやや高くなる傾向がみえる。器厚はやや厚手となり、口唇部も面取りはなく、丸くおさめるか尖り気味になる。

共伴する陶磁器は、貿易陶磁の白磁碗、青磁劃花文碗（I—2類）、国産陶器の常滑甕、渥美片口鉢などがある。

史跡北条氏邸跡第3号溝状遺構（第4図15～21）

第3号溝状遺構は、屋敷地南部で検出したL字に屈曲する溝で、上層の遺構に削平されたため、一部を検出したのみであるが、覆土から土器がまとまって出土している。

ロクロ・手づくね土器ともに、法量は三嶋大社境内遺跡第1号溝状遺構出土土器とほぼ同じであるが、ロクロ土器のうち体部が内彎気味に立ち上がるものが目立つ。また、ロクロ土器の大小ともに内底面のナデ調整や外底面の板状圧痕がほぼすべての土器に認められる。

共伴する陶磁器には、貿易陶磁の白磁皿、青磁碗（I—2・3類）、褐釉壺、国産陶器の常滑甕、山茶碗（東遠江系）などがある。

史跡北条氏邸跡第42号溝状遺構（第4図22～28）

第42号溝状遺構は、幅70センチほどの東西方向の浅い溝で、覆土からやや散在して遺物が出土した。

土器は手づくね土器が主体であり、大（22～25）の口径は12センチ、小（26～28）は7センチ前後である。第3号溝状遺構の土器よりも、口径がさらに縮小し、器高が高くなり、口縁部高が増して外反が強くなる特徴もみえる。

共伴遺物は少なく、常滑・渥美の甕の破片が出土している程度である。

史跡北条氏邸跡第34号土坑（第4図29～34）

第34号土坑の土器も、第42号溝状遺構と同様、口径の縮小した手づくね土器が主体である。さらに、本来内底面ナデ→口縁部ナデの順序で行っていた調整が、本遺構の土器では口縁部のナデ調整がそのまま内底面に及び、同心円状になるなど、調整順序にも、変化がみられる。なお、本遺構では土器以外の陶磁器などは出土していない。

第42号溝状遺構・第34号土坑出土の小形化・粗雑化した手づくね土器が、北伊豆地域の最終末のものと捉えており、手づくね土器はこの段階をもって消失する。図示はしなかったが、北条氏邸跡内では同様の土器の出土する土坑がいくつか検出されている。[3] II期前半の井戸や溝

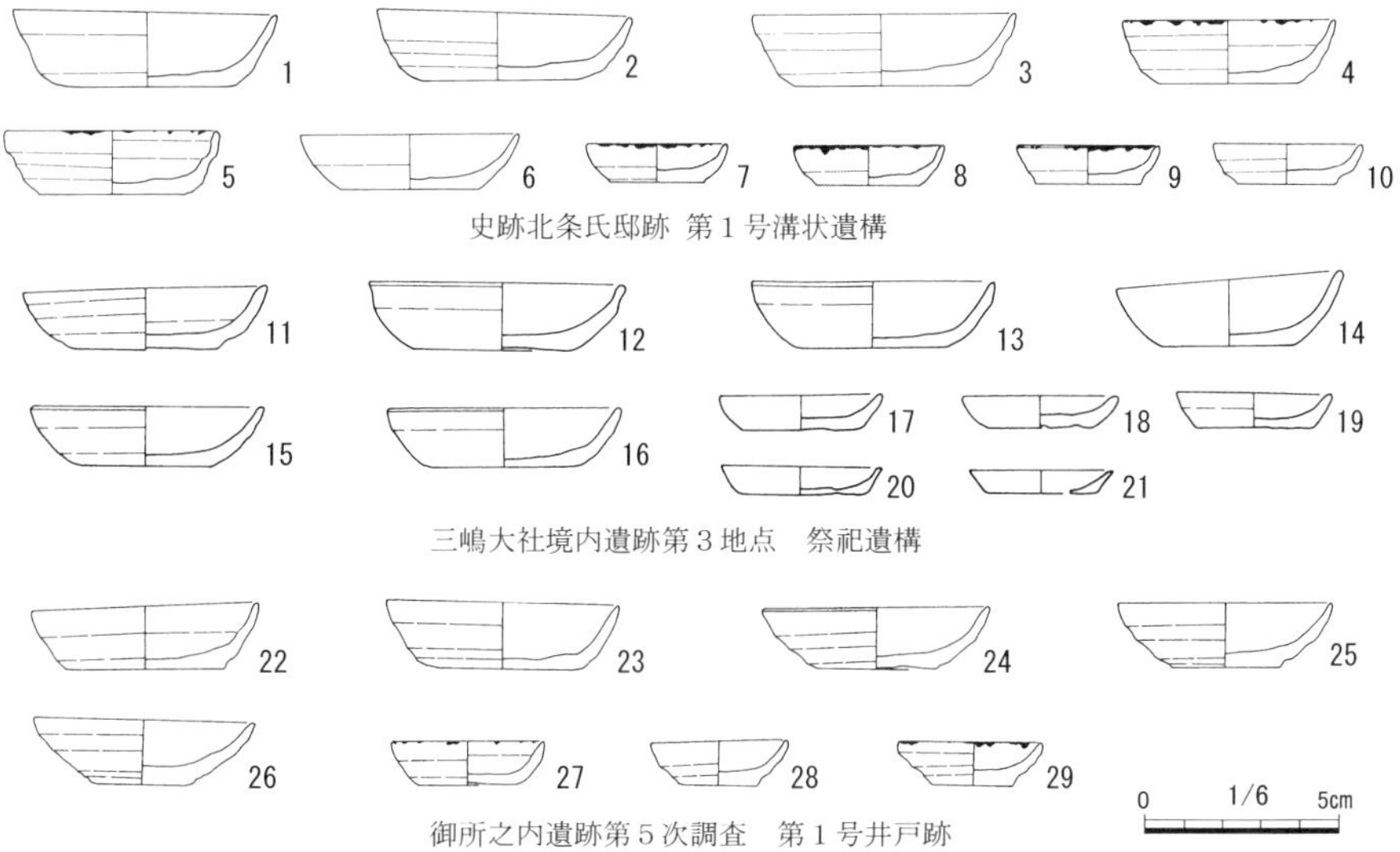

第5図 北伊豆Ⅲa期の土器

内の一括廃棄とは異なり出土量は少ないが、手づくね土器のみの廃棄状況には何らかの意図も想定され、今後は出土状況にも充分留意すべきであろう。

⑤ Ⅲ期の土器

北条氏邸跡第1号溝状遺構(第5図1〜10)

第1号溝状遺構は、屋敷地南側を東西に走る区画溝である。ロクロ土器のみ出土している。口径は大(1〜3)が12〜13センチ、中(4〜6)が11〜12.5センチ、小(7〜10)が7〜8センチとなり、前段階の2法量から3法量に変わる。また、前段階に比べて口径・底径の縮小傾向が進み、全体的に小型化するが、とくに底径の縮小が進むため口径と底径の差が大きく口縁部が開く器形となる。大小ともに内底面のナデ調整や外底面の板状圧痕が普遍的にみられ、定型化する。なお、コースター型の手づくね土器が出土しているが、在地の胎土ではなく、搬入品と思われる。

共伴遺物は、貿易陶磁の青磁碗・皿、国産陶器の常滑甕・片口鉢、山茶碗(常滑6a型式)、楠葉産瓦器碗などがある。

三嶋大社境内遺跡第3地点祭祀遺構（第5図11～21）

祭祀遺構は巨石と玉石を配した遺構で、ほぼ完形の土器が玉石の上から多数検出された。また、隣接して同時期の土器廃棄土坑もあり、寺社祭祀における土器使用の具体的なようすを知り得る遺構である。

ロクロ成形の大（11～13）、中（14～16）、小（17～21）があり、法量は北条氏邸跡第1号溝状遺構とほぼ同じであるが、小皿の器高がやや低い傾向が見える。

共伴遺物は貿易陶磁の白磁口禿皿（Ⅸ類）、青磁蓮弁文碗（Ⅰ―5類）がある。

御所之内遺跡第5次調査第1号井戸跡（第5図22～29）

第5号井戸跡は北条氏邸跡北側の調査地点で検出した遺構で、木枠はなく素掘り井戸である。

本遺構では、北条氏邸跡第1号溝状遺構や三嶋大社祭祀遺構と同様の器形（22・23・27）に加えて、底部が小さく体部の内彎が強い器形が加わる（24～26・28・29）。大の口径は10～11チセン、小は7～7．5チセンである。内底面のナデと底部の板状圧痕も顕著に残るが、内底面のナデ調整の幅・長さが縮小し、簡略化している特徴もある。

共伴遺物は貿易陶磁の白磁口禿皿（Ⅸ類）、国産陶器の山茶碗小皿（東遠江系）がある。

⑥ 北伊豆の土器の様相

以上のように、韮山・三島でみられる北伊豆地域の土器様相は、ロクロ土器のみのⅠ期から手づくね土器が導入されたⅡ期、手づくね土器が消失しロクロ土器のみとなるⅢ期という変遷を捉えることができる。

最後に、本地域の手づくね土器の特徴についてまとめておく。本地域の手づくね土器の法量は出現期のⅡ期前半の口径が平均14チセン程度であり、平泉・鎌倉の導入期に比べてやや小さい。口径15チセンを超える大形のものはごく少量であり、このことから今回設定したⅡ期初頭の土器群の前に、一段階設定できるのではないかとの指摘もある[4]。しかし、現段階ではそれらを主体とする一括資料は確認されておらず、くわえてロクロ土器のⅠ期からⅡ期への変化がスムーズであることから、今後、他の地点でさらに遡る土器が確認される可能性も考慮しつつも、Ⅱ期土器群の位置づけは現状のとおりとしたい。

また、本地域の手づくね土器の調整法には、いくつか特徴が認められる。第1点として、口縁部のナデに2段ナデはなく、すべて1段ナデであることを挙げておく。さらに、中井淳史が指摘しているように[中井 二〇〇三]、韮山では、京都にはない左方向のナデがⅡ期前半に一定量含まれている。左方向ナデはⅡ期前半の一部に限られ、Ⅱ期後半はすべて右方向である。

第2点として、底部内外面の調整に特徴がある。Ⅱ期前半には内底面にササラ状工具を使用したものが一定量認められるが、これは平泉や鎌倉大倉幕府周辺遺跡遺構769(井戸跡)[鎌倉かわらけ研究会 二〇一六]でも見られた特徴である。Ⅱ期後半にはササラ状工具の調整はない。また、史跡北条氏邸跡第34号土坑出土土器のように、Ⅱ期後半には口縁部のナデが底部内面中心まで及ぶものがある。底部外面に板状圧痕が残るものは非常に少なく、Ⅱ期前半にわずかに認められる程度である。

なお、北伊豆の手づくね土器の胎土はロクロ土器と同じもので区別はしていない。これは出現期から最終末まで一貫しており、本地域においては、ロクロ土器と手づくね土器は同じ工人が製作していたと考えている。色調は総じて橙褐色を呈し、鉄分の多い在地の粘土を使用したことは明らかである。Ⅱ期前半にやや灰白や肌色の色調のものがみられるが、全体に占める量は少ない。

2 相模国の土器

① 大住郡の土器

東田原中丸遺跡(第6図1〜22)

秦野市東田原中丸遺跡では、掘立柱建物跡21棟の他、柵列、段切遺構など多くの遺構が検出されている。遺跡の周辺には、源実朝公御首塚《みしるしづか》(五輪塔)や実朝の伝承の残る金剛院などがあり、この一帯が波多野氏の館跡に推定されている。

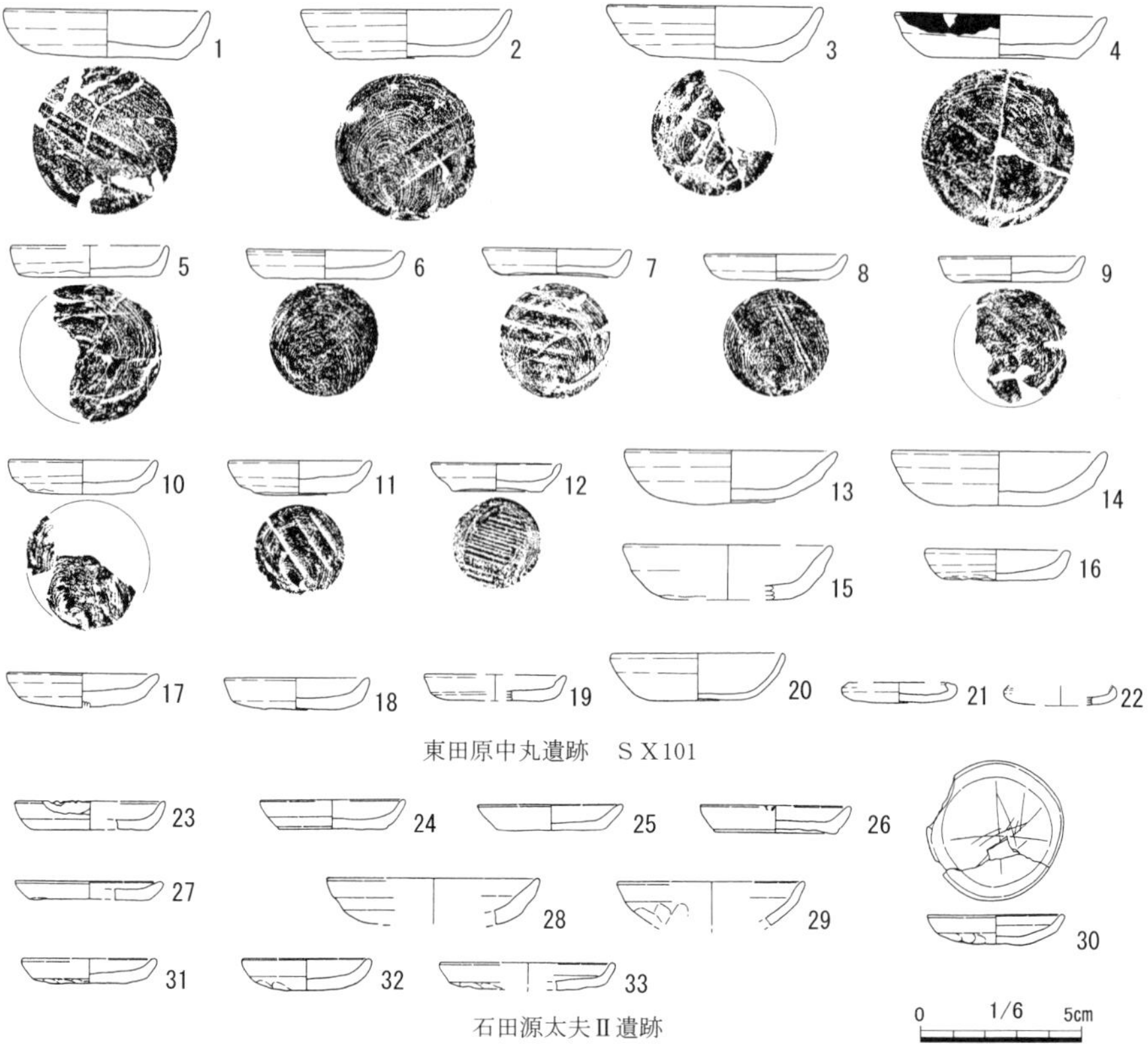

第6図　相模国大住郡の土器(1)

段切遺構(SX101)からまとまって土器が出土している。ロクロ土器は大(1～4)と小(5～12)があり、大の口径は13㌢前後、小は8．6～9．8㌢である。小は底径の大きい皿形(底径7㌢前後・5～9)と、やや小さいもの(6㌢前後10～12)の二形態に分かれる。体部が内彎する器形で、器壁はやや厚手である。いずれも内底面にナデ、外底面に板状圧痕が残る。手づくね土器も大小の法量があり、大(13～15)は口径13㌢前後、小(16～19)は9㌢前後である。ロクロ・手づくね土器とも色調は橙～明橙褐色で、胎土の差は認められない。なお、このほか灰白色の胎土で器壁の薄い手づくね土器が少量含まれる。大(20)とコースター型(21・22)があり、在地の胎土ではなく、搬入品と考えられる。

共伴する陶磁器は、貿易陶磁の白磁玉縁碗(Ⅳ類)、端反碗(Ⅴ～Ⅷ類)、青磁同安窯系碗、龍泉窯系劃花文碗(Ⅰ―2類)、蓮弁文碗(Ⅰ―5

類)である。

以上、土器の器形・調整の特徴、伴出遺物などから、SX101の土器は、段切遺構という遺構の性格上、やや幅をもたせて、一三世紀前半~中葉と捉えておきたい。

石田・源太夫Ⅱ遺跡(第6図23~33)

伊勢原市石田・源太夫遺跡は古代~中世にわたり継続する遺跡で、このうちⅡ遺跡(第2次調査)では台地崖線部を段切した後、ローム土で版築した造成面を構築している。造成面上では組み合わせは不明ながら、掘立柱建物跡・柵列等の柱穴の他、土塁状遺構、溝状遺構、道状遺構などが検出されている。遺跡のある愛甲石田地域は、本遺跡のほかに石田・細谷遺跡、石田・嶺遺跡、隣接する厚木市の愛甲宿遺跡などがあり、古代末から中世初頭の遺跡が集中している場所である。とくに石田・細谷Ⅱ遺跡では、鎌倉の永福寺跡で使われた愛知県八事裏山窯の瓦が多く出土し、注目されている。これらのことから、この地域には鎌倉時代初期の御家人クラスの館や寺院があったことが推定されている。

出土状況等の詳細は不明であるが[5]、第6図に示したように、ロクロ土器の小(23~27)、手づくね土器大(28・29)、小(30~33)が出土している。ロクロ土器小は口径9㌢前後で、底径の大きな皿形が主体である。手づくね土器大は口径13㌢前後、小は8.0~9.0㌢で、33のみ中間の11㌢で中形ともいえる法量である。

石田・源太夫Ⅱ遺跡の出土陶磁器のうち、一五世紀を除いた貿易陶磁は40点、国産陶器の常滑甕13点・片口鉢Ⅰ類5点などである[立花 一九九九]。貿易陶磁は白磁玉縁碗(Ⅳ類)、口禿碗・皿(Ⅸ類)、青磁同安窯系碗、龍泉窯系劃花文碗(Ⅰ―2類)、蓮弁文碗(Ⅰ―5類)、青白磁梅瓶・合子、天目茶碗、黄釉盤である。これらの陶磁器と土器との一括性は不明のため年代の確定はできないが、おおよそ一二世紀末~一三世紀代の土器様相と捉えておきたい。

大会原遺跡(第7図1~10)

平塚市大会原遺跡は、古代相模国府の一角に位置する遺跡で、掘立柱建物跡・溝状遺構・井戸跡などが検出さ

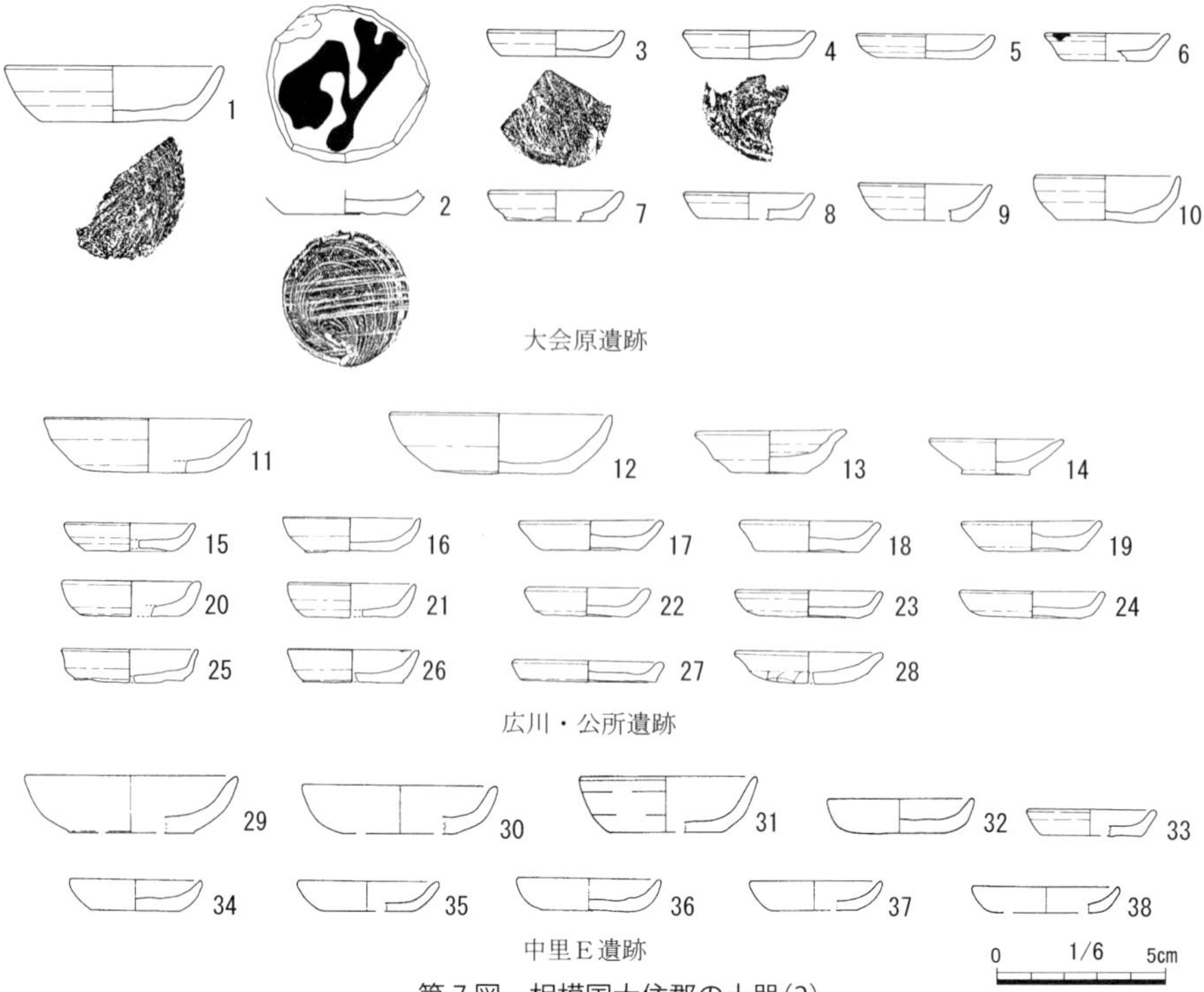

第7図　相模国大住郡の土器(2)

れている。遺構内でまとまった一括出土遺物はないが、中世前半期の井戸跡、溝状遺構、包含層から、約150点の土器が出土している。

図示したものは、ロクロ土器の大小で、やや厚手で器高の低い器形である。口径は大(1)が約13㌢、小(3〜10)が7.2〜8.0㌢である。いずれも内底面にナデ調整、外底面に板状圧痕が残る。

土器以外の遺物では、一二〜一三世紀の貿易陶磁、常滑・渥美窯の甕・鉢、山茶碗などが出土している。これらの遺物と土器の特徴から、当遺跡の土器は、一三世紀中葉〜後半の年代が想定できる。

広川・公所遺跡群（第7図11〜28）

平塚市広川・公所遺跡群は平塚市北西部に位置し、嘉元二年(一三〇四)関東下知状に記された「弘河郷」の範囲内と推定されている。遺跡群のうち、谷戸内に立地する西之谷A遺跡、同B遺跡で中世の遺構・遺物が検出されている。両遺跡ともに谷戸の斜面を削平して平場を造成し、掘立柱建物跡・井戸跡・竪穴状遺構が検出されている。

出土状況は不明であるが、『平塚市史』に掲載された土器を第7図に転載した。ロクロ土器大(11・12)、小(13〜27)、手づくね土器小(28)がある。一部に一二世紀まで遡ると思われるもの(13・14)も見られるが、多くは一三世紀前半〜中葉のものと思われる。

市史の記載によれば、貿易陶磁では白磁玉縁碗・皿、青磁龍泉窯系蓮弁文碗、折縁皿、青白磁合子が出土しているが、数量等は不明である。国産陶器では、常滑の甕・片口鉢・三筋壺、渥美甕、古瀬戸灰釉卸皿などがある。

中里E遺跡第2地点(第7図29〜38)

平塚市中里E遺跡では、区画施設を伴う掘立柱建物跡・井戸跡・竪穴状遺構などが検出されている。このうち竪穴状遺構から土器が出土している。すべてロクロ土器で、大(29〜31)の口径は12チセン前後、小(32〜38)は6チセン前後である。共伴する陶磁器等はなく、年代は不明であるが、一三世紀後半頃と考えられる。

② 高座郡の土器

浜之郷本社B遺跡(第8図1〜21)

茅ヶ崎市南西部の自然堤防上の立地し、平安時代末〜中世初頭の創建とされる鶴峯八幡宮を中心に遺跡が分布する。このうち、本社B遺跡第2次調査第4号土坑から一括資料が出土している。

すべてロクロ土器で、大(1〜6)の口径は12〜13チセン、小(7〜19)の口径は7〜9チセンである。ほかに口径5チセンほどのコースター状の小皿が2点ある(20・21)。大小ともに体部が内彎する器形で、内底面ナデ調整、外底面に板状圧痕が残る。土器の出土量は破片数で289点であり、総重量は2463グラムと報告されている。個体数に換算すると25個体以上となる。

共伴する陶磁器は、貿易陶磁青磁蓮弁文碗(Ⅰ—5類)と常滑甕の破片それぞれ1点ずつのみであり、年代比定はむずかしいが、一三世紀後半〜末頃と捉えておきたい。

このほか、鶴峯八幡宮境内にある本社A遺跡3次調査

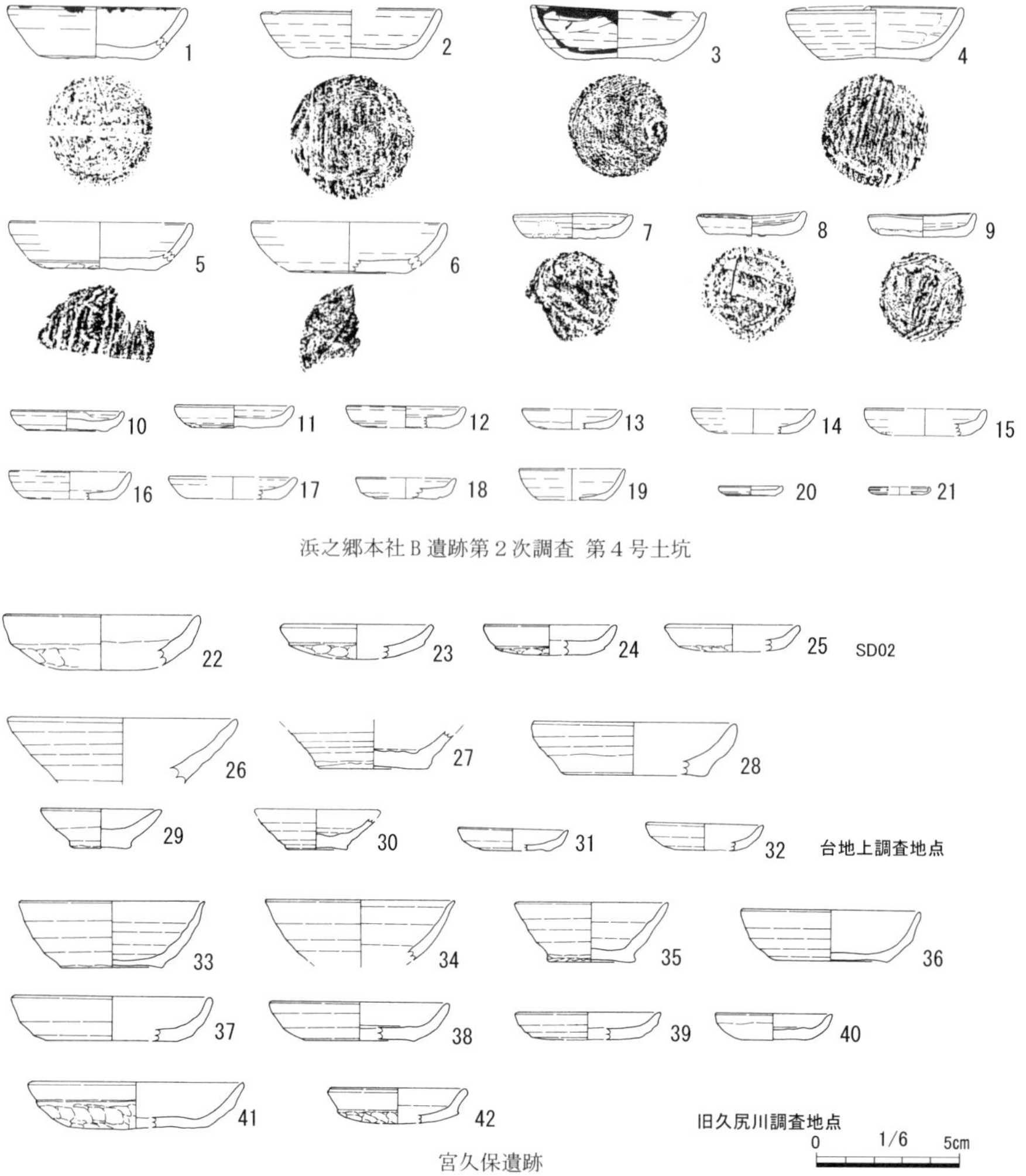

第８図　相模国高座郡の土器

では、土器は小片のみであったが、貿易陶磁白磁口禿皿(IX類)、青磁龍泉窯系蓮弁文碗(I—5類)、渥美甕、常滑甕・鉢、山茶碗などが出土しており、鶴峯八幡宮を中心に、一二〜一三世紀の遺跡が展開していたようすが捉えられる。

宮久保遺跡(第8図22〜42)

綾瀬市宮久保遺跡は渋谷荘の領域に位置し、周辺に渋谷氏館跡推定地や五社神社などがあり、渋谷一族に関連する遺跡と言われている。「藤原」銘の渥美壺が出土したことでも著名である。規則的に配置された掘立柱建物跡27棟や塀跡、井戸跡などが検出され、遺構群はⅠ期（一二世紀後半～一三世紀前半）とⅡ期（一三世紀後半～一四世紀）の2時期に分かれる。遺構に伴う良好な一括出土遺物はないが、SD02（溝状遺構）、台地上遺構面、台地下の旧河川流域面の包含層の3地点の遺物を図示した。

　SD02から出土した土器（22～25）はすべて手づくね土器で、大（22）が口径13.5センチ、小（23～25）が8.5～9.5センチである。厚手で器高のやや高い一群である。共伴する陶磁器は、貿易陶磁白磁口禿碗（Ⅸ類）、青磁龍泉窯系蓮弁文碗（Ⅰ―5類）、常滑・渥美の甕・鉢などで、多くは破片であるが、常滑の甕1点は5型式と判別できる。SD02は古代の土師器・須恵器・灰釉陶器も含み、一括性は乏しい出土状況ではあるが、今回提示した土器は、一三世紀前～中葉頃に位置づけておきたい。

　台地上調査地点では、ロクロ土器の大（26～28）、小（29～32）が出土している。また、旧久尻川流域調査地点では、ロクロ土器の大（33～38）、小（39・40）、手づくね土器の大（41）、小（42）が出土しているが、いずれも包含層出土であり、参考として提示した。

③ 御浦郡の土器

八幡神社遺跡（第9図）

　相模国東部、武蔵国と接する三浦半島に位置する御浦郡のうち、東京湾側の中部、現在の横須賀市東部は「古久里浜湾周辺地域」と括ることができる、古代末～中世前半の遺跡や寺社が集中する地域である［中三川 二〇一五］。

　この地域の主要遺跡のひとつである八幡神社遺跡では、数地点で発掘調査が行われ、第9図に示した八幡神社前地点と久里浜中学校A地点の2ヶ所で、中世初頭～前半の土器が出土している。本遺跡の土器については、すでに中三川が共伴遺物を含め整理・報告しているので［中三川 二〇一五］、ここではその図を掲載し、筆者が実見した見解も加えて紹介する。

　八幡神社跡前地点では、ランダム押印の1b型式の常滑甕が伴うロクロ土器の古手の一群（上段）がある。古代末

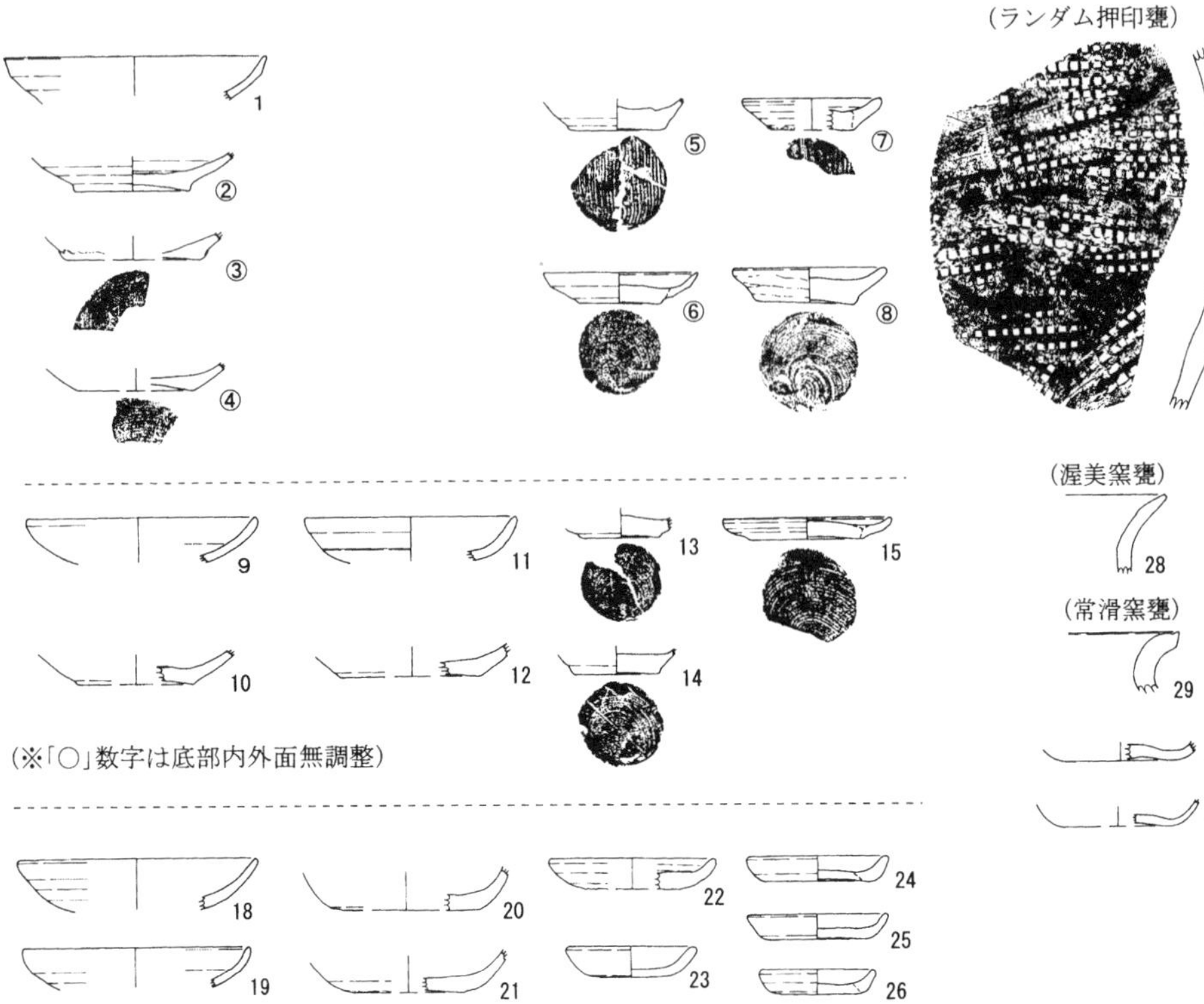

八幡神社遺跡 八幡神社前地点の主な出土遺物

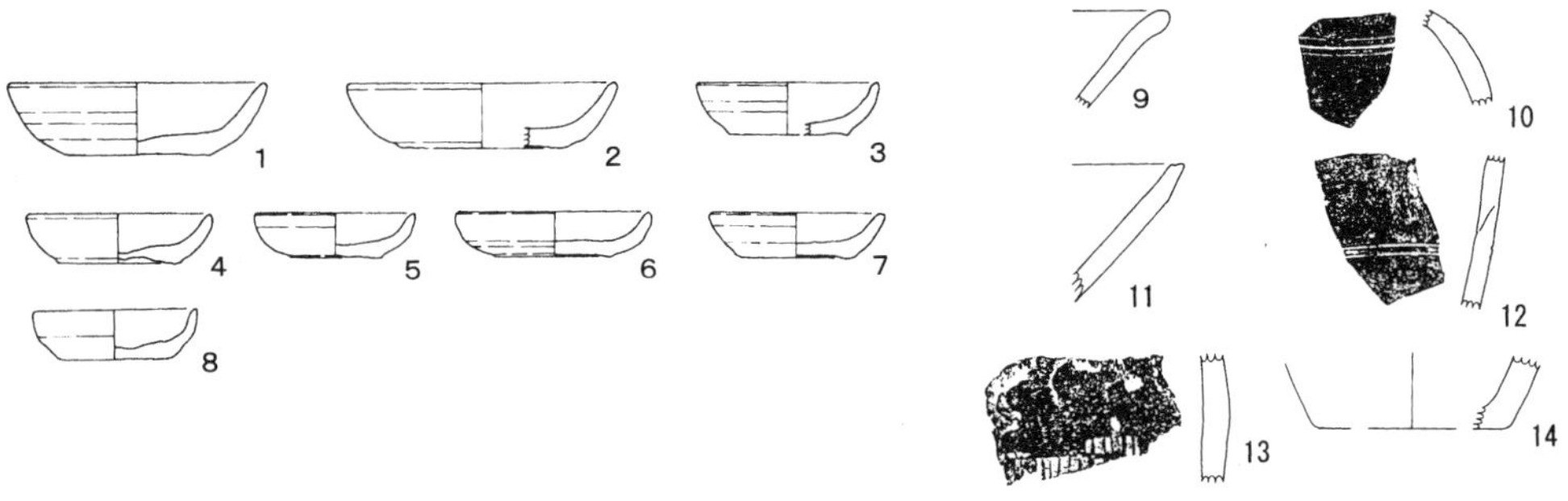

八幡神社遺跡 久里浜中学校Ａ地点の主な出土遺物

第９図　相模国御浦郡の土器（1）（中三川 2015 第 10・11 図を転載　一部改変）

の系譜にある小皿が主体で、手づくね土器は伴わない。次段階内底面のナデ調整や底部外面の板状圧痕はない。次段階（中段）は、手づくね土器（10・11）を含み、常滑・渥美甕などを伴う。下段の一群はロクロ土器のみの段階で、大小ともに法量にややばらつきがある。

中三川は各段階の年代について明確にしていないが、全体で一二世紀後半～一四世紀代と捉えている。筆者は上段の土器を一二世紀後半、中段の土器を一二世紀末～一三世紀前半と位置づけ、下段の土器はやや時間幅があり、一三世紀中葉～一四世紀前半と考えている。

久里浜中学校A地点の出土土器は、ロクロ土器の大小のみで手づくね土器はない。共伴する陶磁器は、常滑の甕・片口鉢・三筋壺などで、年代は概ね一三世紀前半～中葉と考えられる。貿易陶磁は青磁碗1点のみである。

八幡神社遺跡の出土遺物点数は576点で、そのうち土器が486点で全体の84．36％を占める。この出土比率は、鎌倉を除く相模国では高いとの指摘がある［中三川 一九九九］。また、一三世紀前半の土器が一定量あるなかで、手づくね土器が少ないという傾向も認められた。

蓼原東遺跡（第10図）

蓼原東遺跡は、低湿地帯に面した砂堆に立地する遺跡で、掘立柱建物跡や土坑などが検出されている。中三川は蓼原東遺跡では、静止糸切りの小皿（1）を含む古手の一群（1～3）、手づくね土器（11～17）を伴う一群（4～10）、ロクロ土器のみの土器群が2段階とみて、合計4段階に整理している。年代比定は明確ではないが、14～35については一三～一四世紀代と位置づけ、鎌倉の土器と共通する器形変化をみせると指摘している。実見の結果、筆者は1・3は八幡神社遺跡第1段階と同時期かやや新しく、一二世紀後半～末、4～17は概ね一三世紀前半～中葉、18～23は一三世紀後半、24以下は一三世紀後半～一四世紀前半に位置づけられると考えている。

出土遺物点数は1185点で、そのうち土器が817点で（中世後期除く）、全体の68．95％である［中三川 一九九九］。貿易陶磁は69点で、白磁碗（Ⅴ～Ⅸ類）・皿、青磁碗（蓮弁文Ⅰ―5が主体）、青磁皿・鉢・盤、青白磁梅瓶・皿など

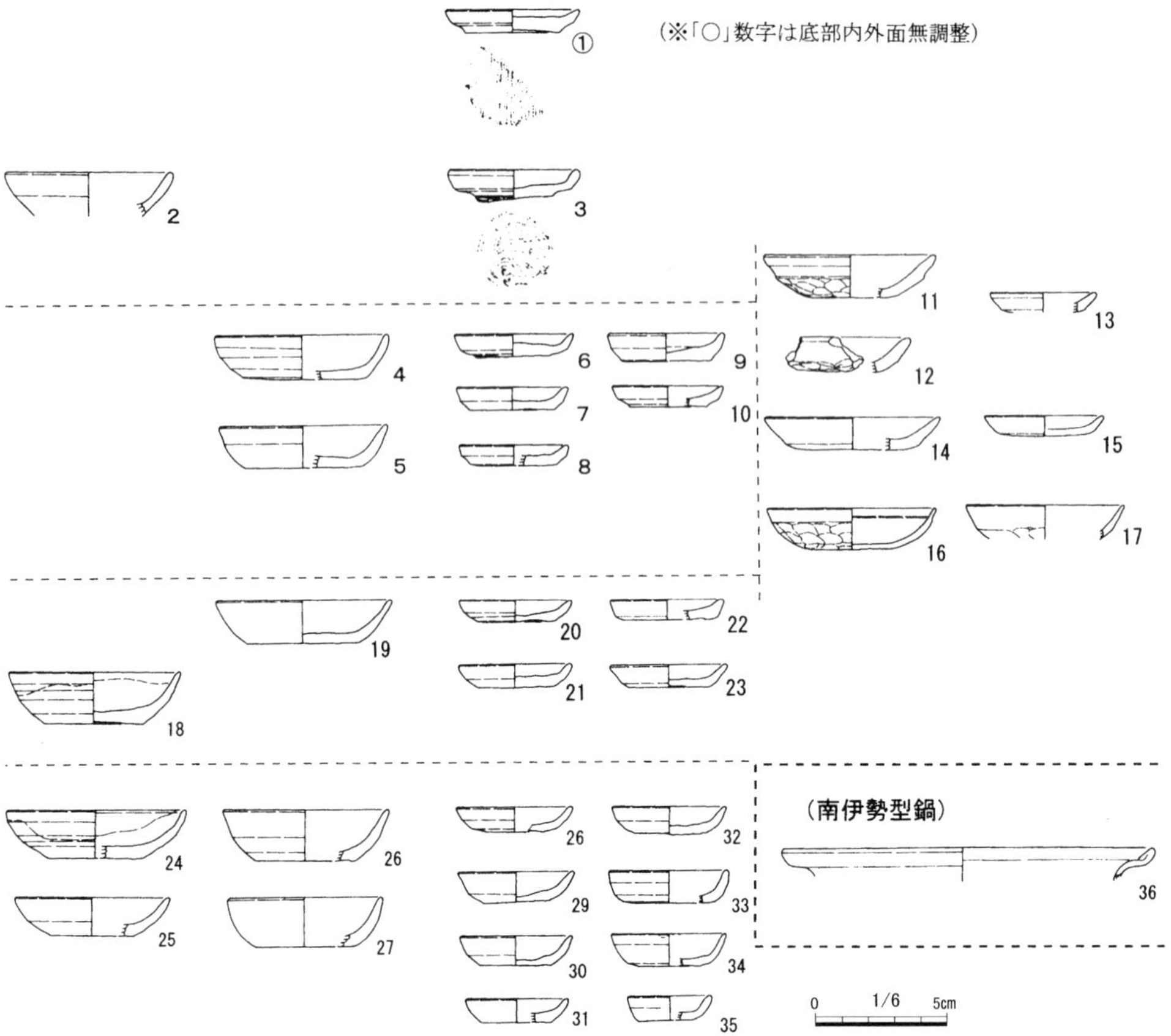

第10図　相模国御浦郡の土器(2)（中三川2015第13図を転載　一部改変）

がある。国産陶器では、常滑甕・片口鉢Ⅰ類、渥美甕・壺、山茶碗、東播系鉢などがある。

蓼原遺跡（第11図）

なお、これらに先行する土器群として、蓼原遺跡の土器溜まり一括資料を挙げておく。器高が高く体部が内彎する器形のロクロ土器である。共伴する陶磁器はなく、小皿が含まれない点など年代比定がむずかしい土器群であり、前述の八幡神社遺跡・蓼原東遺跡の古手の一群との系譜も捉えられない。中三川も前後する土器様相から一一世紀後半～一二世紀前半頃の可能性を指摘するにとどめている［中三川 二〇一五］。最近、鎌倉においても類似する土器が少量見られるが、良好な一括資料や共伴陶磁器がなく、年代の位置づけについては今後の検討を要す土器群である。いずれにせよ、三浦半島から鎌倉にかけての地域で、古代末〜中世への移行段階のキーとなる土器である。

以上のように、三浦半島においては、土器の出土量が多いこと、一二世紀〜一四世紀まで、ほぼ途切れることなく資料が続くことなど、他の相模国の遺跡とは異なる傾向が認められた。これは、鎌倉との実質的な距離とその関係性に基づくものと考えられる。

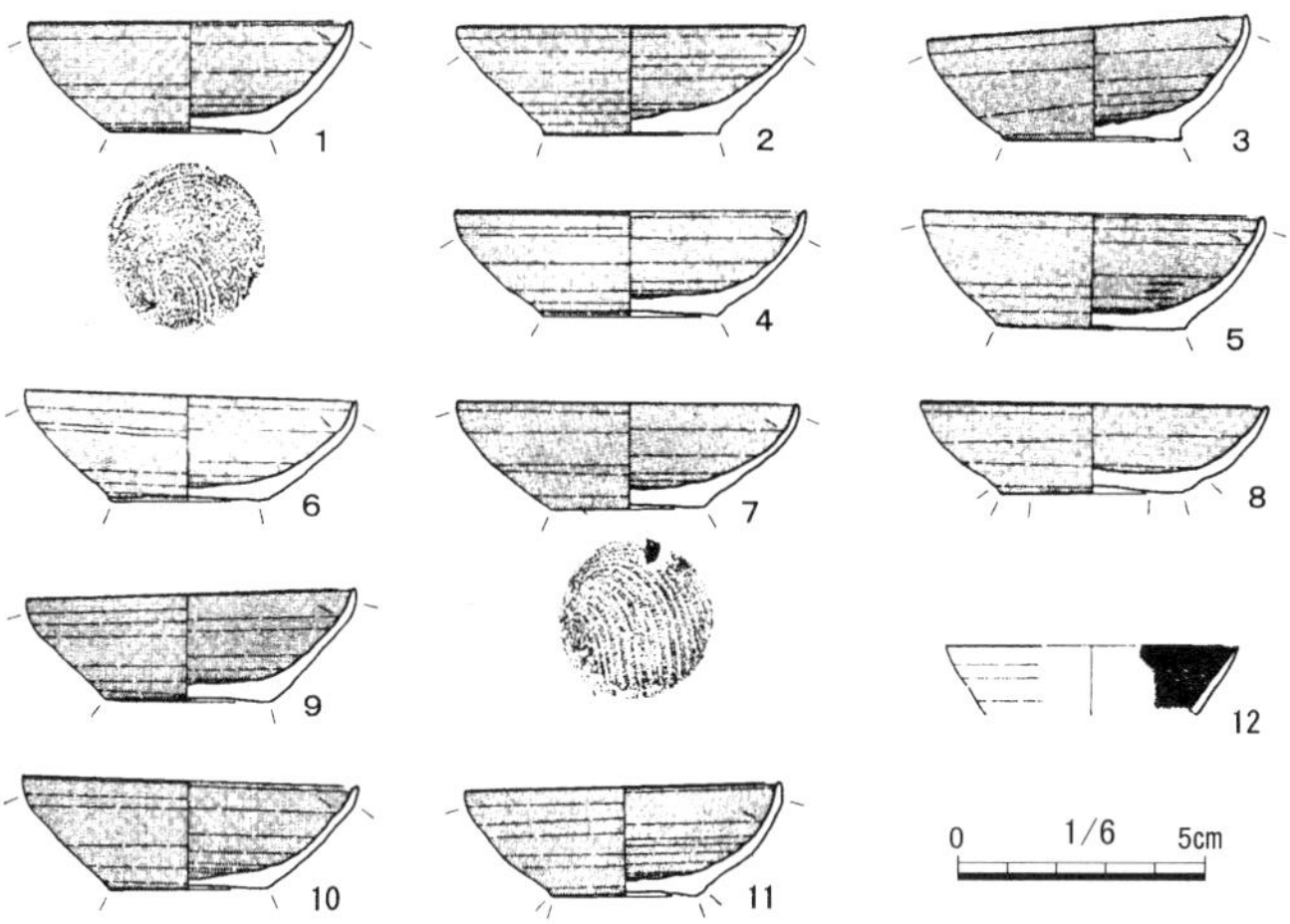

蓼原遺跡 JK13 グリッド土器集中箇所出土土器

第11図　相模国御浦郡の土器(3)
（中三川2015第7図を転載　一部改変）

④　武蔵国都築郡の土器

西ノ谷遺跡（第12図1〜16）

相模国ではないが、隣接する武蔵国都築郡で良好な資料があるので、あわせて検討する。横浜市西ノ谷遺跡は一九八〇年代後半に、港北ニュータウン遺跡群のひとつとして発掘調査が行われた。遺物を実見する機会を得て、検討した結果を加えて報告したい。西ノ谷遺跡は旧石器時代から近世まで継続する遺跡であるが、古代末〜中世前半には、谷の最奥部を平場造成し、大溝に区画された鍛冶工房跡、掘立柱建物跡などが検出されている。

遺構から出土した土器はなく、報告されたものはすべて包含層のものである。口径9センチ前後の小皿（1〜10）が主体で、内底面の調整や外底面の板状圧痕は認められない。他に口径18・5センチの鉢形のもの（11・12）や柱状高台

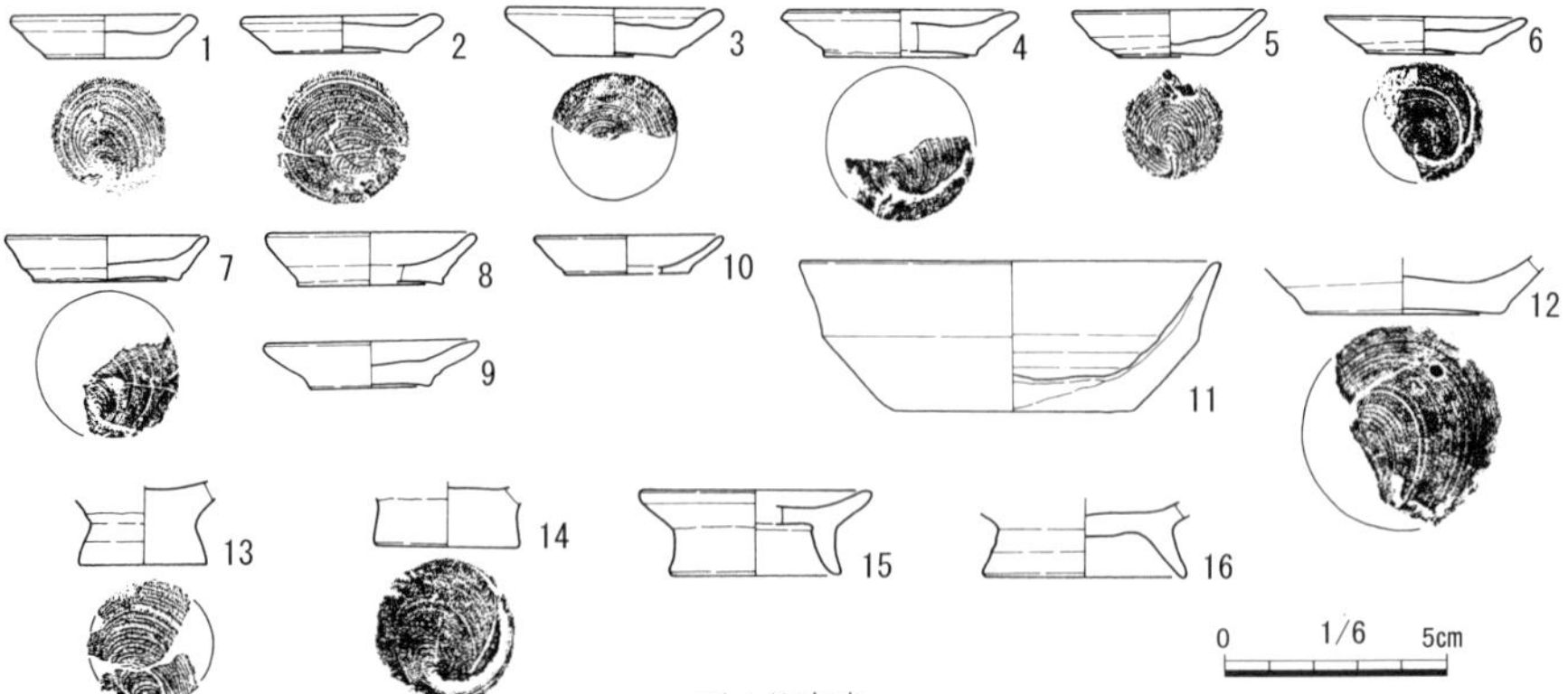

西ノ谷遺跡

第12図　武蔵国都筑郡の土器

（13・14）、高台付皿（15・16）などがある。なお、報告書掲載遺物には手づくね土器はなく、実見した範囲でも確認できなかった。

本遺跡から出土している貿易陶磁は白磁玉縁碗（Ⅳ類）・端反碗（Ⅴ～Ⅷ類）・皿（Ⅷ類）・小壺・蓋、青磁同安窯系碗・皿、龍泉窯系劃花文碗（Ⅰ―1～4類）・蓮弁文碗（Ⅰ―5類）などである。国産陶器では、常滑甕・片口鉢Ⅰ類・三筋壺（1b型式含む）、渥美甕・片口鉢、尾張系の山茶碗がある。

以上のように、手づくね土器を伴わないことや、陶磁器の年代から、西ノ谷遺跡の土器は、一二世紀後半を中心とする時期に位置づけられよう。

⑤ 相模国の土器様相

相模国においては、一二世紀後半～一三世紀代に限っても、さまざまな土器様相をみせており、一括りにはできない状態が確認できたと思う。現段階では良好な一括資料は少なく、鎌倉のような大量使用・大量廃棄が行われたか不明な状況である。ただし、ひとつの遺構で完形土器が100個体を超えるような出土状況は見当たらず、鎌倉の使用・廃棄状況とは大きな隔たりがある。いっぽうで、貿易陶磁や東海系陶器（常滑・渥美）の出土状況を見ると、鎌倉幕府成立時、もしくはそれを遡る年代の遺物が出土している遺跡も見られ、館・寺社・関連する遺跡が営まれていたことは確実であろう。

手づくね土器の出土する遺跡は多くはないが、その中でも大倉幕府周辺遺跡でみられたような口径15チセンを越える土器はない。また、一二世紀に遡るロクロ土器は小皿が卓越するという特徴もある。

相模国各地で遺跡や土器の出土量が増えるのは、手づくね土器を伴わない一三世紀後半以降のものが多い。とくに、本社B遺跡のように、器形・調整ともに鎌倉の土器に近似する土器が出土する例も存在する。「鎌倉化」という語は極端すぎるとしても、この段階になって、鎌倉の土器様相が相模国内に影響を及ぼしている可能性は指摘できる。当然、鎌倉と本拠地を行き来する武士の生活様式・儀式にも変化が起こったのであろう。陶磁器の出土状況、建物跡などの遺構の変化なども含め、検討すべき課題は多い。

今後は良好な一括資料を中心に、共伴遺物も含め検討した上で、地域ごとに資料を積み上げていく作業が重要であり、その上で鎌倉や伊豆と比較を進めていく必要があろう。

おわりに

相模国の一二〜一三世紀の土器は、今回掲載したものに限らないし、見落としも多々あると思われる。一九九七〜二〇〇二年にかながわ考古財団中世研究プロジェクトチームによる集成作業も行われており、そのデータによると二〇〇二年時点で県内の中世「かわらけ」が出土している遺跡は210遺跡に及ぶという〔かながわ考古財団 一九九七・九八・九九・二〇〇〇・〇一・〇二〕。その後一四年を経てさらに増加していることは確実であろう。

しかし、残念なことではあるが、報告書だけでは土器を分析するための充分なデータを得られない場合が多い。とくに、陶磁器を含む遺構内の一括性や出土数量、さまざまな成形・整形・調整痕の特徴などは、土器が単純な器形であるが故に重要な情報になる。そのため、今回提示した資料は、筆者が実見もしくは調査・報告者から情報を得られたものに限定した。神奈川県内の200を越える膨大な遺跡数に比べて非常に少ない資料ではあるが、今後も丁寧な観察・分析作業を続けて、地域の土器様相の解明、さらには武家社会の重要なアイテムとしての土器のあり方を模索していきたい。

註

（1）土師器、土師質土器、かわらけなど様々な呼称があるが、筆者は基本的に「かわらけ」と記述している。本稿では、編集方針に則り、「土器」を「かわらけ」と読み、「土器」の語句を使用する。

（2）北条氏の本拠地は伊豆の国市北西部、狩野川に面して立地する御所之内遺跡である。遺跡内の国史跡指定範囲は「史跡北条氏邸跡（円成寺跡）」であるが、本稿では「史跡北条氏邸跡」と略記する。史跡指定外の調査地点は、御所之内遺跡第○次調査と記述する。

（3）第36号土坑、第56号土坑など［韮山町教委 二〇〇二］。調査区北西部に集中する傾向がある。また、御所之内遺跡1次調査でも第3号井戸跡から同様の土器が出土している［韮山町教委 一九八五］。

（4）飯村均［二〇一六］、本書対談の八重樫忠郎の発言など。ただし、これまで史跡北条氏邸跡・御所之内遺跡をあわせて約1万3000㎡の面積の発掘調査が行われてきたが、大倉幕府周辺遺跡遺構769と同様の土器の出土する遺構は確認されていない。

（5）正式な報告書は未刊である。一九九九年貿易陶磁研究集会の立花実の発表資料・追加資料［立花 一九九九］を参考にした。

参考文献

東真江・霜出俊浩 二〇〇九「秦野市・伊勢原市周辺の様相」『相模国の中世と鎌倉～中世のはじまりを探る～発表資料集』特定非営利活動法人鎌倉考古学研究所
飯村 均 二〇一六「各遺構一括遺物の年代」『鎌倉かわらけの再検討』鎌倉かわらけ研究会・科学研究費補助金「平泉研究の史料学的再構築」
池谷初恵 二〇〇八「伊豆地域におけるかわらけの変遷とその背景」『地域と文化の考古学』Ⅱ 明治大学文学部考古学研究室 六一書房
池谷初恵 二〇〇九「伊豆・東駿河の様相」『相模国の中世と鎌倉』（前掲）
池谷初恵 二〇一六「一二世紀後半から一三世紀の韮山のかわらけ」『鎌倉かわらけの再検討』（前掲）
伊豆の国市 二〇〇八『伊豆の国市埋蔵文化財調査報告Ⅲ―御所之内遺跡第5・11・17・21次発掘調査報告―』
伊豆の国市 二〇一六『史跡北条氏邸跡（円成寺跡）発掘調査報告

Ⅱ―御所之内遺跡第22～36次発掘調査報告―』
大村　浩　二〇〇九「茅ヶ崎市における古代末・中世土器の変遷について」『相模国の中世と鎌倉』（前掲）
押木弘己　二〇一六「相模国における古代末期の土器様相」『鎌倉かわらけの再検討』（前掲）
神奈川県立埋蔵文化財センター　一九八八『宮久保遺跡Ⅱ』
鎌倉かわらけ研究会　二〇一六『鎌倉かわらけの再検討』科学研究費補助金「平泉研究の史料学的再構築」
財団法人かながわ考古財団中世研究プロジェクトチーム　一九九七～二〇〇二「神奈川県内のかわらけ集成」（1）～（6）『研究紀要　かながわの考古学』2～7
財団法人かながわ考古財団　二〇〇九『湘南新道関連遺跡Ⅱ―大会原遺跡・六ノ域遺跡―』
財団法人茅ヶ崎文化振興財団　二〇〇七『浜之郷本社B遺跡』
財団法人横浜市ふるさと歴史財団　一九九七『西ノ谷遺跡』
立花　実　一九九九「伊勢原市源太夫遺跡周辺地域」『貿易陶磁研究集会鎌倉大会資料集』貿易陶磁研究会・追加資料
中井淳史　二〇〇三「平泉・韮山・鎌倉―中世初頭の土師器生産に関する二、三の素描」『中世諸職』シンポジウム中世諸職実行委員会
中三川昇　一九九九「三浦半島における中世前期の貿易陶磁について」『貿易陶磁研究集会鎌倉大会資料集』貿易陶磁研究会
中三川昇　二〇〇九「横須賀市域の様相」『相模国の中世と鎌倉』（前掲）
中三川昇　二〇一五「三浦半島東岸中部の古代末～中世初期遺跡群について」『考古論叢神奈河』第21集
韮山町教育委員会　一九八五『御所之内遺跡発掘調査報告書　予備調査～第3次調査』
韮山町教育委員会　二〇〇二『史跡北条氏邸跡発掘調査報告Ⅰ―御所之内遺跡第13次発掘調査報告―』
韮山町教育委員会　二〇〇五『韮山町埋蔵文化財調査報告Ⅱ―御所之内遺跡第8・10・12・15・16・18・19次発掘調査報告―』
秦野市教育委員会　二〇〇四『秦野の遺跡1』（東田原中丸遺跡2000―03調査）
平塚市　二〇〇三『平塚市史11下　別編考古（2）』
平塚市教育委員会　一九八八『中里E遺跡』
藤澤良祐　二〇〇七「第1章　総論」・「編年表」『愛知県史　別編窯業2中世・近世瀬戸系』愛知県
松吉里永子　二〇一六「鎌倉かわらけ研究史」『鎌倉かわらけの再検討』（前掲）
三島市教育委員会　一九九〇『三嶋大社境内遺跡Ⅰ』
三島市教育委員会　一九九七『三嶋大社境内遺跡第3地点』
安井俊則・中野晴久　二〇一二「第1章　総論」・「編年表」『愛知県史　別編窯業3中世・近世常滑系』愛知県
若林勝司　二〇〇九「平塚市域における古代末・中世土器の変遷について」『相模国の中世と鎌倉』（前掲）

武蔵・下野の土器《かわらけ》

水口 由紀子

はじめに

手づくね土器《かわらけ》はロクロ成形を行わない京都系の土器のことで、北武蔵の手づくね土器については、以下の研究会で検討が加えられ、注目を集めることになった。

まず、平成一四年に「中世を歩く会」主催の研究会で、北武蔵には鎌倉幕府が開かれる以前の時期の手づくね土器が存在していることが指摘された［中世を歩く会 二〇〇二］。この成果をまとめた記録集に提示された編年案では、これらの資料は一二世紀後半と位置付けられた［石塚二〇〇二］。

その後、鎌倉市大倉幕府周辺遺跡で一二世紀に遡る資料が出土し、平成二四年に「鎌倉草創のかわらけ」、平成二五年に遺物検討会「北武蔵の十二世紀のかわらけ」という二つの検討会が開催された［中世を歩く会 二〇一三］。その討論の中で、北武蔵の手づくねの初期のものは大倉幕府周辺遺跡出土資料よりも古いこと、また、平泉への手づくね導入時期（一二世紀第3四半期）の「志羅山タイプ」と呼ばれる資料との類似性が指摘された。しかし、平泉・鎌倉・北武蔵へ手づくねがどのように伝来したのかは問題として残された。

筆者に与えられた課題は武蔵と下野における一二世紀から一三世紀の手づくね土器についてである。本稿では、手づくねを中心に取り上げ、出現時期とその変遷について整理してみることとする。また、地域は北武蔵を中心

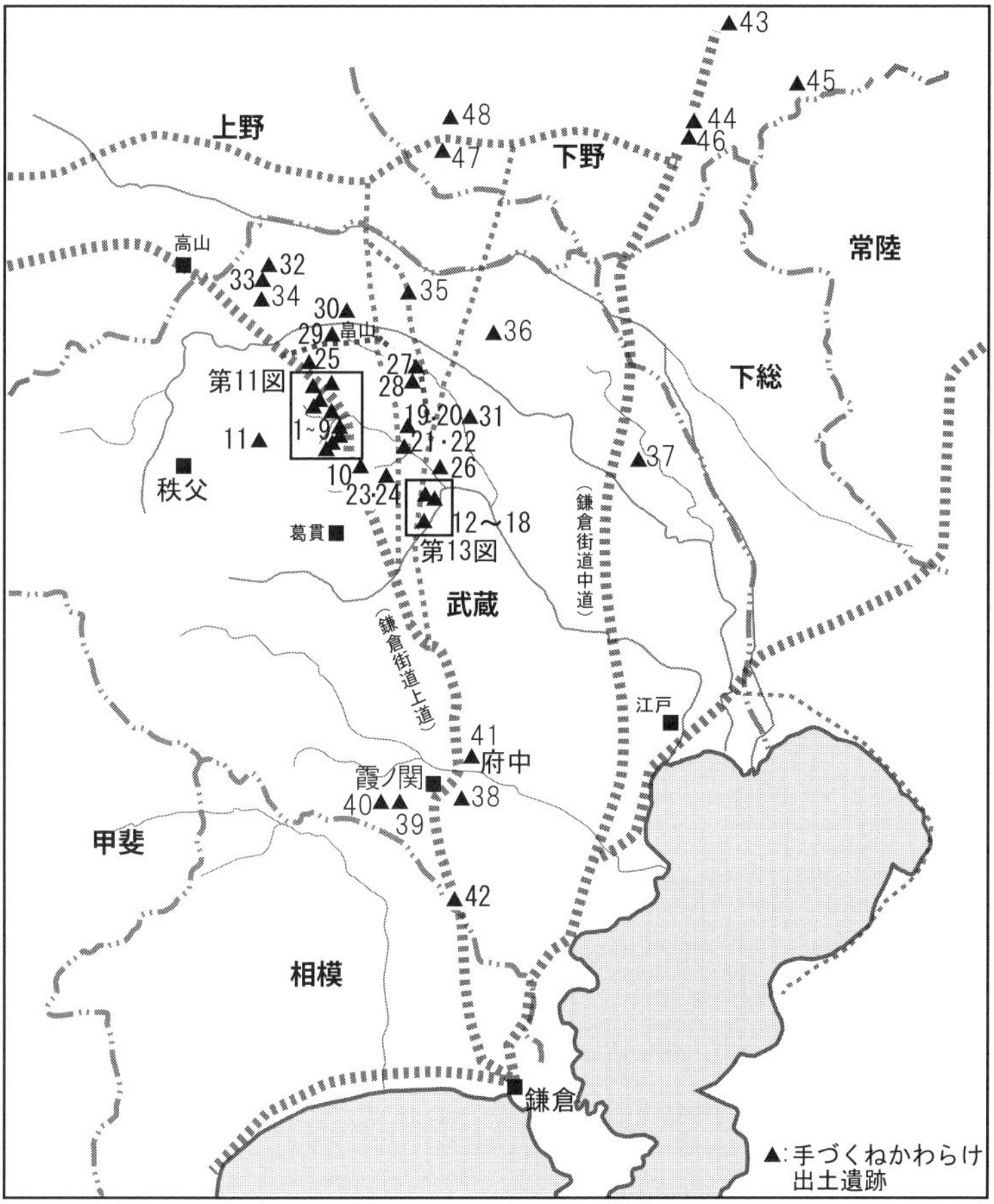

［**北武蔵**］ 1 ときがわ町篩新田　2 嵐山町平沢寺　3 嵐山町山王　4 嵐山町行司免　5 嵐山町宮ノ裏　6 嵐山町大蔵館　7 嵐山町金平　8 嵐山町深沢　9 嵐山町遠道　10 鳩山町竹之城　11 ときがわ町旧慈光寺跡　12 川越市河越館　13 川越市古屋敷　14 川越市天王　15 川越市花見堂　16 川越市龍光・新田屋敷　17 川越市日枝神社　18 川越市東下川原　19 東松山市西浦　20 東松山市野本氏館　21 東松山市高坂二番町　22 東松山市代正寺　23 坂戸市金井B　24 坂戸市稲荷前B区・C区　25 小川町日向　26 川島町堂地　27 熊谷市下田町　28 熊谷市船木　29 深谷市畠山館　30 深谷市玉性寺　31 北本市阿弥陀堂　32 本庄市大久保山　33 本庄市城の内　34 美里町南和田　35 熊谷市中条氏関連遺跡北2地点　36 加須市多賀谷氏館　37 春日部市浜川戸

［**南武蔵**］38 稲城市TNTNo.22・519　39 多摩市TNTNo.91A地点・462　40 八王子市TNTNo.799D地点　41 府中市武蔵国府関連（東京競馬場地区・片町3丁目・府中駅前地点）　42 町田市綾部原

［**下　野**］43 宇都宮市城南3丁目　44 小山市下古館　45 真岡市長沼城　46 小山市祇園城　47 足利市足利公園古墳群　48 足利市樺崎寺

※1「遺跡」「跡」は省略、※2「TNT」は多摩ニュータウンの略

第１図　手づくねかわらけ出土遺跡分布図

に取り上げ、南武蔵と下野の動向は北武蔵と比較する形で検討したい。

1　北武蔵の手づくね土器

直近の研究では、石川安司が北武蔵の初期の手づくねの成形技法や導入時期について検討し、嵐山町周辺では一二世紀中葉に近い時期、川越市域へは新日吉社への土地寄進による河越荘の立荘（永暦元年・一一六〇、本所は後白河上皇、荘官は河越氏）が一つの目安になるとしている［石川 二〇一六］が、関東の王家領荘園の比定地に必ずしも手づくねが出土するわけではないので、慎重な判断が望まれよう。

いずれにしろ、北武蔵ではこれまでに三七の遺跡から手づくねが出土している（第1図）。ただし、その大半は数点～十数点の出土にとどまっている。

これまでの編年の成果では、導入期の手づくねは口径が15センチ台と大きく、新しくなるに従って口径が小さくなっていくことが明らかになっている。それらを参考とし、本稿では四期に分けた。

（1）Ⅰ期　一二世紀中葉～後葉（第3図）

ときがわ町篩新田《ふるいしんでん》遺跡Ⅰ地点大溝や嵐山町平沢寺《へいたくじ》4次、同山王遺跡堀跡、鳩山町竹之城遺跡1号井戸跡、川越市河越館跡8次87号土壙、熊谷市下田町遺跡第792号堀跡出土のかわらけをⅠ期とする。

手づくねは大・小の二法量からなる。大皿は歪みが大きな個体も多く、口径は15．9～15．4センチ、器高は3．5～3センチ。小皿は口径8．1～10センチ、器高は1．5～2．2センチのものが主体である。口縁部は二段ナデ、底部内面はナデ調整、底部外面は指頭整形である。大皿の内面にはササラ状工具痕、底部外面にはスノコ等の圧痕が見られるものが多い。また、粘土紐巻き上げ痕が観察できる資料もある。色調については赤褐色系と灰白色系が混在しており、灰白色系から赤褐色系への移行は観察できない（第1表）。

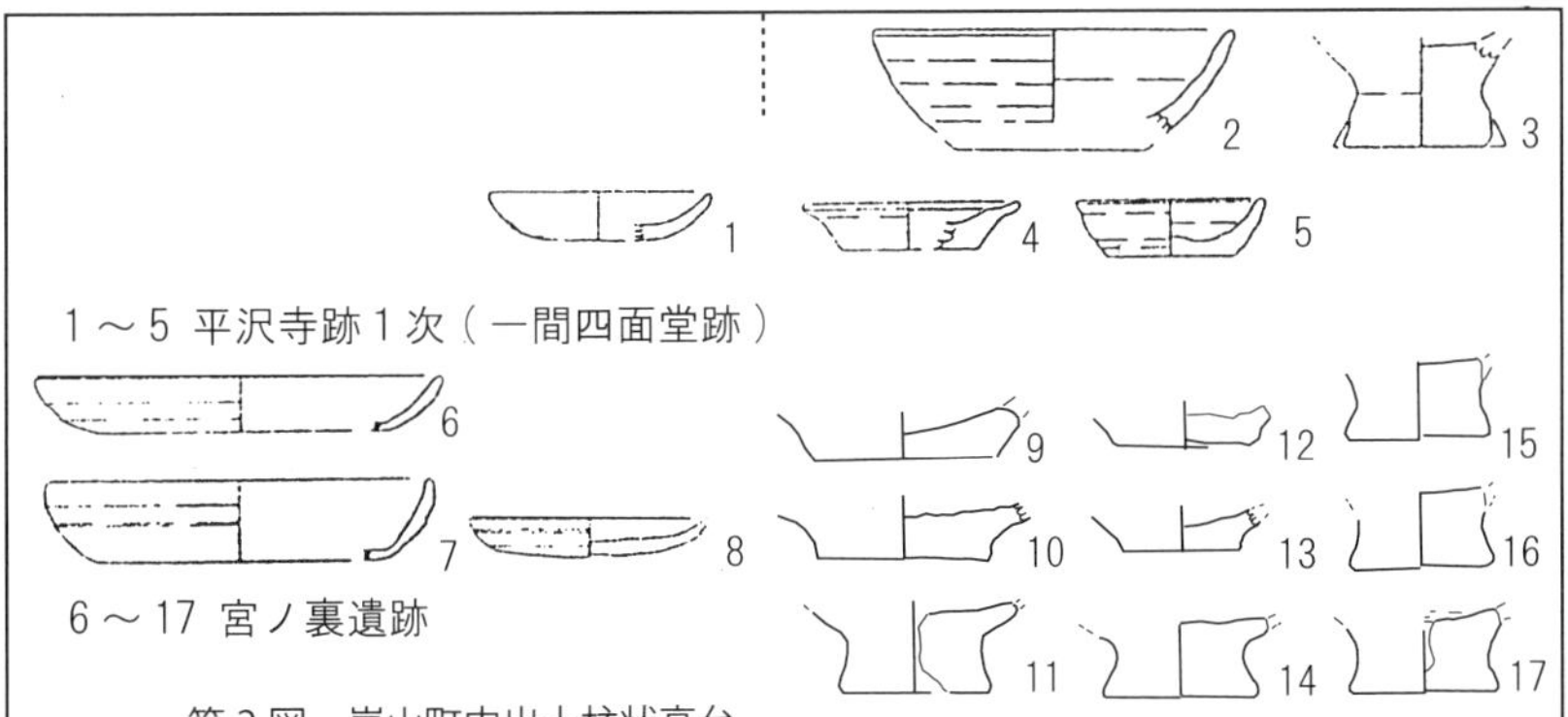

第2図　嵐山町内出土柱状高台

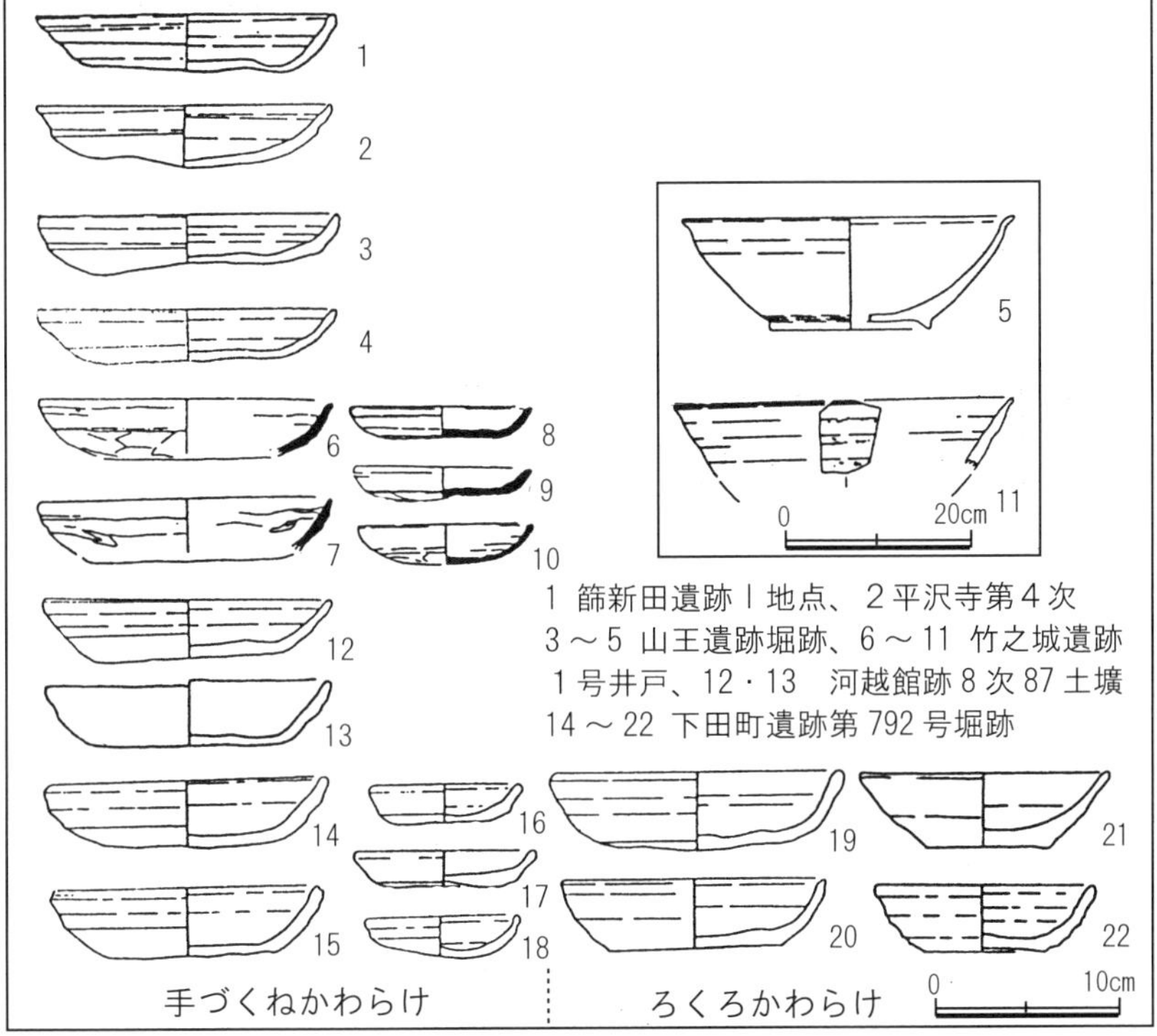

第3図　北武蔵Ⅰ期

大皿と小皿の比率は、竹之城遺跡1号井戸跡が大皿3点に対し小皿6点が報告されている以外は単独出土や比率の報告がなされておらず、今回は検討できなかった。

ロクロ土器が出土しているのは下田町遺跡第792号堀跡のみである。篩新田遺跡Ⅰ地点と平沢寺4次は単独出土、山王遺跡と竹之城遺跡1号井戸跡は手づくねのみが報告されている。

下田町遺跡第792号堀からは手づくねの破片が146点、ロクロの破片が141点、どちらともいえない破片が389点、合計528点が出土している[浅野 二〇一五]。ただし、その中で大皿の口径は14.5センチ前後のものが主体とされているので、この堀跡からの出土遺物はⅠ期〜Ⅱ期にまたがっていると考えられる。その中で、本稿では口径が15.5センチ前後のものを中心にⅠ期として図版を組んだ。

この遺跡のかわらけの特徴はロクロと手づくねの胎土が類似していることである。ロクロの大皿は多様な器形があり、第3図21のように底径が小さく、深めで外反し、Ⅰ期より古い器形の系譜上のものも存在する。共伴する陶磁器類には、山茶碗系片口鉢、常滑産甕片、渥美産甕片のみで、貿易陶磁は報告されていない。

石川安司はこの時期の手づくね(大皿でかつ残存率二分の一以上の資料)について検討を加え、ときがわ町篩新田遺跡→嵐山町平沢寺跡第4次→嵐山町山王遺跡と変遷することを明らかにしている[石川 二〇一六]。

(2)Ⅱ期 一二世紀末〜一三世紀前葉(第4図)

川越市河越館跡8次7号土壙、東松山市西浦遺跡第7号井戸、熊谷市船木遺跡神社遺構付近一括、北本市阿弥陀堂遺跡3号堀跡、深谷市畠山館跡第5次配石遺構出土のかわらけをⅡ期とする。

手づくねは大・小の二法量からなる。大皿は口径14.8〜13.8センチ、器高3.5〜3センチ。小皿は口径8.1〜10センチ、器高は1.5〜2.2センチのものが主体である。口縁部は二段ナデ、底部内面はナデ調整、底部外面は指頭整形である。大皿の底部外面にはスノコ等の圧痕が見られるものが多い。また、粘土紐巻き上げ痕が観察できる資料もあ

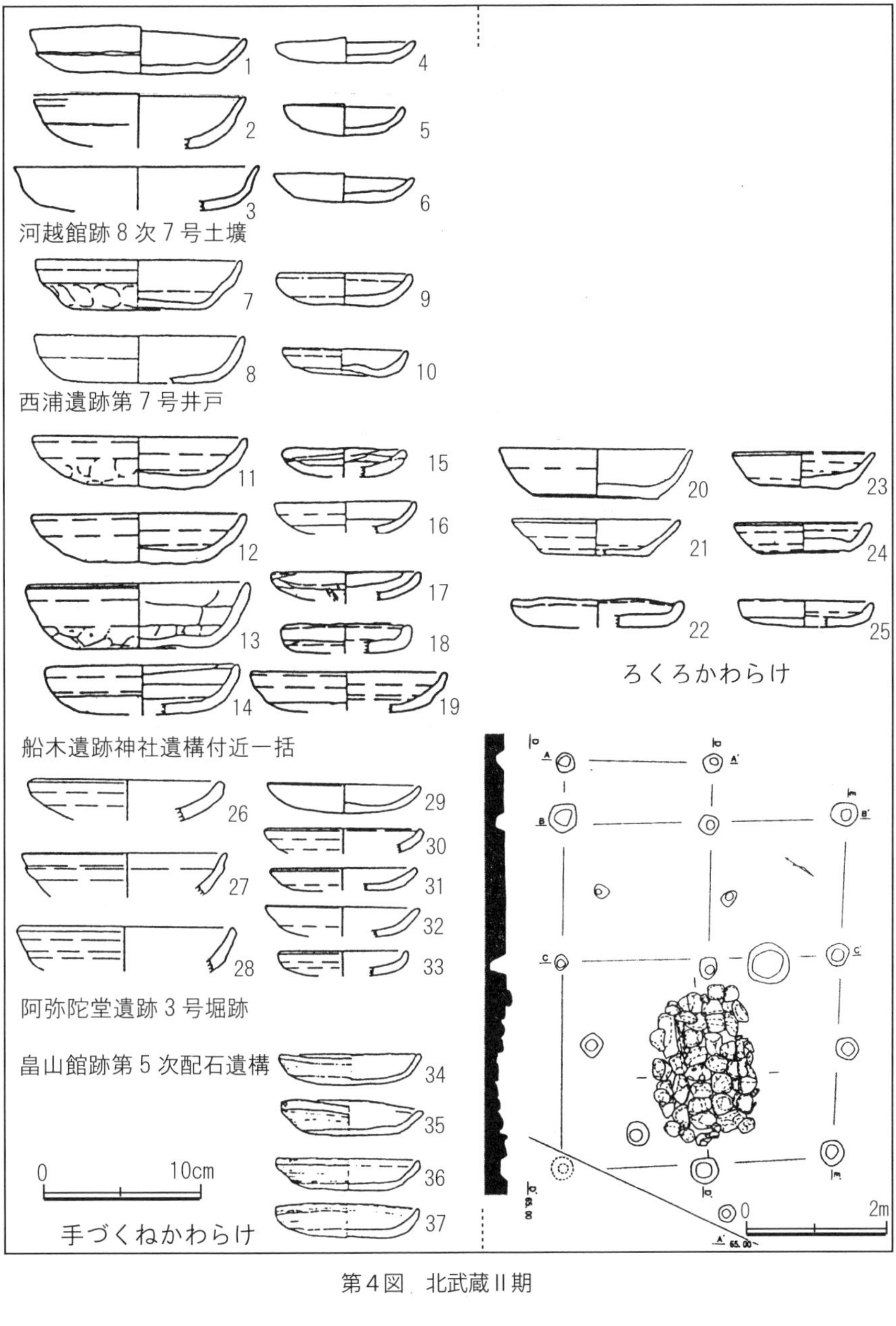
河越館跡８次７号土壙
西浦遺跡第７号井戸
船木遺跡神社遺構付近一括
阿弥陀堂遺跡３号堀跡
畠山館跡第５次配石遺構
ろくろかわらけ
手づくねかわらけ
0　10cm
0　2m

第４図　北武蔵Ⅱ期

る。Ⅰ期同様に歪みのある個体が多く、小破片からおこした実測図の推定口径は幅を持たせて考える必要がある。小皿にはコースター状の器形のものも見られる(第4図18)。

大皿と小皿の比率は報告書で図化された資料で集計すると、河越館跡8次7号土壙、西浦遺跡第7号井戸は一対一、船木遺跡神社遺構付近一括は三対一と大皿が多い。遺跡間の差が大きく、比率は良好な資料を待って再度検討したい。

今回取り上げた事例の中で、ロクロが出土しているのは船木遺跡神社遺構付近のみである。この遺跡では現代の神社の下から神社と推定される建物跡が長期にわたって存在していたことが明らかになっている。古くは一〇世紀後半に遡り、宗教的な空間が継続的に営まれていた。出土遺物はかわらけのみで、手づくねの破片が約300点、ロクロの破片が82点、合計約382点出土しており、圧倒的に手づくねの方が多い[浅野 二〇一五]。神社遺構付近の一括資料のため前後の資料も含まれている可能性はあるが、大皿の口径は手づくねが14チセンを中心とするのに対して、ロクロは11.3~12.5チセンとやや小ぶりである。

共伴する陶磁器類には、常滑産甕片、貿易陶磁は龍泉窯系青磁碗(Ⅰ—2・3類)がある。

(3)Ⅲ期　一三世紀中葉(第5図)

東松山市高坂弐番町遺跡、嵐山町大蔵館跡8次溝跡出土のかわらけをⅢ期とする。

手づくねは大・小の二法量からなる。大皿は口径13~12.5チセン、器高2.8チセン前後。小皿は口径9.4~8チセン、器高は2チセン前後のものが主体である。口縁部は二段ナデと一段ナデのものがあり、底部内面はナデ調整、底部外面は指頭整形である。第5図2の大皿内面にはナデ調整した際にヘラ状工具を止めた痕跡が五か所ほど残っている。また、この大皿底部外面はヘラ状工具で削った後に指頭整形しているようにも観察される。

大皿と小皿の比率は両遺跡とも正式報告が未刊のため、計算できない。

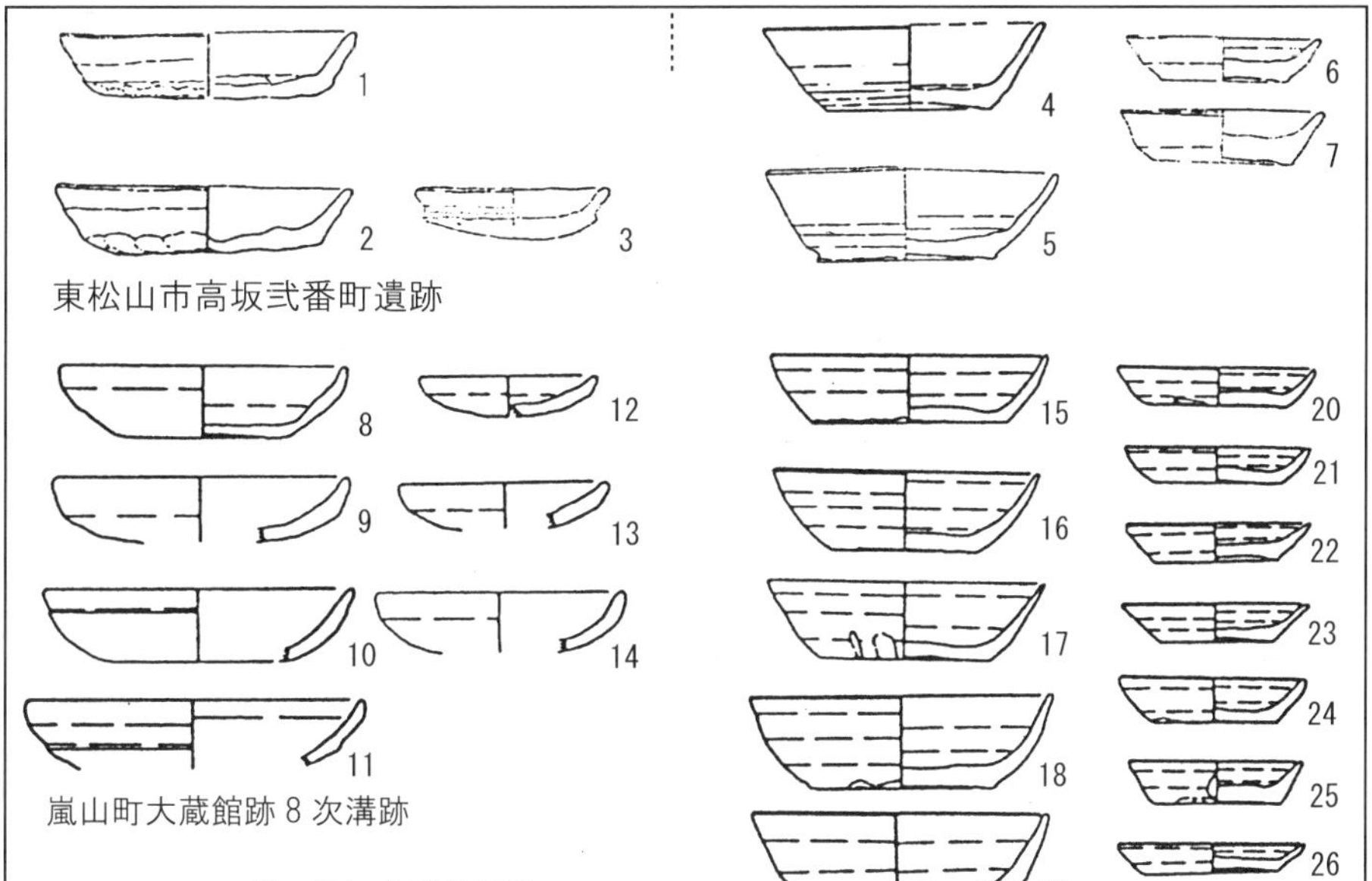

第5図　北武蔵Ⅲ期

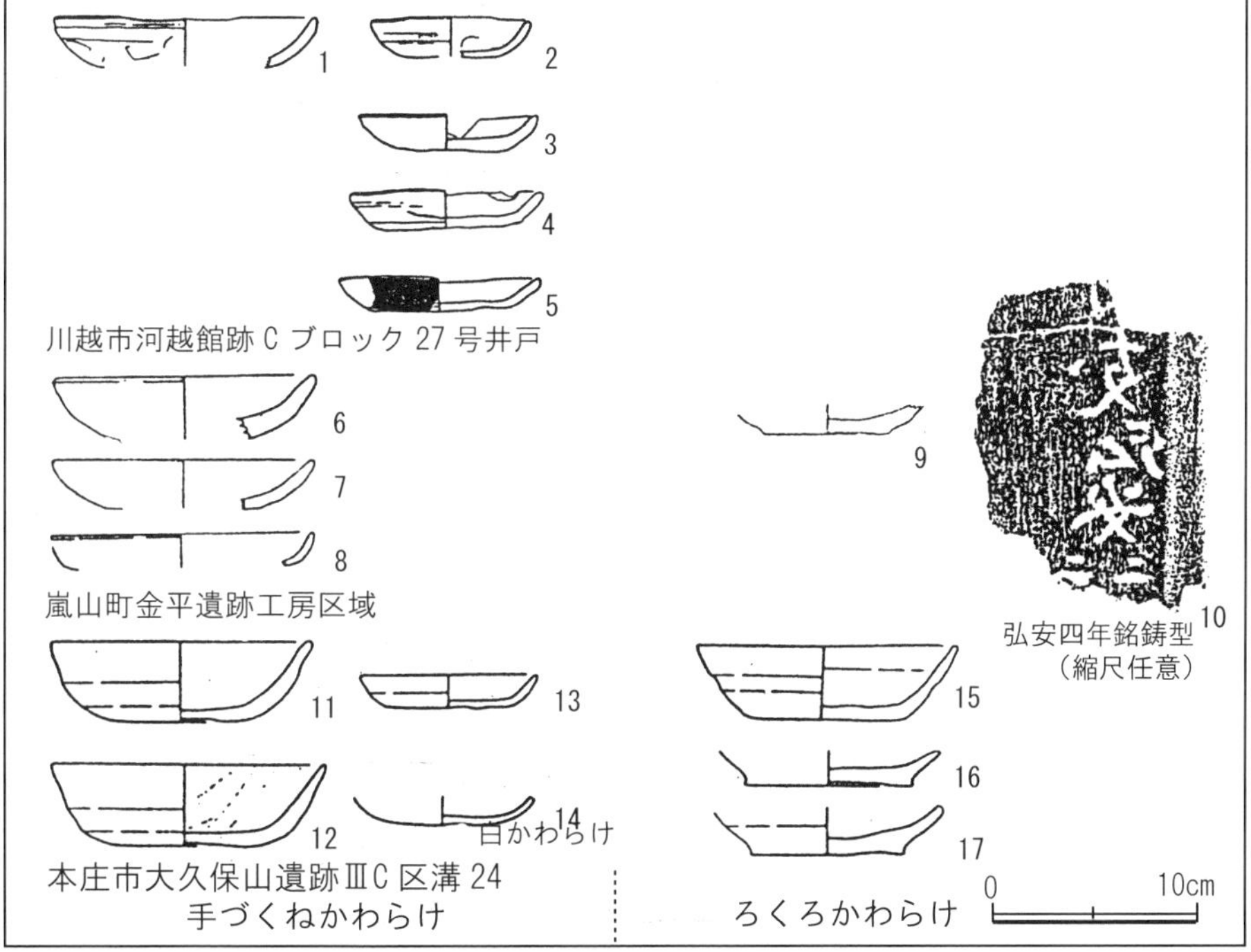

第6図　北武蔵Ⅳ期

ロクロは大・小の二法量からなる。大皿は口径11．5～13センチ、器高2．8～3．8センチ前後。小皿は口径8～9センチ、器高は1．3～1．8センチ前後のものが主体である。大蔵館跡第8次溝跡では大皿と小皿の比率は六対四と報告されている［村上二〇一三］。また、村上は薄手と厚手、白地と赤地、深手と浅手等の差異があり、時間差を想定している。溝跡出土なので、今回図に提示した資料は前後する時期のものが若干含まれている可能性がある。

手づくねとロクロの比率は、大蔵館跡第8次溝跡では手づくね34点に対し、ロクロは約110個体出土しており、ロクロが主体的となっている［村上二〇一三］。

共伴する陶磁器類には、常滑産甕・片口鉢、渥美産壺、山茶碗、白磁四耳壺、龍泉窯系青磁碗（I―4・5類）、同安窯系青磁碗（I類）などがある。

（4）Ⅳ期　一三世紀後葉（第6図）

川越市河越館跡Cブロック27号井戸、嵐山町金平遺跡工房区域、大久保山遺跡ⅢC区溝24出土のかわらけをⅣ期とする。年代決定の根拠は金平遺跡工房区域出土の弘安四年（一二八一）銘の鋳型である。この時期で手づくねは消滅する。

手づくねは大・小の二法量からなる。大皿は口径13～12．2センチ、器高3センチ前後。小皿は口径7．6～9．4センチ、器高は1．5～1．8センチのものが主体である。口縁部は一段ナデで、底部内面はナデ調整、底部外面は指頭整形である。大皿と小皿の比率は両遺跡とも正式報告が未刊のため、計算できない。

ロクロは大・小の二法量からなると考えられるが、今回対象とした手づくねとの共伴事例では良好なものがない。大皿は口径12センチ、器高3．2センチ前後であろうか。

共伴する陶磁器類には、常滑系片口鉢、山茶碗系片口鉢などがある。

2　南武蔵の手づくね土器

南武蔵ではこれまでに七遺跡から手づくねが出土して

いる（第1図）。都心部の事例を拾い切れていない可能性もあるが、武蔵国府関連遺跡や多摩丘陵内の遺跡での出土例が多い。その大半は数点の出土にとどまり、一括大量廃棄という出土状況は認められない。また、Ⅰ期（一二世紀中葉～後葉）に相当する手づくねも、未だ確認されていない。

（1）Ⅱ期　一二世紀末～一三世紀前葉（第7図）

府中市武蔵国府関連遺跡（片町三丁目）、稲城市多摩ニュータウン遺跡群No.22遺跡出土のかわらけをⅡ期とする。

手づくねは大・小の二法量からなる。大皿は口径15・3～14・3㌢、器高3・8～3㌢前後。小皿は口径9・5～10・3㌢、器高は1・6㌢前後のものが主体である。口縁部は二段ナデと一段ナデのものがあり、底部内面はナデ調整、底部外面は指頭整形である。出土点数が限られており、大皿と小皿の比率はわからない。

ロクロも大・小の二法量からなる。大皿は器形のわかるものが共伴していない。小皿は口径7・5～10㌢、器高は1・3～1・8㌢前後ある。

片町三丁目地点出土の3点は口径が15㌢と大きく、Ⅰ期に近い時期のものと考える。多摩ニュータウンNo.22遺跡の手づくねは器壁の厚いものがある。

資料点数が少なく、手づくねとロクロの比率は数値化できない。

共伴する陶磁器類には、常滑産壺・三筋壺（2～3型式）、山茶碗系片口鉢、貿易陶磁は白磁皿（Ⅸ―1類）、同安窯系青磁碗（Ⅰ―1・b）、龍泉窯系青磁碗（Ⅰ―4・5類）などがある。

（2）Ⅲ期　一三世紀中葉（第8図）

町田市綾部原遺跡出土のかわらけをⅢ期とする。旧河道出土の一括資料である。

手づくねは大・小の二法量からなる。図化された資料は各1点ずつしかないが、大皿は口径13・5㌢、器高3・5㌢、小皿は口径9・8㌢、器高は2・1㌢である。口縁部は二段ナデ様であり、底部内面はナデ調整、底部外面

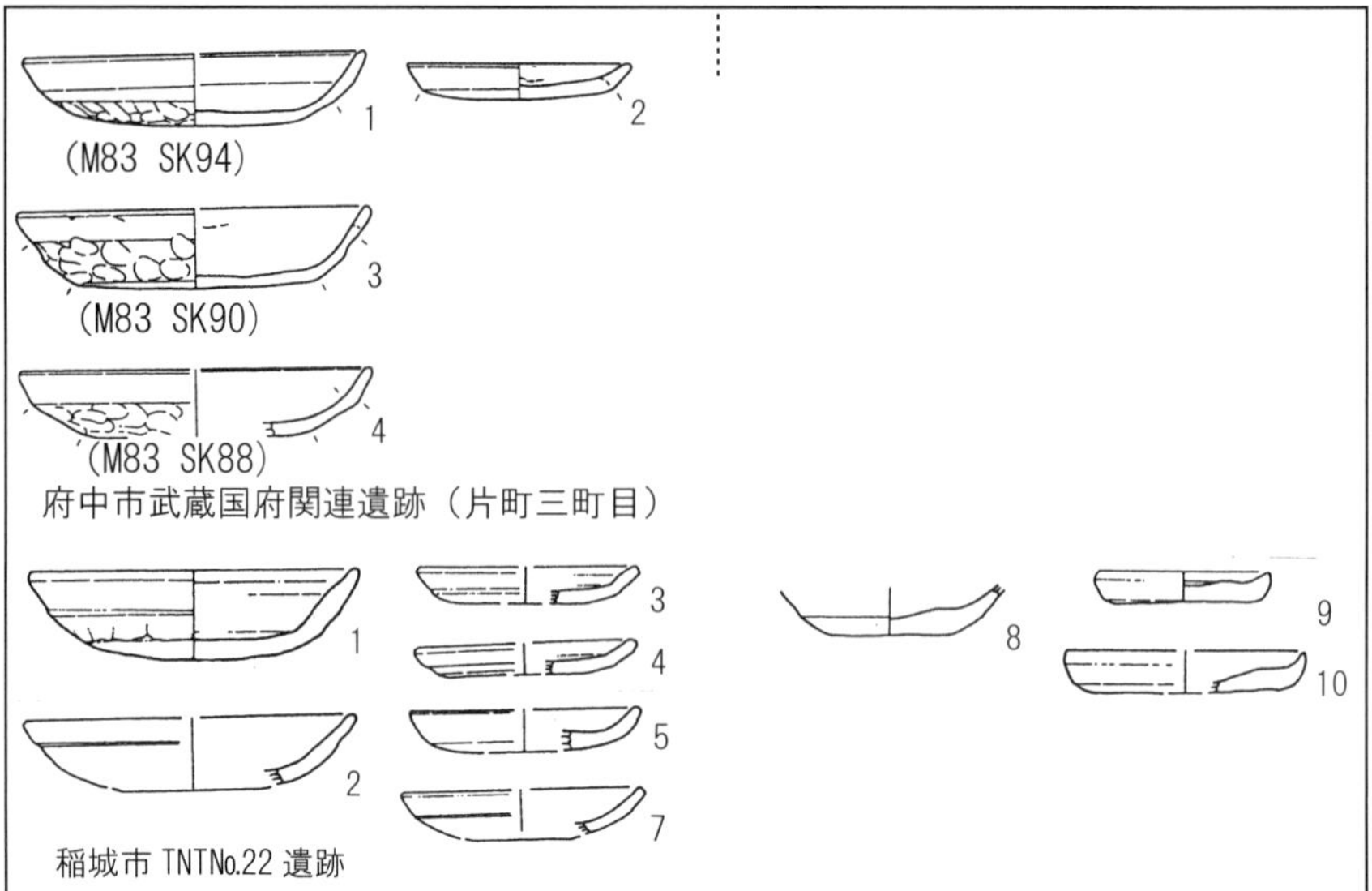

第７図　南武蔵Ⅱ期

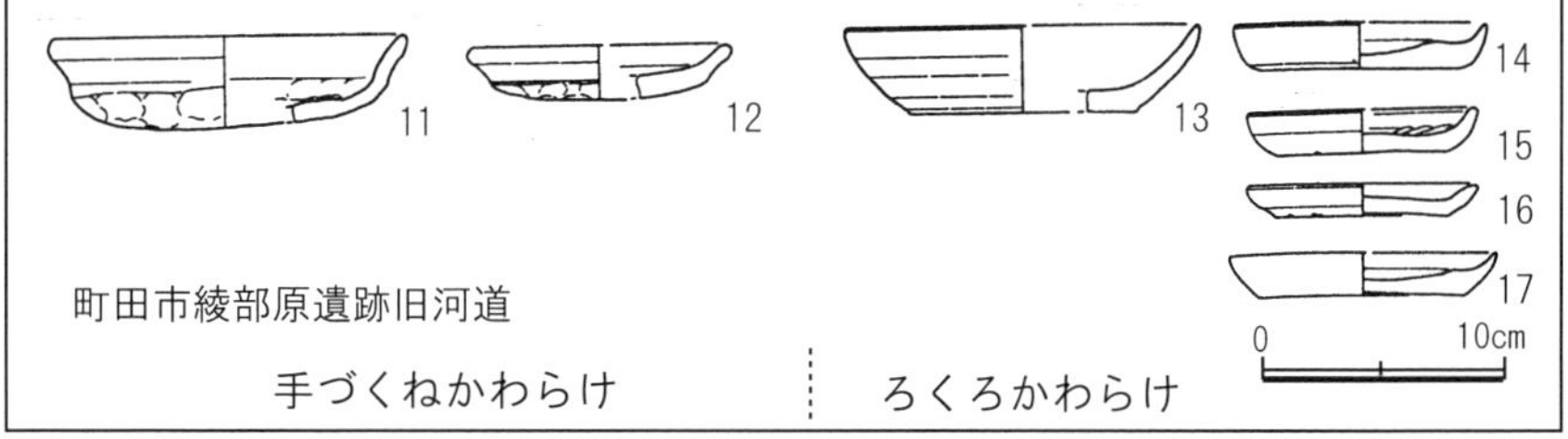

第８図　南武蔵Ⅲ期

は指頭整形である。

ロクロも大・小の二法量からなる。大皿は口径13.3センチ、底径8.4センチ、器高3.2センチである。小皿は口径8.5~10センチ、器高1.3~1.6センチ前後である。

共伴する陶磁器類には、常滑産片口鉢(5型式)、常滑産甕(5型式)、渥美産甕、貿易陶磁は白磁碗(Ⅸ類)、同安窯系青磁皿(Ⅰ類)などがある。

3　下野の手づくね土器

下野ではこれまでに奥大道沿いの宇都宮市や小山市と足利市から手づくねが出土している(第1図)。すべての手づくねを集成することはできなかったが、大澤伸啓と金平利幸の論考を参考にした[大澤 二〇〇三、金平 二〇〇一]。その大半は数点の出土にとどまり、一括大量廃棄という出土状況ではない。また、南武蔵と同様に、Ⅰ期（一二世紀中葉～後葉）に相当する手づくねはまだ確認されていない。

（1）Ⅱ期　一二世紀末～一三世紀前葉（第9図）

宇都宮市城南三丁目遺跡、小山市下古舘遺跡、足利市足利公園古墳群出土のかわらけをⅡ期とする。

手づくねは大・小の二法量からなる。大皿は口径13・5～14・5センチ、器高3センチ前後。小皿は口径8・6～9・6センチ、器高は1・8センチ前後のものが主体である。口縁部は一段ナデのものがあり、底部内面はナデ調整、底部外面は指頭整形である。出土点数が限られており、大皿と小皿の比率はわからない。

ロクロも大・小の二法量からなると推測されるが、大皿は器形のわかるものが共伴していない。小皿は口径7・5センチ、器高は1・5センチ前後ある。

資料点数が少なく、手づくねとロクロの比率は数値化できない。また、共伴する陶磁器類はほとんどない。

（2）Ⅲ期　一三世紀中葉（第9図）

真岡市長沼城跡、足利市町屋遺跡・樺崎寺跡、小山市祇園城跡出土のかわらけをⅢ期とする。

手づくねは大・小の二法量からなる。大皿は口径13・5～12・7センチ、器高3・5センチ前後、小皿は口径9センチ、器高は2センチ前後である。口縁部は一段ナデであり、底部内面はナデ調整、底部外面は指頭整形である。大皿の器形はバラエティーに富んでいる。また、樺崎寺跡のように分厚い一群も限定的にみられる。

ロクロも大・小の二法量からなると推測されるが、器形のわかるものが共伴していない。

共伴する陶磁器類には、常滑産甕、渥美産甕、貿易陶磁は龍泉窯系青磁碗（Ⅰ―5類）などがある。

北武蔵・南武蔵では一三世紀後半に手づくねが消滅しているのに対し、下野地域では手づくねが一四世紀後半まで確認できることが特徴の一つと言える。本稿では手づくね導入時期について考察を加えるため、ここではⅡ

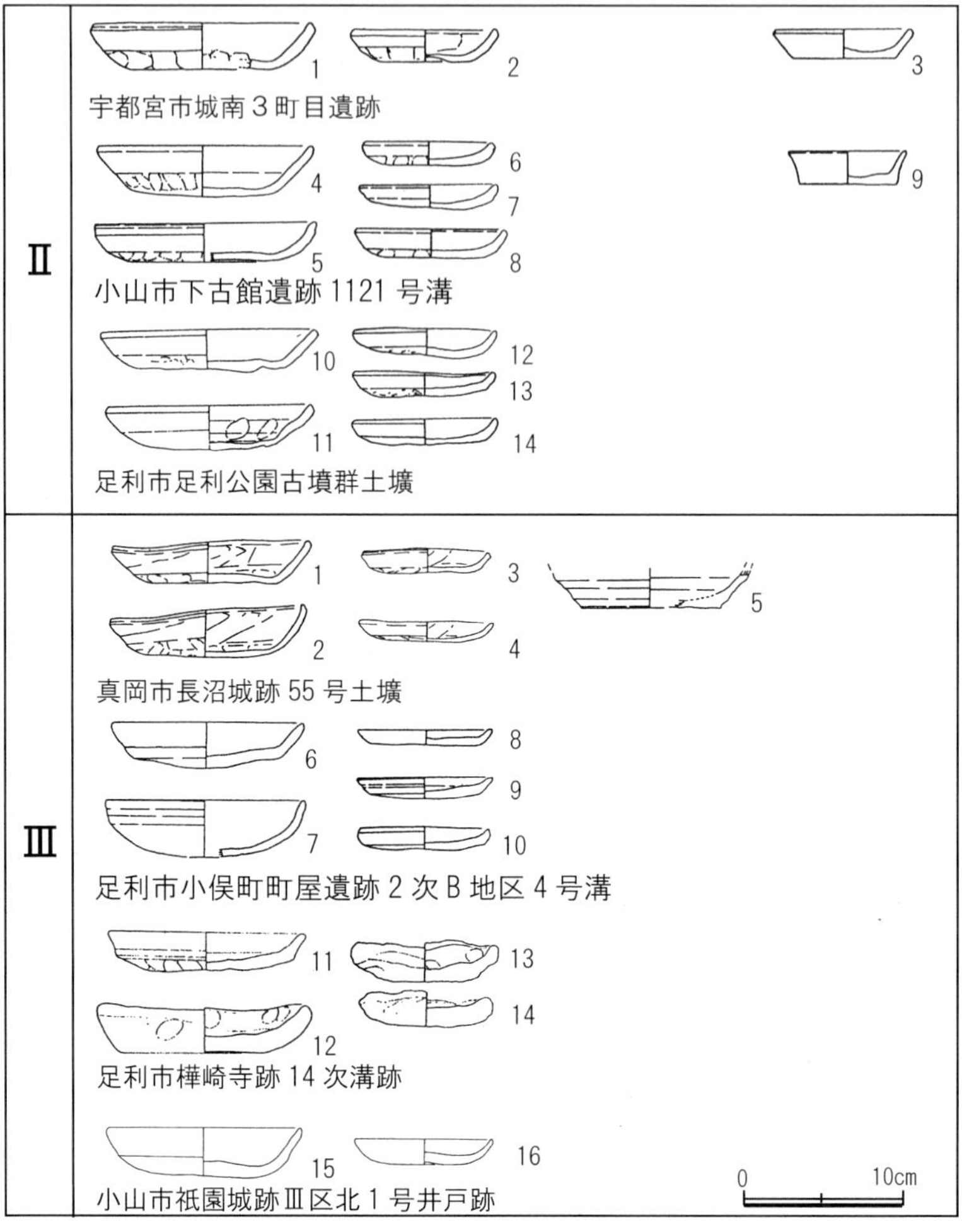
Ⅱ
宇都宮市城南３町目遺跡
小山市下古館遺跡 1121 号溝
足利市足利公園古墳群土壙
Ⅲ
真岡市長沼城跡 55 号土壙
足利市小俣町町屋遺跡２次Ｂ地区４号溝
足利市樺崎寺跡 14 次溝跡
小山市祇園城跡Ⅲ区北１号井戸跡
0
10cm

第９図　下野国Ⅱ期・Ⅲ期

期からⅢ期までを対象とした。

4　一二〜一三世紀の手づくねの特徴

これまでみてきたように、口径15.5チセン前後の大皿を出土するⅠ期の手づくねは北武蔵のごく限られた遺跡からしか出土していない。歪んだ器形のものが多く、器形や大きさも均一ではない。色調は赤褐色系と灰白色系が混在している。出土点数は下田町遺跡を除くと単独または数十点と少数で、ロクロと共伴する事例は下田町遺跡のみである。出土する遺構には井戸・土壙・堀・溝がある。

Ⅱ期に入ると各地域とも一定数の遺跡から出土するようになるが、遺跡数としては北武蔵が優位にたっている。Ⅰ期と同様、器形や大きさはやや均一性に欠け、ロクロと共伴する事例は少ない。手づくねとロクロの胎土は異なり、手づくねの方がキメ細かく、砂粒の混入量が少ない傾向がみられる。出土する遺構にはⅠ期と同様、井戸・土壙・堀・溝に加え、墓や神社等の宗教的空間がある。深谷市畠山館跡第5次調査では上屋を伴う配石遺構から手づくねの小皿のみが破砕された状態で出土している(第4図)。

Ⅲ期になると、一定量の手づくねとロクロが共伴する事例が増える。武蔵では手づくねの口縁部の二段ナデはこの時期まで残る。高坂弐番町遺跡では窪地を整地した盛土中から多量のかわらけが出土した。器形や大きさはある程度均一性がとれている。これに比較して、大蔵館跡第8次調査の溝跡出土資料は器形や大きさにバラエティーがあり、前後の時期の資料が含まれている可能性がある。Ⅱ期と同様、手づくねとロクロの胎土は異なり、手づくねの方がキメ細かく、砂粒の混入量が少ない。

Ⅳ期は武蔵では手づくねが消滅する時期で、大皿の口径も12.5チセン前後と縮小し、出土量も少ない。

金平遺跡は仏具生産のために造られた大規模な「出吹き」工房であるが、その操業期間は数年間と短期であったとされる[村上 二〇〇〇]。また、弘安四年(一二八一)銘の鋳型の出土から、その実年代が推定できる。
下野ではⅣ期以降も手づくねが一定量使用され続ける。

(1)秩父氏の本拠と手づくね

武蔵におけるⅠ期～Ⅱ期の手づくねが出土した遺跡は秩父氏に関連したものが多い。本書対談でも指摘されているが、分布に偏りがあるのもそれが原因であると考える。

秩父氏は平将門の叔父・良文の孫、将恒を祖とする一族で、その子武基が「秩父別当大夫」と称したことに始まった。武蔵七党と称される武士たちの上に立ち、軍事貴族の後裔であるという貴種性から「高家」とも称された武蔵の名族である〔野口 一九九七〕。武基の子・武綱は「秩父十郎」と称し、『延慶本平家物語』には後三年合戦の際、清原武衡の追討に先陣を駆けて戦ったと記されている。この武綱は秩父牧の管理権を持っていた丹党や児玉党と婚姻関係を結び、それを契機に、一一世紀後半頃に秩父に進出したと推定されている。武綱の子・重綱は「出羽権守」・「秩父権守」と称し、武蔵国衙の留守所で一定の軍事的な地位を担っていたことが知られている(『吾妻鏡』寛喜三年四月二〇日条)。

この重綱の頃から、秩父氏一族は武蔵国内の要衝に本拠を築き、分散して行った。例えば、重綱の四人の実子のうち、重弘は畠山(現深谷市)、重継は江戸(現千代田区)、重隆は大蔵(現嵐山町)、重遠は高山(現飯能市／その後上野国緑野郡高山〔現藤岡市〕へ)にそれぞれ本拠を移した。

重隆が館を構えた大蔵周辺には平安時代末から鎌倉時代にかけての遺跡が多く、本稿がテーマとする導入期の手づくねが集中している地域でもある(第10図)。この一帯は秩父氏によって計画的に開発された都市的な空間であったと指摘されている〔落合 二〇一〇、村上 二〇一三〕。この地域にいつ頃秩父氏が入ったのかは定かではないが、以下の事件から一二世紀中葉にはすでに館があったことがわかる。

仁平三年(一一五三)に父(源為義)の命で上野国多胡郡に下向していた源義賢を、秩父重隆は養子として大蔵館

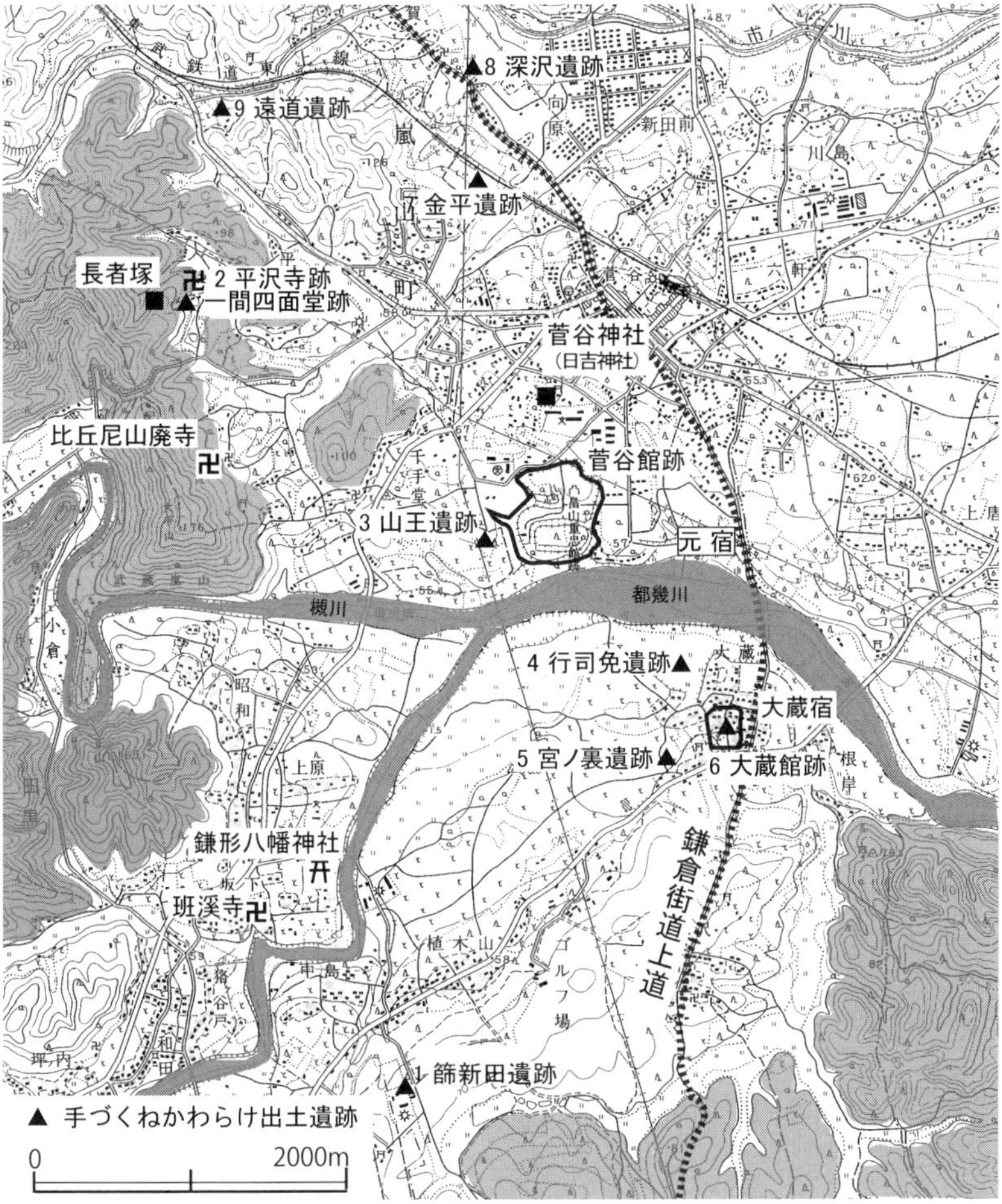

第 10 図　大蔵周辺図

第 1 表　手づくねかわらけ観察表（石川 2016 に加筆・改変）

No.	遺跡名	地点・遺構	口径（cm）	器高（cm）	遺存率	内底調整	外底圧痕	色調
第 3 図 1	篩新田	I 地点大溝	15.7	2.8 ～ 3.2	ほぼ完形	ナデ	—	赤褐色系
第 3 図 2	平沢寺	白山神社下	15.4 ～ 15.9	3.0 ～ 3.5	ほぼ完形	ナデ	スノコ	赤褐色系
第 3 図 3	山王	堀跡	15.6	2.4 ～ 2.8	1/2	ナデ	スノコ	灰白色系
第 3 図 4	山王	堀跡	15 ～ 15.2	2.3 ～ 2.5	2/3	ｻｻﾗ状ﾅﾃﾞ	スノコ	灰白色系
第 3 図 12	河越館	8 次 87 土壙	14.7 ～ 15	2.5 ～ 2.7	ほぼ完形	ナデ	スノコ？	灰白色系
第 3 図 13	河越館	8 次 87 土壙	14.2 ～ 14.8	3.2 ～ 3.3	完形	ナデ	スノコ（板）？	灰白色系
第 4 図 1	河越館	8 次 7 土壙	14.2 ～ 14.8	1.9 ～ 3.4	完形	ナデ	スノコ	灰白色系
第 3 図 14	下田町	792 号堀	15.3 ～ 15.8	3.0 ～ 3.4	ほぼ完形	ナデ	—	赤褐色系
第 3 図 15	下田町	792 号堀	15.2	3.0 ～ 3.5	2/3	ｻｻﾗ状ﾅﾃﾞ	スノコ（板）？	灰白色系

に迎えた。その二年後の久寿二年(一一五五)、義賢と重隆が大蔵館で源義平(義朝の子)によって討たれてしまった(大蔵合戦)。

おそらく、一二世紀前葉にこの地域に秩父氏が本拠を構えたのであろうが、それが重隆の大蔵館段階なのか、一代前の重綱なのかはわからない。重綱の代には、本拠はどこにあったのであろうか。このことを考えるとき、重要な遺物が平沢寺の寺域内にある長者塚から出土している。

それは久安四年(一一四八)銘の経筒で、この銘文中に施主として「平朝臣滋縄芳縁等」という銘が刻まれており、「滋縄」は「重綱」を指しているのではないかと言われている。この経筒を重綱が造らせたとする論考も見受けられるが、「芳縁」とあるので、施主は「重綱の妻等」とみるべきであろう(これについては別稿を用意したいと考えている)。

平沢寺は臨池式伽藍を備えた寺院で、発掘調査によって一間四面堂跡と池跡が検出されている。この堂は桁行10.5㍍、梁行9.9㍍あり、白水阿弥陀堂(福島県いわき市)よりも大きい。平沢寺の創建時期は不明だが、この経筒の年号から、一二世紀前葉に遡る可能性はある。一間四面堂跡からは手づくね(小皿)、ロクロ(大皿・小皿)とともに「柱状高台」が出土した(第2図)。柱状高台と呼ばれる器種は一二世紀代に盛行し、一二世紀前半により多く出土する傾向がある。この他に、大蔵館跡の西側に位置する宮ノ裏遺跡からは約40点とまとまった量の柱状高台が出土している(第2図)。

大蔵館跡の東側には東山道と東海道を南北につなぐ、今日言われるところの東山道武蔵路が通り(鎌倉街道上道の前身であろう)、大蔵宿が形成されていた。大蔵宿を過ぎ、武蔵路を北上すると都幾川の渡河点に出る。そこを渡ると『吾妻鏡』に畠山重忠が館を築いたとされる「菅谷」地区に入る。重忠ゆかりの館として国指定史跡となっている菅谷館跡ではあるが、遺構は戦国期の城跡、遺物も重忠の時代に遡るものは未確認である。

菅谷館跡の東に隣接する山王遺跡からI期の手づくね

が出土している。また、菅谷館跡の北側にある菅谷神社はかつて日吉神社という名称で、神社の前面には中島が備わる池が現在もある。さらに、古い地籍図には都幾川を渡った川の左岸に「元宿」という字名が残っており、大蔵宿に先行する宿があったと推定される。これらのことから、都幾川を挟んで右岸と左岸にそれぞれ1～2キロの範囲に秩父氏に関連した遺跡群が展開していたことがわかる。

Ⅰ期の手づくねの中でも最古に位置づけられている大皿を出土した篩新田遺跡は、大蔵館跡からは約2キロ離れ、秩父氏の本拠と考えられる遺跡群の領域に隣接している。篩新田遺跡はときがわ町と嵐山町にまたがる遺跡で、これまでに11地点で発掘調査が行われ、最古の手づくねとされる大皿は、Ⅰ地点の溝跡から単独で出土した。Ⅰ地点より約500メートル南東のA地点遺物包含層からはⅡ期の手づくねが出土しており、大皿・小皿合わせて35片が図化されている。ここからは、ロクロ土器や舶載陶磁器といった他の種類の遺物は一切出土していない［石川 一九九五］。未報告の地点もあり、遺跡の性格は確定していないが、数条の溝が検出されており、今後、館跡等が確認される可能性は高い。

時代はやや下るが、金平遺跡は、村上伸二によると鎌倉幕府と関連が強い河内系鋳物師が招聘され、平沢寺の大規模改修に伴う鋳造遺跡であるとされる［村上 二〇〇〇］。ここからは、弘安四年(一二八一)銘のある鋳型とともに手づくねが出土した。

大蔵周辺とは別地点の河越館跡周辺でも、手づくねが出土している。河越館跡は重隆の孫・重頼が本拠を置いた場所である。現在国指定史跡に指定されている範囲よりも東側の古屋敷遺跡から現入間川にかけて一二世紀代の中心があったと推定されている(第11図)。永暦元年(一一六〇)、後白河法皇が京都東山に新日吉山王社を祀った際に、河越氏がこの地を新日吉山王社に寄進、新日吉社領河越荘となっているので、遅くとも立荘前に秩父氏は河越に入っていたと推定されている。

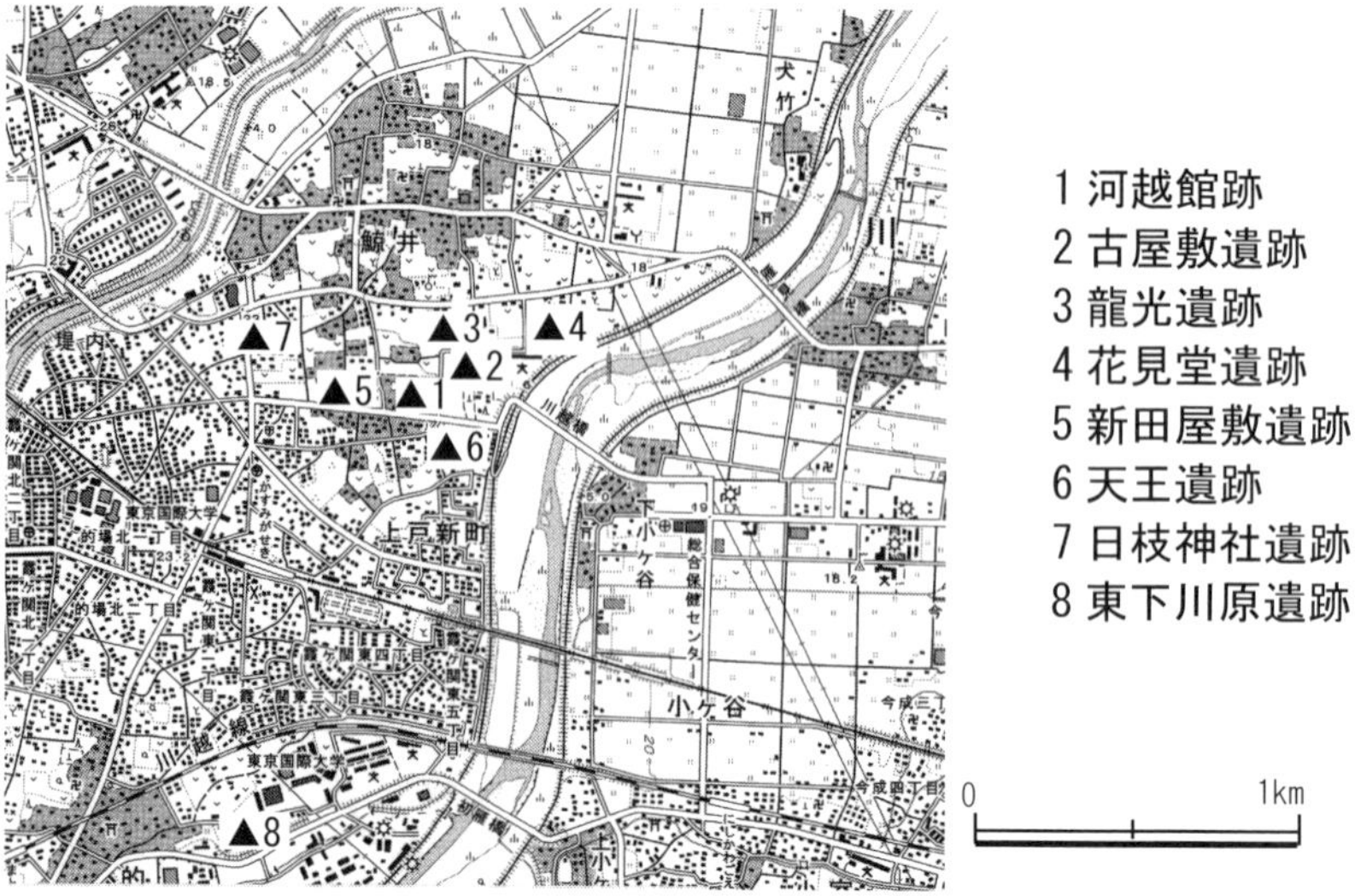

第11図　河越館跡周辺図

第13図　下野・祇園城跡周辺図
（斎藤2006に加筆）

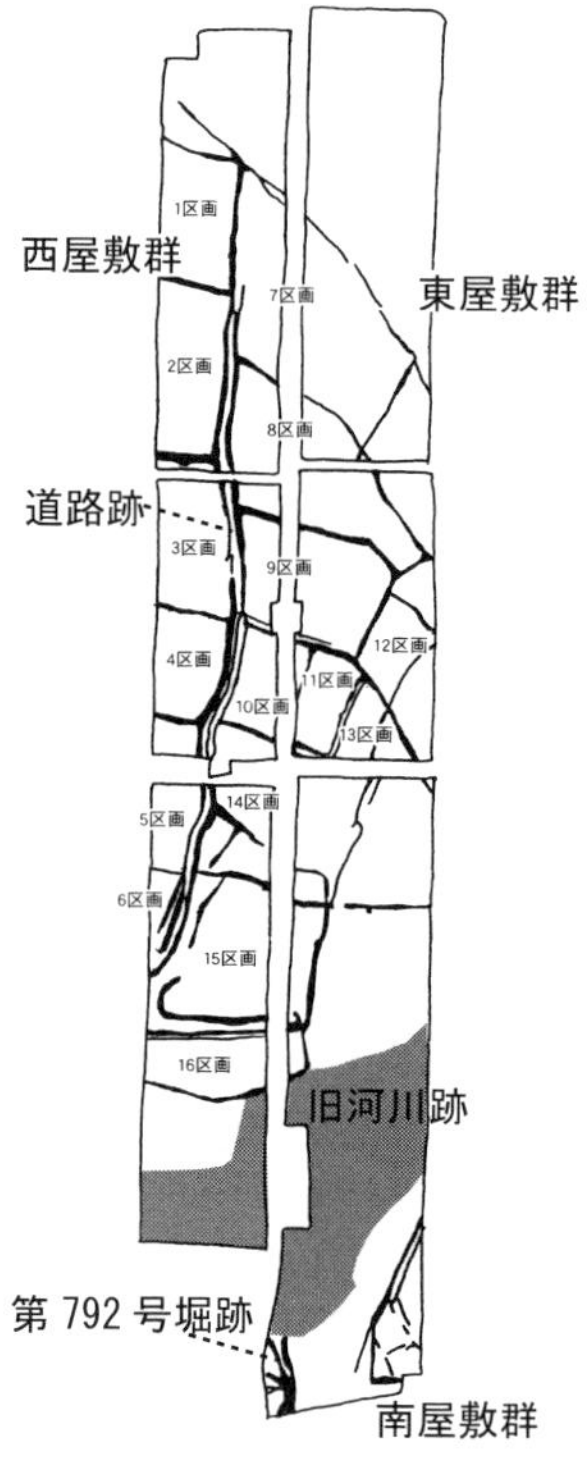

第12図　熊谷市下田町遺跡概略図

（2）下田町遺跡と竹之城遺跡と手づくね

前節では、秩父氏との関わりで、手づくねの導入を考えてみたが、それ以外のケースはどのように解釈できるであろうか。

下田町遺跡は和田吉野川左岸の自然堤防上に立地し、調査区の南端で旧河道が検出された（第12図）。その河道の北側と南側で遺跡の性格や時期が異なっている。北側は南北に道路跡が走り、その両側に方形の屋敷地が整然と並んでおり、宿的な空間と推定されている［浅野 二〇一五］。旧河道からⅠ期からⅡ期にかけての手づくねが大量に出土したため、旧河道の南側は館の空間が調査区域外に広がっているものと推定されている。ただし、一二世紀中葉に、この地域に本拠を置いていた領主層が誰であったのかはよくわかっていない。

竹之城遺跡は比企丘陵の一角で、石田川・大橋川・鳩川が合流する谷の開口部に立地する。この辺りは児玉党の流れをくむ浅羽氏や越生氏の支配下にあったとされる。この遺跡は児玉党関係の氏族に関わりがある館と推定されている［渡辺 一九九五］。

（3）武蔵国衙とその周辺の手づくね

平安時代末から鎌倉時代の武蔵国衙でも在庁官人等が集まる宴会や儀式は行われていたものと推定されるが、これまでに一括大量廃棄の手づくねが出土した事例はない。ただし、武蔵国府跡（御殿地地区）地点の崖線下の低地面からは柱状高台を含むかわらけが大量に出土した。また、そこから約150㍍離れた沖積低地ではロクロの小皿を廃棄した一二世紀代の土壙が数基検出された。平泉・鎌倉ほどの出土量はないにしろ、一二世紀代の手づくねの少量の一括廃棄遺構が確認される可能性は、まだ残されている。

本稿でⅡ期とした多摩ニュータウン遺跡群№22遺跡は鎌倉幕府が鎌倉街道沿いに設けた関所・霞ノ関の対岸に位置し、霞の関に関連した館跡とされる。この関は、建暦三年（一二一三）五月に有力御家人和田義盛の乱を契機に北条氏が多摩川を天然の堀に見立て、北関東からの防衛上の要衝として設置されたと考えられている。この遺跡の主人が誰であるのかは不明であるが、鎌倉幕府と関わりの深い場所であることから、手づくねを使用したのであろう。

（4）小山氏の本拠と手づくね

下野国の事例をあまり触れることはできなかったが、下野国で最古のII期の手づくねを出土する遺跡の一つ、祇園城跡は小山氏に関連した遺跡である（第13図）。小山政光が都賀郡小山郷に本拠を置き、「小山」を苗字の地としたことに始まる。小山政光は武蔵国の在庁官人である太田氏の一族で、一二世紀中頃に小山郷へ移住したと言われている。その館は祇園城跡の東南約1・5キロにある神鳥谷曲輪にあったとされる。祇園城跡の東側には奥大道が通り、宿などの施設があった。

この小山氏の本拠から約10キロ北にある下古館遺跡は、小山氏の所領の最北端に設置された「関」の可能性が指摘されており、ここからもII期の手づくねが出土している［田代 一九九五］（第13図）。

おわりに

武蔵と下野における一二世紀から一三世紀の手づくねは、出土量・遺跡数ともに限られている。これらは遺跡内、遺跡間で系譜を追えるほどの継続性・連続性を観察することができなかった。断片的な資料を大雑把な年代感で並べたものになってしまった。しかし、鎌倉幕府の成立より古い時期に一定量の手づくねが、北武蔵の限定された遺跡から出土していることは明らかにできたと考える。その多くは秩父氏に関連した遺跡から出土している。

今回取り上げた時期の手づくねがどのようなルートで武蔵や下野へ持ち込まれ、使われたのかまで踏み込んだ議論を展開することができなかった。今後の課題としたい。

引用・参考文献

浅野晴樹　二〇一五「下田町遺跡」『熊谷市史　資料編一　考古』
池田敏宏　二〇一一『長沼城跡』栃木県埋蔵文化財調査報告書第三三五集
石川安司　一九九五『篩新田遺跡Ⅱ』玉川村埋蔵文化財調査報告第9集
石川安司　二〇一六「十二世紀後半の北武蔵の手づくねかわらけ」『鎌倉かわらけの再検討』鎌倉かわらけ研究会
石塚三夫　二〇〇二「北武蔵のカワラケ編年案について」『在地土器検討会―北武蔵のカワラケ―記録集』
江原昌俊　二〇〇五「高坂周辺遺跡」『検証比企の城　シンポジウム埼玉の戦国時代』
大澤伸啓　二〇〇三「下野におけるかわらけの変遷」『塙静雄先生古稀記念論文集　「栃木県の考古学」』
落合義明　二〇一〇「武蔵国と秩父平氏―成立期の本拠を探る―」『実像の中世武士団』高志書院
金平利幸　二〇〇一「下野における中世土師器皿について」『栃木県考古学会誌』第二二集
斎藤　弘　二〇〇六「遺跡が語る中世の小山」『中世小山への招待』
田代　隆　一九九五『下古館遺跡』栃木県埋蔵文化財調査報告　第一六六集
立川明子　二〇一二「一二世紀の武蔵府中と多摩川中流域の考古学的様相」『東京中世史研究会　第二七回例会　一二世紀の武蔵国』
中世を歩く会　二〇〇二『在地土器検討資料集―北武蔵のカワラケ―』
中世を歩く会　二〇一三『遺物検討会「北武蔵の十二世紀のかわらけ」』
野口　実　一九九七「中世成立期における武蔵国の武士について」『古代文化史論攷』第一六号
村上伸二　二〇〇〇『金平遺跡Ⅱ』嵐山町遺跡調査会報告9
村上伸二　二〇〇八「嵐山町平沢寺とその周辺遺跡」『東国寺院と中世武士』
村上伸二　二〇一三「大蔵中世遺跡群の再確認」『中世社会への視角』高志書院
渡辺　一　一九九五『竹之城・石田・皿沼下遺跡』鳩山町埋蔵文化財調査報告第一七集

※第1図と第10図の作成にあたっては浅野晴樹氏の協力を得た。

陸奥・出羽の土器

井上雅孝

はじめに

一一・一二世紀は古代から中世への転換期であり、東北地方では、安倍氏・清原氏が台頭し、その後、平泉藤原氏が栄華を極めた時代でもある。一一世紀では、陸奥の安倍氏の拠点である鳥海柵跡(岩手県金ヶ崎町)と出羽の清原氏の拠点である大鳥井山遺跡(秋田県横手市)の発掘調査の成果により、当該期の土器様相が明らかとなり、一二世紀は、藤原氏の本拠である都市平泉の継続的な調査により、一世紀間の緻密な土器編年が構築されている。

本稿はこれらの成果をもとに、東北地方の一一・一二世紀の土器編年についてのべていきたい。

1　陸奥の一一世紀の土器

(1)一一世紀前葉の土器―古代土器の最終段階

陸奥での古代土器の編年は多賀城跡出土土器の編年を基準として構築されてきたが、近年の調査事例により多賀城の国府機能が一〇世紀後半以降も存続し、出土土器も一〇世紀から一二世紀まで連続することが明らかとなった。以前は、多賀城跡SK078土壙出土土器を一〇世紀後葉に位置づけてきたが、これは多賀城跡調査研究所の「政庁は一〇世紀代で廃絶」という暗黙の了解に従った年代観によるもので、最近、同研究所がSK078土壙出土の白磁皿を再検討した結果、邢州窯系白磁輪花皿(白磁

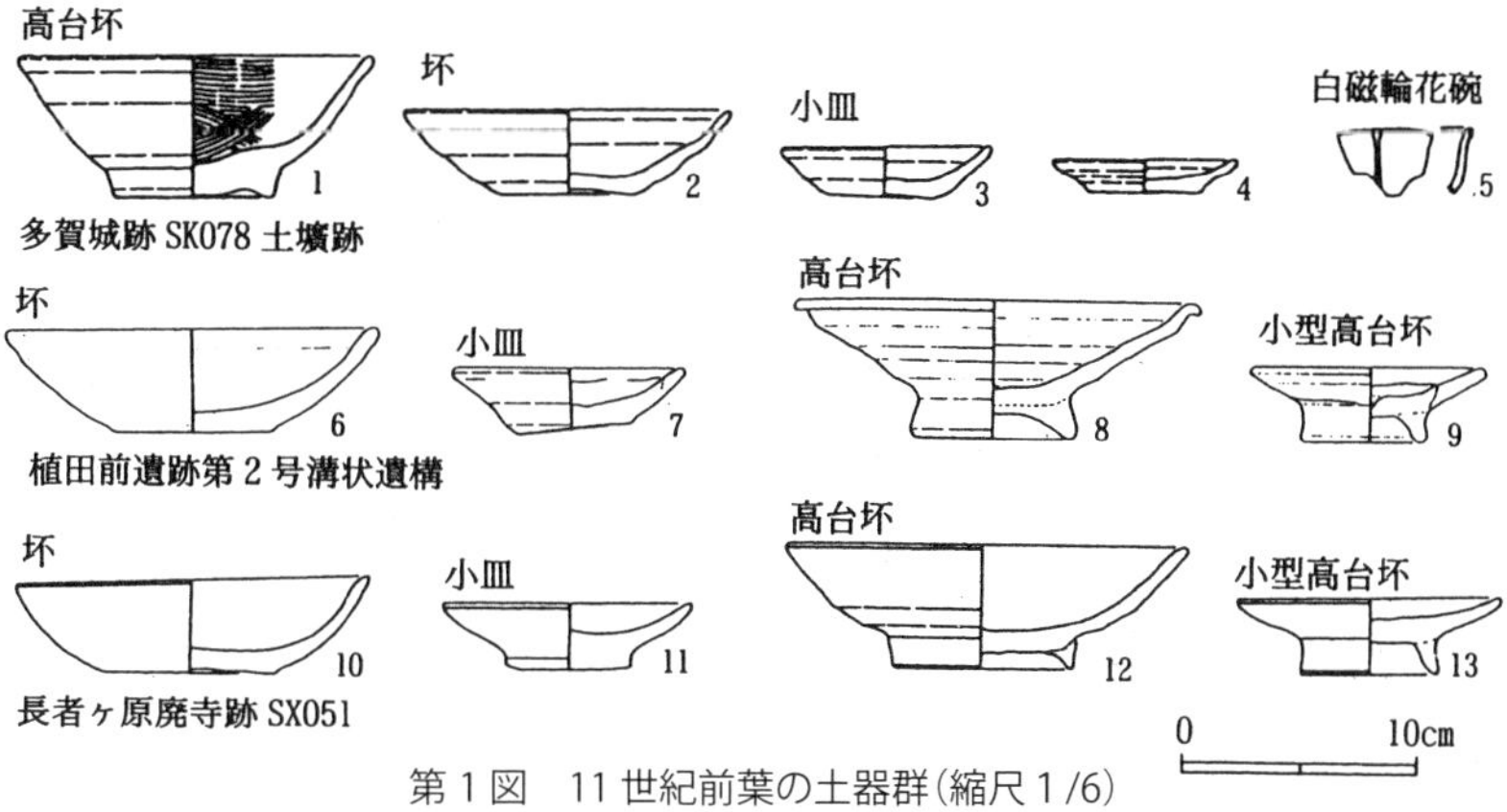

第1図　11世紀前葉の土器群(縮尺1/6)

Ⅰ類)とされてきたものが、白磁皿Ⅵ―1a類であることが新たにわかった(第1図5)。これにより、同研究所の年報においても一一世紀前葉代との年代観を示しているため[古川 二〇〇七]、筆者もこれに従うこととした。

多賀城跡SK078土壙出土土器は、小型坏が消滅し、前タイプのものよりもやや縮小した口径8㌢前後の小皿が主体となる。他に坏・高台坏に内黒土師器高台椀が共伴している(第1図1~4)。

他に宮城県内で一一世紀前葉に位置づけられる資料は、白石市植田前遺跡第2号溝状遺構出土土器で坏(椀)、小皿を主体としながら、大小の高台坏、内黒土師器坏、高台椀と土師器甕、須恵器甕?も少量伴う(第1図6~9)。

岩手県では植田前遺跡に併行する資料として奥州市長者ヶ原廃寺跡SX051出土土器があげられる(第1図10~13)。

城柵・官衙等から出土する多様な器種構成(坏、小形坏、高台坏、柱状高台皿等)をもつ土器群(須恵器+内黒土師器+須恵系土器)を古代土器様式と呼称すれば、この時期までは、坏・小皿・大小の高台坏など古代食膳具の基本的な器種組成が確認され、植田前遺跡、長者ヶ原廃寺跡出土土器は、古代的な土器様式の最終段階と推定される。

(2)一一世紀中葉段階―大小セットの確立

平泉で出土する大小(皿・小皿)セットの一二世紀の土器群を中世的土器様式とすれば、一一世紀中葉段階は、古代的な食膳具の器種構成が一一世紀前葉以降に消滅に

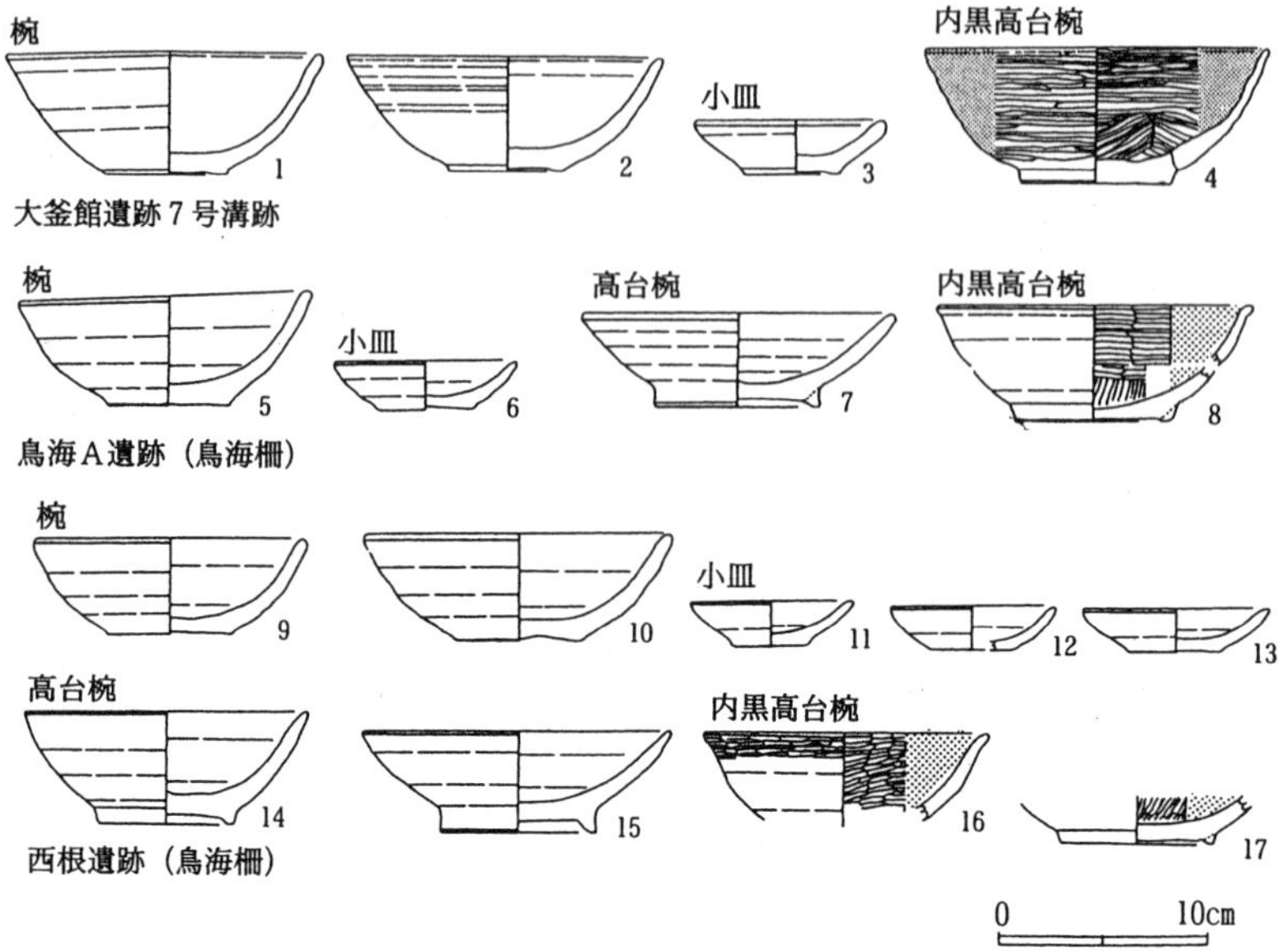

第２図　11世紀中葉の土器群(縮尺1/6)

向かい、新たに椀と小皿の大小セットの器種構成が完成し、本段階より中世的土器様式が開始される時期にあたる。この段階の出土土器は、軟質で「かわらけ」的な胎土を有し、椀と小皿のセットで、器壁が厚く、底部を台状に成形している(第2図1〜3)。椀と小皿ともに回転糸切り、酸化炎焼成となっており、内面はコテ状工具等による仕上げで、ロクロ目が不明瞭でかつ器面がなめらかなタイプもある。なお、椀と小皿の他に、少量であるが高台椀も存在する。内外面黒色処理・ヘラミガキ調整で底部が厚い高台椀が岩手県滝沢市の大釜館遺跡7号溝跡から1点出土しており、ごく少量ながら内(外)黒土師器が伴うようである(第2図4)。また、内黒土師器小皿、土師器甕も少ないながら出土が確認されている。また、最近では、鳥海柵遺跡から小型の柱状高台も出土しており、この時期に柱状高台が出現することがわかった。

この特徴的な土器群の年代については、『陸奥話記』により、一〇六二年まで存続したとされる鳥海柵跡(西根・鳥海A遺跡)や一関市河崎柵(一〇五六年前後か?)から出土している点、一一世紀前葉の土器より新しく、さらにI型式以上の時間差が想定されることから一一世紀中葉と推定される。

羽柴直人が、鳥海柵比定地である金ヶ崎町西根遺跡・鳥海A遺跡(現在は鳥海柵跡として統合)の再検討を行い、両遺跡から少量ながら高台椀と内黒土師器高台椀の出土を確認している(第2図14～17)。また、西根遺跡・鳥海A遺跡はほぼ同時期と認識されてきたが、鳥海A遺跡が一一世紀第2四半期、西根遺跡が一一世紀第3四半期と年代差があることを明らかにした[羽柴 二〇〇八b]。

以上、時期段階別に土器様相の特徴をのべてきたが、大小セットは一〇世紀中葉の坏法量の小型化から始まり、一〇世紀後葉の小皿の確立、一一世紀前葉の古代器種組成の減少を経て、一一世紀中葉の椀・小皿の大小セットの確立をもって中世土器様式が開始されたと推定される。つまり一一世紀中葉段階の椀と小皿が平泉で出土する「ロクロかわらけ」の原型であり、この段階から土器名称を「かわらけ」と呼称するのもいいのではと控えめに提言しておきたい。

(3)安倍氏の土器

―一一世紀基準資料としての鳥海柵跡出土土器

鳥海柵は、前九年合戦を記録した『陸奥話記』に登場する安倍十二柵の一つであり、安倍頼良の三男「鳥海三郎宗任」の柵で、胆沢城跡と胆沢川を挟んだ対岸に位置することから、安倍氏の政治的な重要拠点「政庁」と考えられる。鳥海柵跡は安倍氏の柵の中で唯一発掘調査によって場所が特定された遺跡であり、金ヶ崎町教育委員会による鳥海柵跡の発掘調査の進展により、安倍氏の時代である一一世紀の土器様相が、より明確になってきた。

従来、鳥海柵跡から出土している土器は、一一世紀中葉もしくは一一世紀第2四半期から一一世紀第3四半期の時期に限定されると考えられていたが、一一世紀前半代から中葉まで継続していることが分かった[浅利 二〇一二]。二〇一二年に金ヶ崎町で開催された「安倍氏のつわ検討会」で、調査担当者の浅利英克は当初、坏型か

年代		本文	鳥海柵検討会	鳥海柵遺跡・遺構名	県内遺跡
1001	第1四半期	前葉	Ⅲ－1期	鳥海A遺跡2号竪穴住居跡 鳥海A遺跡3号竪穴住居跡 鳥海A遺跡4号竪穴住居跡 鳥海A遺跡5号竪穴住居跡	長者ヶ原廃寺跡SX051
1025	第2四半期	中葉	Ⅲ－2期	西根遺跡SI101竪穴住居跡 伝二の丸SI102竪穴住居跡 西根遺跡SI103竪穴住居跡	
			Ⅲ－3期	鳥海A遺跡2号掘立柱建物跡 鳥海A遺跡5号柱列 西根遺跡南段丘 伝二の丸TNM05濠跡 伝二の丸SB2掘立柱建物跡	沼崎遺跡 大釜館遺跡7号溝跡 宿・蛇蜒蛆遺跡 河崎柵跡 岩崎台地遺跡群BXⅢe22住居跡
1050	第3四半期				
1062		後葉			
1175	第4四半期				鴻巣Ⅰ遺跡(白山堂山頂) 白山廃寺跡 菅田遺跡 黒岩宿遺跡 黒岩城跡
1100					

第1表　11世紀土器編年表(岩手県)

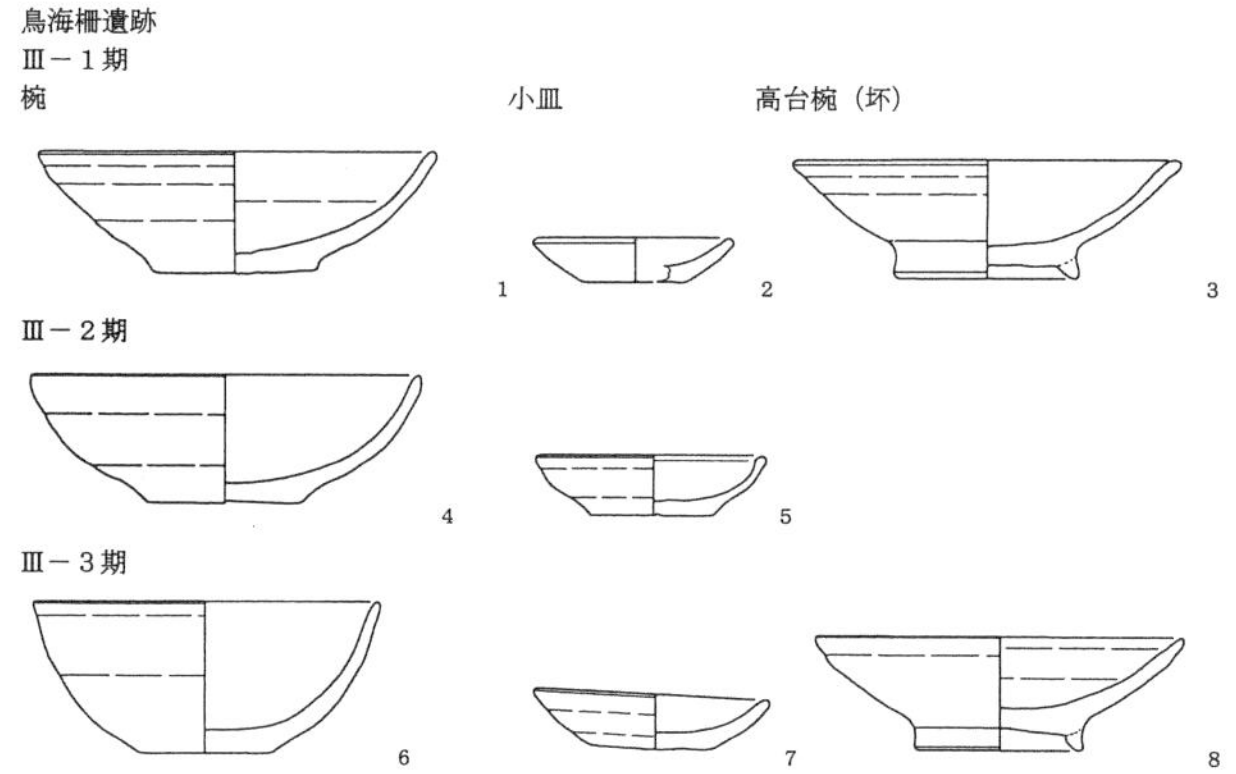

1：鳥海Ａ４号竪穴、2：鳥海Ａ３号竪穴、3：鳥海Ａ２号竪穴、4・5：西根ＳＩ101竪穴、5～8：西根南段丘

第3図　鳥海柵跡11世紀基準資料(縮尺1/6)

ら椀型への変遷から三期に分類していたが（第1表・第3図）、鳥海柵跡の本報告では二期に訂正している〔金ヶ崎町二〇一三〕。筆者としては三期の方が椀の形態変化が理解しやすい点から従来の三期分類を採用したい。

鳥海柵跡から出土する椀と小皿の特徴的な土器群は、河崎柵跡（一関市）、宿・蛇蜒蛆遺跡（花巻市）、大釜館遺跡・八幡館山遺跡（滝沢市）、沼崎遺跡（岩手町）、赤袰遺跡（盛岡市）など、安倍氏関連の柵跡もしくは居館跡と考えられる遺跡からしか出土が確認されず、安倍氏滅亡（一〇六二年）後には、土器の形態も変化するため、土器のタイプが安倍氏のもとで共有されていたことを示しており、この一一世紀中葉の土器群は、俗に「安倍氏の土器」、「安倍式」とも呼称される。

2　出羽の一一世紀の土器

陸奥の奥六郡に拠点をもつ安倍氏に対峙して、出羽では山北三郡（山本・平鹿・雄勝）を拠点とした豪族「清原氏」が活躍する。この時期に該当する土器は、『陸奥話記』に登場する「大鳥山太郎頼遠」（清原頼遠）の柵跡とされる大鳥井山遺跡から確認されており、一〇世紀後半から一一世紀末葉まで継続して土器が出土している〔横手市二〇〇九〕。

土器は、①一〇世紀後半、②一一世紀前葉、③一一世紀中葉、④一一世紀後葉、⑤一一世紀末葉以降の5段階に時期区分されており、①一〇世紀後半の土器は、秋田城跡や払田柵跡などの城柵官衙遺跡から出土する古代的な器種組成（坏・小型坏、高台坏・小型高台坏、内黒高台坏）をそのまま踏襲している。②一一世紀前葉の土器は、前代と比べ器厚が厚くなり、出羽で特徴的な左回転の土器がこの時期から出現する。③・④一一世紀中葉から後葉の土器は、胎土が薄手から厚手に変化し、土器の法量が最も大きくなるものの、前段階の古代的な器種構成をまだ継承する。⑤一一世紀後葉になると小型坏と小皿が主体に変わるが、高台坏など古代的な器種を最後まで引きずるようである（第4図26〜48）。

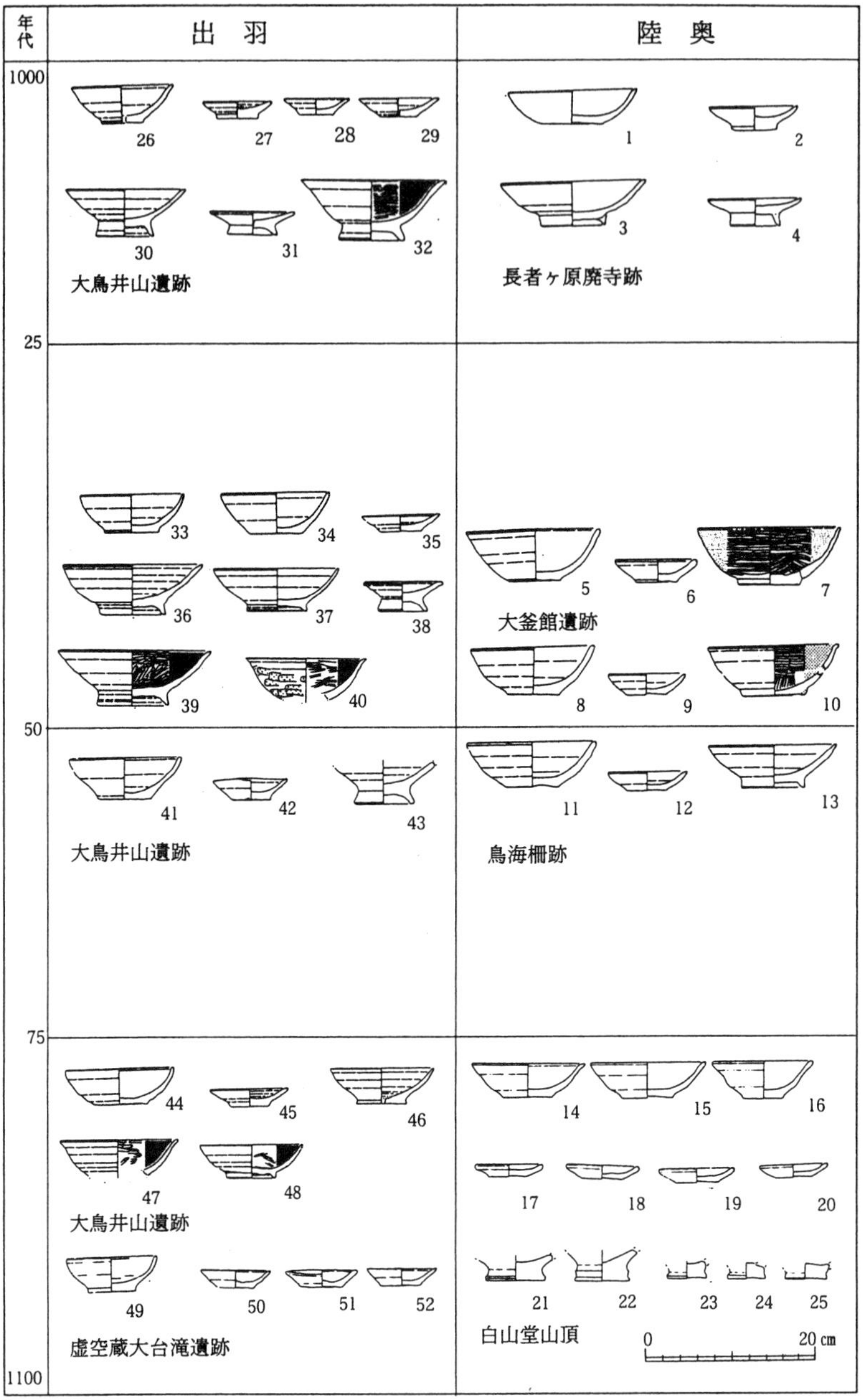

第4図　11世紀の陸奥・出羽の土器編年

これらの一一世紀前葉から後葉の土器群には、ロクロ左回りの回転糸切り手法を用いる特徴的な土器(左回転土器)が一定量含まれていることが報告されている[横手市二〇〇九]。また、吉彦秀武(荒川太郎)一族の拠点と想定される虚空蔵大台滝遺跡のSZ1770テラス状遺構から一括出土した一一世紀後葉代の小皿三七個体すべてが左回転土器である[秋田県二〇〇七]。

3　一一世紀末葉の土器群―左回転土器

一一世紀末葉の土器群は、岩手県内では北上市鴻巣I遺跡(白山堂山頂)、白山廃寺跡、黒岩城跡、菅田遺跡、黒岩宿遺跡、横町遺跡、国見山廃寺跡など北上川東岸の黒岩地域を中心とした遺跡から出土している。これらの遺跡から出土した一一世紀末葉の土器群のなかに、特徴的なロクロ左回りの回転糸切り手法を用いる土器(これ以降左回転と表記)が一定量含まれていることがわかった[井上他二〇一一]。左回転の土器は、小皿、柱状高台の器種に限定される(写真3・4)。

一一世紀代のロクロ左回転の土器群について、最初に着目したのは利部修である。秋田県秋田市(旧河辺町)に所在する一一世紀後葉の城館である虚空蔵大台滝遺跡の調査報告書で、SZ1770テラス状遺構から一括出土した小皿三七個体すべてが特異な左回転土器であることを明らかにし、虚空蔵大台滝遺跡型(虚空蔵タイプ)と呼称した[秋田県二〇〇七、利部二〇〇七]。

土器の年代は、共伴した灰釉陶器(明和27号窯式)から一一世紀中葉より新しく、小皿の形態から一一世紀後葉代と推定した。利部は、虚空蔵大台滝遺跡について山本郡西部(荒川)に比定される吉彦秀武(荒川太郎)と関連する一族の拠点で、後三年合戦(一〇八三~一〇八七年)の臨戦状態に関わった遺跡と想定しており、左回転の土器群の廃棄年代を一〇八三年前後と解釈している[秋田県二〇〇七、利部二〇〇七]。

同じく清原氏関連の遺跡で、清原真人光頼の子大鳥太郎頼遠の本拠地である大鳥井柵跡に比定される大鳥井山

写真１　ロクロ右回転糸切り

写真２　ロクロ左回転糸切り
（写真１・２：岩田貴之氏提供）

第５図　底部糸切り痕（津田 1994）

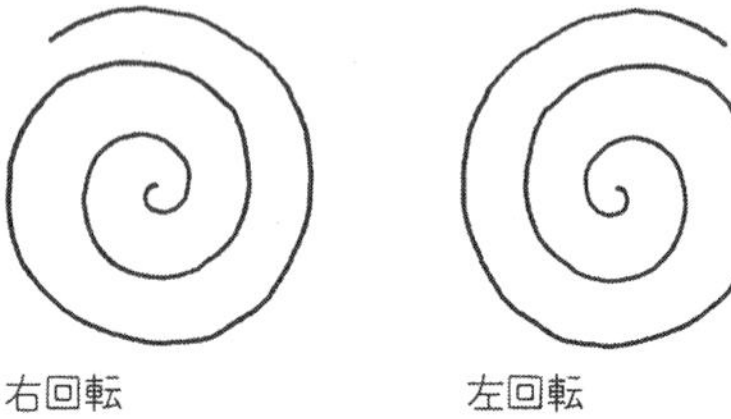

第６図　内面渦巻状痕模式図（津田 1994）

写真３　左回転底部（黒岩城跡小皿）

写真４　左回転内面（黒岩城跡小皿）

遺跡（横手市）は、一〇世紀後葉から一一世紀末葉まで継続する城館跡であり、一一世紀前葉から後葉の土器群のなかに左回転の土器が確認されている［横手市二〇〇九］。

岩手県の場合、同時期にあたる長者ヶ原廃寺跡（奥州市）などで出土する一一世紀前葉の土器群や安倍氏関連の柵跡や同時期の居館（沼崎遺跡、大釜館遺跡・八幡館山遺跡、蛇蜒蛆・宿遺跡、河崎柵、鳥海柵跡）などから出土する一一世紀中葉の土器群のなかには、筆者が観察した限りでは左回転の土器を確認することができなかった［井上二〇一〇］。

つまり、左回転の土器は、現

資料から類推する限り、一一世紀前葉から後葉にかけて、秋田県域の清原氏関連の遺跡から出土する傾向にあると言える。

岩手県内で左回転の土器が出現するのは、一一世紀後葉から末葉(一一世紀第4四半期)に該当する北上市の古代末期の遺跡群からである。この時代は前九年合戦後(一〇六二年)、安倍氏を滅ぼした清原氏が、康平六年(一〇六三)に鎮守府将軍に任命され、出羽から陸奥に進出した時期にあたる[樋口 二〇〇二]。

前九年合戦当時(一〇五一〜一〇六二年)、清原氏の本拠地は横手盆地とされ、安倍氏滅亡後、清原氏が鎮守府のある胆沢城近辺に本拠を移したとされるが[横手市 二〇〇九]、横手盆地と北上盆地は奥羽山脈を横断する東西の街道(現在の国道107号線)があり、古来より出羽と陸奥を結ぶ交通の要衝となっていた。清原氏が陸奥に進出するにあたり、横手との交通の便がよい北上を最初に拠点とした可能性も考えられる。

その後、後三年合戦(一〇八三〜一〇八七年)を経て、奥六郡の支配権は清原氏から藤原(清原)清衡へと移行するに伴い、左回転の土器も減少し、一二世紀前半代には姿を消していく。

4　一二世紀の土器群―平泉の「かわらけ」

平泉は周知のとおり、平泉藤原氏四代(清衡・基衡・秀衡・泰衡)が約百年の間に築いた一二世紀代の中世都市であり、中尊寺・毛越寺・無量光院・観自在王院などの寺院や庭園、三代秀衡の居館である柳之御所遺跡など貴重な遺跡が多く存在している。

その平泉を代表する出土土器としてよく知られているのが「かわらけ」であり、約一〇〇年といった限定した期間に途切れなく継続的に出土することが、一九八〇年代以降の行政発掘調査の進展によって明らかとなった。

一世紀の間に良好な土器一括出土資料が存在することは、時間軸を基準に構築する土器編年に有利であり、東北の一二世紀代の編年基準資料になることは疑いない。

（1）土器の名称について

平泉の考古学的調査は、第二次世界大戦後、文化財保護委員会による「無量光院跡」（一九五二年）、藤島亥治郎を中心とした平泉遺跡調査会による「毛越寺」・「観自在王院」（一九五四〜一九五八年）、「中尊寺」（一九五九〜一九六八年）の調査などを契機とする。

無量光院跡の調査報告書では、出土土器について「土師器」と呼称し、「手揑ね」と「ろくろ」の土器を大（第一類）・小（第二類）の二種類に分類した［斉藤・三宅 一九五四］。その後、平泉関係の報告書の記述も概ねこれに従っている。また、同書では、土器の用途についても言及し、これらの土器群が一時的な用途に使用され、かつ取り替えが頻繁に行われたこと、厚手の小型品（ロクロかわらけ小皿）が灯明皿、薄手の大小（手づくねかわらけ大皿・小皿）は仏前供具に使用する供膳具と推測した［斉藤・三宅 一九五四］。

桑原滋郎は、古代の「酸化炎焼成」・「内面無調整」の土器について、律令体制の衰退による須恵器生産の終焉に伴い、須恵器から転化したとして「須恵系土器」と命名した［桑原 一九七六］。桑原が「須恵系土器」を提唱した時点では、律令体制崩壊後の古代末から中世を視座に置いた土器名称であり、平泉出土のロクロ製作の土器については「須恵系土器」と理解し、手づくね製作の土器については「従来の東北地方の土師器や須恵系土器とは系譜を異にするものであって、平泉にもたらされた一連の文化と共に畿内から直接伝えられたもの」とし、「いわゆる平泉の坏」と記述している［桑原 一九七六］。「手づくねかわらけ」（本文中は「いわゆる平泉の坏」）について京都系（本文では畿内）の可能性に言及し、「ロクロかわらけ」（本文中は「須恵系土器」）については古代の系譜を引く土器と指摘しているなど、今日に至る重要な視点を提示した最初の論文である。

また、小井川和夫も柳之御所跡の「かわらけ」についてのべており、ロクロ製作の土器は古代の赤焼土器の系譜に連なる土器で、中世以降の土師質のかわらけにつながると指摘している［小井川 一九八四］。

このように平泉出土の土器「ロクロかわらけ」（手づくねの土器を除く）について、中世の土器ではなく古代土器（「須恵系土器」・「赤焼土器」）の終末とする見解がなされていた。

最初に平泉出土の土器を「かわらけ」と呼称したのは一九八三年発刊の『柳之御所跡発掘調査報告書』〔平泉町教委 一九八三〕からである。同報告では、古代の土器との胎土、形態、製作技法の違いから「中世以後の素焼きの土器坏名称である「かわらけ」をそれにあてた」〔本澤一九八三〕とあり、手づくね製作の土器を「てづくねかわらけ」、ロクロ製作の土器を「ロクロかわらけ」とした。

これ以降、平泉出土の土器を「かわらけ」と呼称するようになり、古代末の土器より中世的な土器のイメージが定着していく。同様の土器については、「京都系土師器」、「ロクロ成形土師器」、「土師質土器」などの名称があるが、本文の記述ではロクロ成形の土器を「ロクロかわらけ」、非ロクロで手づくね成形の土器については「手づくねかわらけ」の名称を使用する。

（２）器種分類

平泉出土かわらけの器種はロクロかわらけの大皿・小皿、柱状高台、一一五〇年代以降からは手づくねかわらけの大皿・小皿、内折れかわらけが加わる。

次に年代別の器種についてのべていくこととする。

・一二世紀前半（第７図１〜４）

ロクロかわらけの椀と小皿、柱状高台の大型と小型。ロクロかわらけは古代の食膳具の系譜を引き、皿形よりも椀形に近い。

岩手県内では柱状高台は一一世紀後半より出現し、小型の柱状高台は古代末の系譜を引く。大型柱状高台は特殊な器形で、今のところ一二世紀初頭の柳之御所遺跡52ＳＥ10のみでしか出

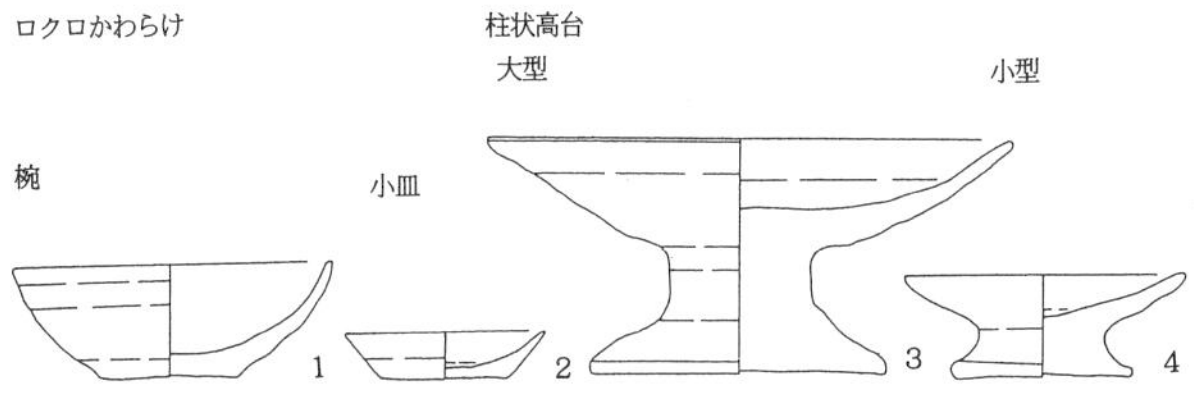

第７図　12 世紀前半の器種

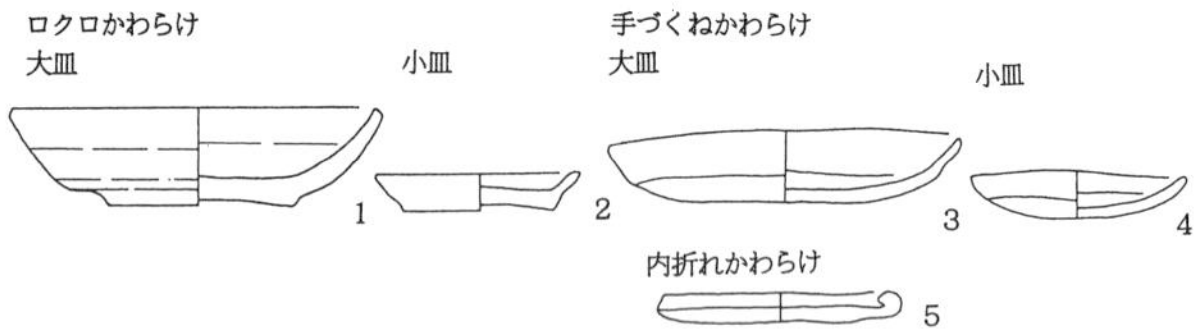

第８図　12世紀後半の器種

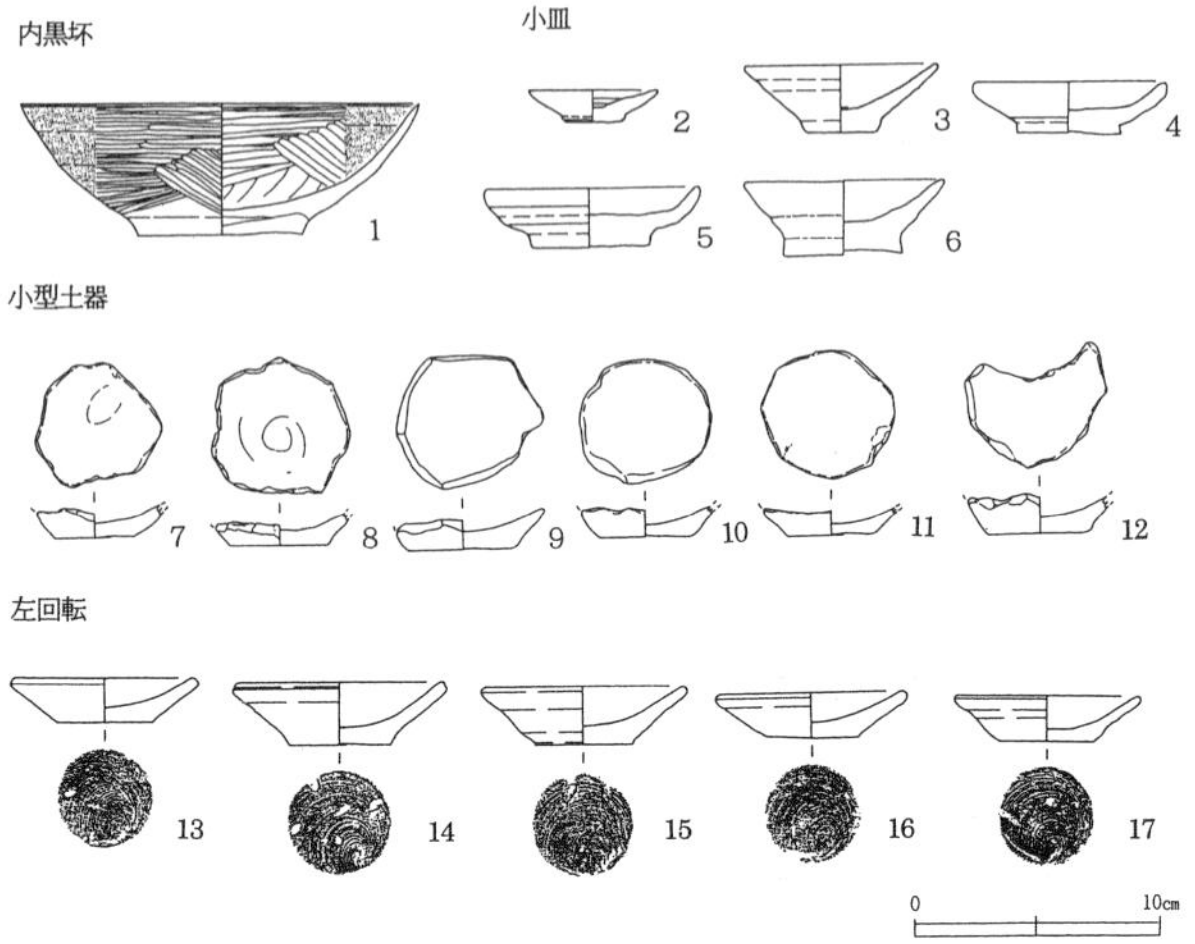

第９図　特殊な器種（内黒坏・小皿・小型土器・左回転）

土が確認されていない。羽柴直人は京都の白色土器である「土高坏」の模倣と推定している［羽柴 二〇〇八b］。

・一二世紀後半（第8図1～5）

ロクロかわらけの大皿と小皿、手づくねかわらけの大皿と小皿、内折れかわらけ（コースター状）。一一五〇年代に手づくねかわらけが導入され、これ以降はロクロと手づくねの二種のかわらけが共存する。

一二世紀前半代の柱状高台が姿を消し、代わりに手づくねの内折れかわらけが出現する。

・内黒坏（第9図1）

金剛院下層より内外面ヘラミガキ調整の内黒坏が1点出土している。内黒坏は、胎土が硬く、内外面黒色処理、内外とも丁寧なヘラミガキ調整が菱形状に展開しており、内底面にはヘラナデ調整が施されている。器形は坏で、法量は他の「ロクロかわらけ」と同じである。

高台は無いが、一一世紀中葉の高台の低い内黒高台椀の系譜と推定され、組成から見て極めて例外的であり、「先祖帰り的な技法の土器」［飯村 二〇〇四］とされる。今のところ一二世紀前葉の金剛院下層でしか確認されていない。

・小皿・小型土器（第9図2～17）

ロクロかわらけ小皿のなかで、底部が台状で口縁部が開く器形がある（第9図2～6）。また、小皿の中には底径が小さい（3.4～4.0㌢）小型タイプがあり、柳之御所遺跡報告書では小型土器に分類している［岩手県 一九九五］。小型土器は口縁部が打ち欠かれるものが多い（第9図7～12）。すべて小皿の器種構成の一つと考えられ、概ね一二世紀前半代に集中する。また、小皿・小型土器には左回転の土器も存在する（第9図13～17）。

（3）年代基準資料について

平泉出土土器「かわらけ」の年代基準となる資料の選択については出土状況が良好な包含層出土遺物、遺構一括遺物を基礎にしている。年代については光谷拓実による年輪年代測定結果［光谷 二〇〇六］、共伴している鏡の年代［杉山 二〇〇二］、出土瓦の年代［本澤 二〇〇〇、鎌田 二〇〇六］、貿易陶磁器の年代［八重樫 一九九七・二〇〇〇・二〇〇八］、国産陶器類の年代［八重樫 一九九四・一九九五ab・二〇〇二］、出土遺物の総括的な年代観［八重樫 二〇〇一］などを参考にした。また、土器の型式変化と編年、年代区分については及川司［二〇〇三］、羽柴直人［二〇〇一・二〇〇八b］による先行研究を参考にしている。

・年代区分（第2表）

本論では年代区分を便宜上、下記のように区分した。なお、時期区分は藤原四代の代替わりや土器の型式変化よりも単純な年代区分（一世紀第四半期区分）を念頭においている。また、終末年代については藤原氏滅亡の一一八九年（文治五年）に基づいている。

・1期（一一〇一～一一二五年）
—一二世紀第1四半期—一二世紀初頭・一二世紀前葉
・2期（一一二六～一一五〇年）
—一二世紀第2四半期—一二世紀中葉（一一四〇年代）
・3期（一一五一～一一七五年）
—一二世紀第3四半期—一二世紀中葉（一一五〇～一一六〇年代）・一二世紀後葉（一一六〇～一一七〇年代）
・4期（一一七六～一一八九年）
—一二世紀第4四半期—一二世紀末葉（一一七五～一一八九年代）

年代	藤原氏	年表	羽柴2001 2008	遺跡名	及川2003	遺跡名	本論	遺跡名	年代根拠
1101	清衡		1期(清衡期前半)	柳之御所遺跡 52SE10	1期	柳之御所遺跡 52SE10 ↓	1期(12世紀第1四半期)	柳之御所遺跡 52SE10 ↓	
1102									
1103									
1104									
1105		中尊寺の造営							
1106									
1107						中尊寺金剛院下層 中尊寺真珠院 泉屋遺跡第11次 ↓		中尊寺金剛院下層 中尊寺真珠院 泉屋遺跡第11次	中尊寺金剛院下層 ・白磁壺Ⅱ類 (11世紀後半～12世紀前半) ・五花鏡(12世紀初頭) ・国産陶器を含まない
1108		中尊寺諸堂造営							
1109									
1110									
1111									
1112									
1113									
1114						中尊寺弁財天堂			
1115									
1116			2期(清衡期後半)	中尊寺金剛院下層 中尊寺真珠院 柳之御所遺跡 55SE1 伽羅之御所5次井戸					
1117									
1118									
1119									
1120									
1121									
1122									
1123									
1124		中尊寺金色堂落成							
1125									
1126		中尊寺大伽藍落慶供養			2期	柳之御所遺跡 55SE1 ↓	2期(12世紀第2四半期)	柳之御所遺跡 55SE1	
1127									
1128		清衡死亡(享年73)							
1129	基衡								
1130									
1131			3期(基衡期前半)	柳之御所遺跡 52SE7					
1132									
1133									
1134									
1135									
1136									
1137									
1138									
1139									
1140		↑				伽羅之御所5次井戸 花立Ⅱ遺跡7次		伽羅之御所5次井戸	伽羅之御所5次井戸 ・鏡の年代(1140年代)
1141		毛越寺・観自在王院の造営							
1142								柳之御所遺跡 31SE2	柳之御所遺跡31SE2 ・年輪年代(1136年) ・鏡の年代(1140年代)
1143									
1144								柳之御所遺跡 28SE13	
1145									
1146			4期(基衡期後半)	志羅山遺跡35次					
1147									
1148								柳之御所遺跡 52SE7	
1149									
1150		↓		柳之御所遺跡 50SE3					
1151						志羅山遺跡35次	3期(12世紀第3四半期)	志羅山遺跡35次	志羅山遺跡35次 ・手づくねかわらけの出現 (1150年代)
1152									
1153									
1154								柳之御所遺跡 50SE3	柳之御所遺跡50SE3 ・白磁四耳壷Ⅲ系(12世紀第3四半期)
1155									
1156						白山社遺跡3次		白山社遺跡3次	白山社遺跡3次 ・常滑1b型式期(1130～1150年) ・輪花鉢(1140年代) ・鏡(1150年代) ・1150～1160年代と推定
1157		基衡死亡						柳之御所遺跡 28SE9	
1158	秀衡								
1159								柳之御所遺跡 52SE9	
1160									
1161			5期(秀衡期前半)	柳之御所遺跡 28SE16				柳之御所遺跡 28SE2	柳之御所遺跡52SE9 ・白磁壺Ⅲ類(12世紀中葉以降)
1162									
1163									柳之御所遺跡28SE2 ・年輪年代(1141年)
1164				柳之御所遺跡 55SX2					
1165									
1166									
1167									
1168									
1169									
1170		秀衡鎮守府将軍に任命				柳之御所遺跡 28SE16		柳之御所遺跡 28SE16 55SX2	柳之御所遺跡28SE16 ・年輪年代(1138年) ・年輪年代(1158年) ・1170年代と推定
1171									
1172									
1173									
1174		源義経平泉入り							
1175									
1176			6期(秀衡期後半・泰衡期)	柳之御所遺跡 28SE3		柳之御所遺跡 30SE6	4期(12世紀第4四半期)	柳之御所遺跡 28SE3 28SE11 30SE6	柳之御所遺跡28SE3 ・年輪年代(1175年)
1177									
1178				柳之御所遺跡 30SE6					柳之御所遺跡28SE11 ・年輪年代(1180・1181年)
1179									
1180									柳之御所遺跡30SE6 ・年輪年代(1177年) ・1180年代と推定
1181		秀衡陸奥守に任命							
1182									
1183									
1184									
1185									
1186									
1187		秀衡死亡							
1188	泰衡			柳之御所遺跡 52SE8		柳之御所遺跡 52SE8		柳之御所遺跡 52SE8	柳之御所遺跡52SE8 ・年輪年代(1186年)
1189		泰衡殺害(平泉の滅亡)							

第2表　平泉編年表

ロクロかわらけ

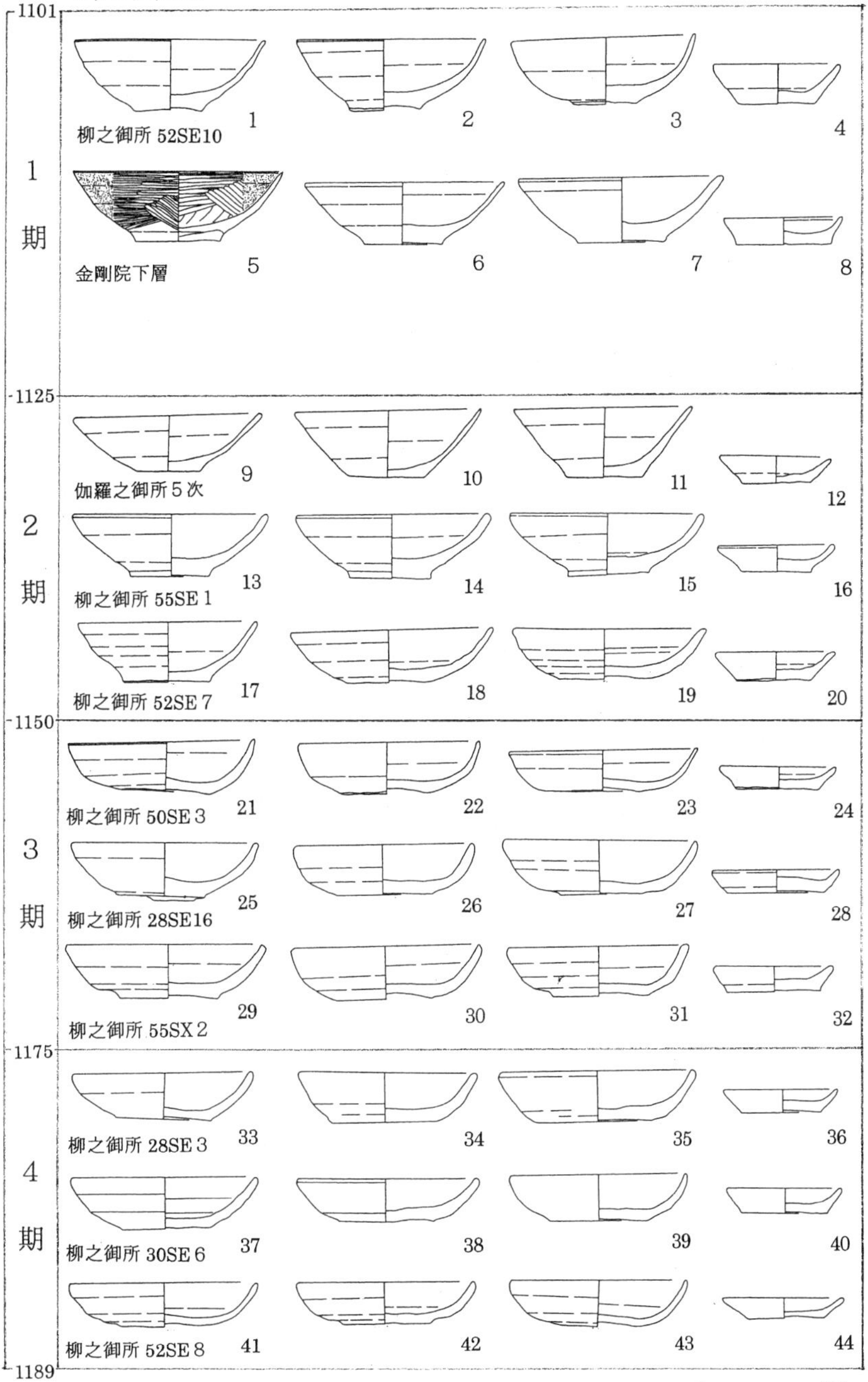

第10図　ロクロかわらけ編年図

（4）かわらけ編年の概要

1期（一二世紀第1四半期）

1期の土器群として柳之御所遺跡52ＳＥ10、中尊寺境内金剛院下層の資料があげられる。金剛院下層の土器群（第10図5～8）は、ロクロかわらけの椀（大皿というより坏もしくは椀形）と小皿、柱状高台で構成されるが、内外面ヘラミガキ調整の内黒坏が1点出土している（第10図5）。

金剛院下層の年代については、「手づくねかわらけ」が含まれず、「手づくねかわらけ」出現（一二世紀中葉）以前と考えられること、常滑・渥美産の陶器片を含まないこと、白磁壺Ⅱ類（一一世紀後半～一二世紀前半）の中国産陶磁器と一二世紀前葉とされる五花鏡が共伴している点から一二世紀初頭もしくは前葉に位置付けられている。特に中尊寺境内という遺跡の立地から中尊寺創建期前後（一一〇五年）の年代もしくは金色堂建立（一一二四年）前後の年代と推定される。

金剛院下層に先行する土器が、柳之御所遺跡52ＳＥ10井戸状遺構より出土している（第10図1～4）。ロクロかわらけの大小に、柱状高台の大小セットがあり、特に器高約10㌢、口径約21㌢の大型柱状高台は注目される（第11図1～2）。羽柴直人は、この大型柱状高台について京都の白色土器である土高坏の模倣品と推定している［羽柴二〇〇二］。

1期の土器群である柳之御所遺跡52ＳＥ10が一二世紀初頭、中尊寺境内金剛院下層が一二世紀前葉に位置付けられる。

2期（一二世紀第2四半期）

2期の土器群として柳之御所遺跡55ＳＥ1（第10図13～16）、伽羅之御所5次井戸（第10図9～12）、柳之御所遺跡52ＳＥ7出土の資料があげられる（第10図17～20）。1期と同様に器種はロクロかわらけの大小（坏と小皿）と柱状高台で構成される。伽羅之御所5次出土のロクロかわらけの坏は厚い器壁と底部が台状を呈しており、1期の椀形の特徴を踏襲している。年代は、共伴している鏡「山水飛雁鏡」の年代から一一四〇年代と推定される。

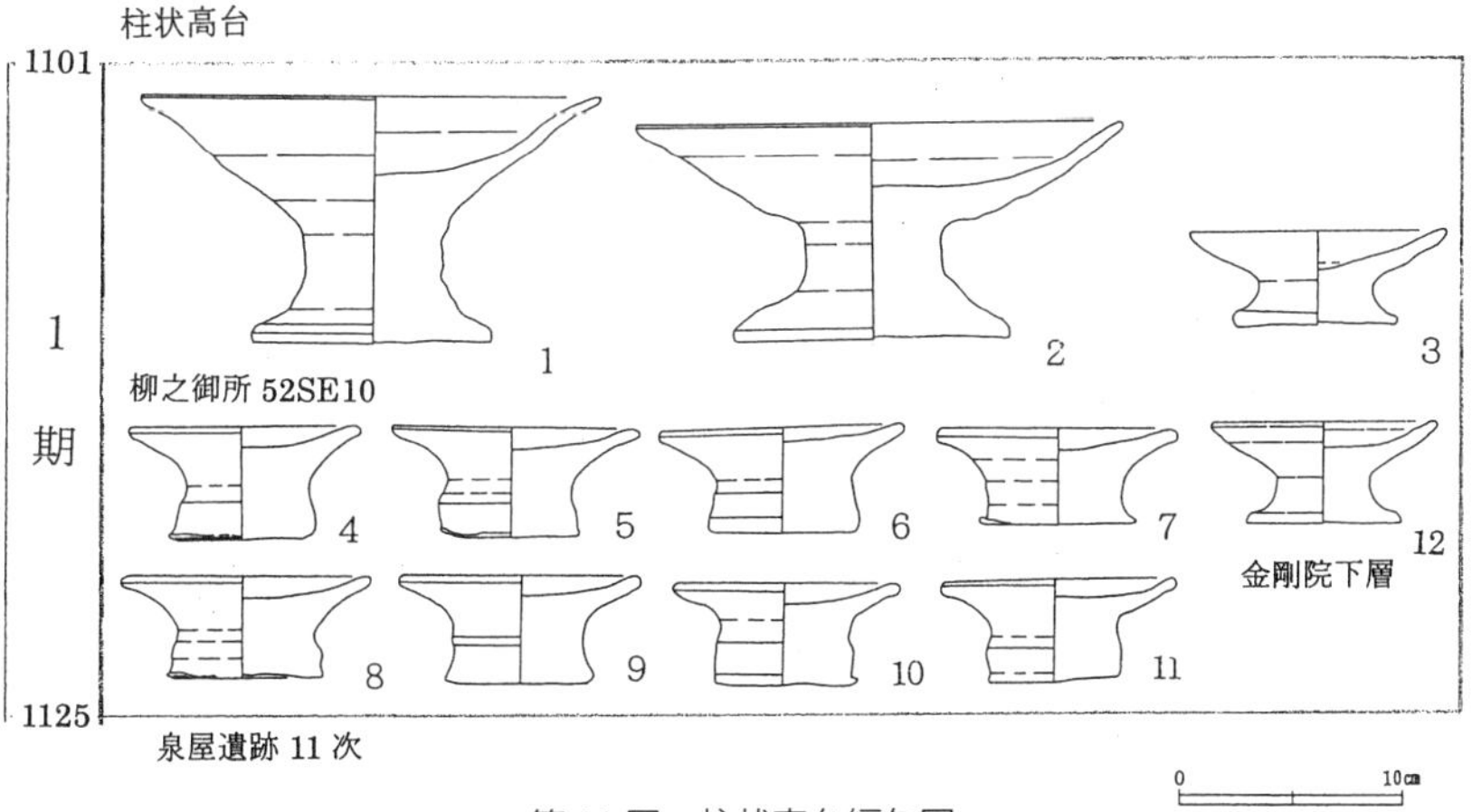

第11図　柱状高台編年図

柳之御所遺跡52ＳＥ7出土のロクロかわらけは器高が低くなり坏形からやや皿形に変容しており、柳之御所遺跡55ＳＥ1、伽羅之御所5次井戸に後続する土器と考えられる。

柳之御所遺跡52ＳＥ7の土器については、羽柴直人は手づくねかわらけ導入に先行して、新しい宴会儀礼の方式が平泉に導入されたことによるとの解釈をしている［羽柴 二〇〇八a］。

3期（一二世紀第3四半期）

3期の土器群として志羅山遺跡35次（第12図1～3）、柳之御所遺跡50ＳＥ3（第10図21～24）、柳之御所遺跡28ＳＥ16（第10図25～28）出土の資料があげられる。3期になると、新たに京都系土師器である「手づくねかわらけ」が導入され、ロクロかわらけと手づくねかわらけの大小（皿と小皿）で器種が構成される。また、下皿である柱状高台が姿を消し、かわりに手づくねの内折れかわらけ（コースター状）が出現する。

平泉で今のところ一番古い形態と推定される「手づくねかわらけ」は、志羅山遺跡35次で確認されており（第12図1～3）、平泉での手づくねかわらけ導入期が一二世紀中葉（一一五〇年前後）と見られる［八重樫 二〇一四］。手づくねかわらけの出現は平泉かわらけ最大の画期と言える。

3期後半の柳之御所遺跡28ＳＥ16は、年輪年代が一一五八年の「人々給絹日記」と共伴しており、一一七〇年代と推測している（第10図25～28、第12図8～11）。

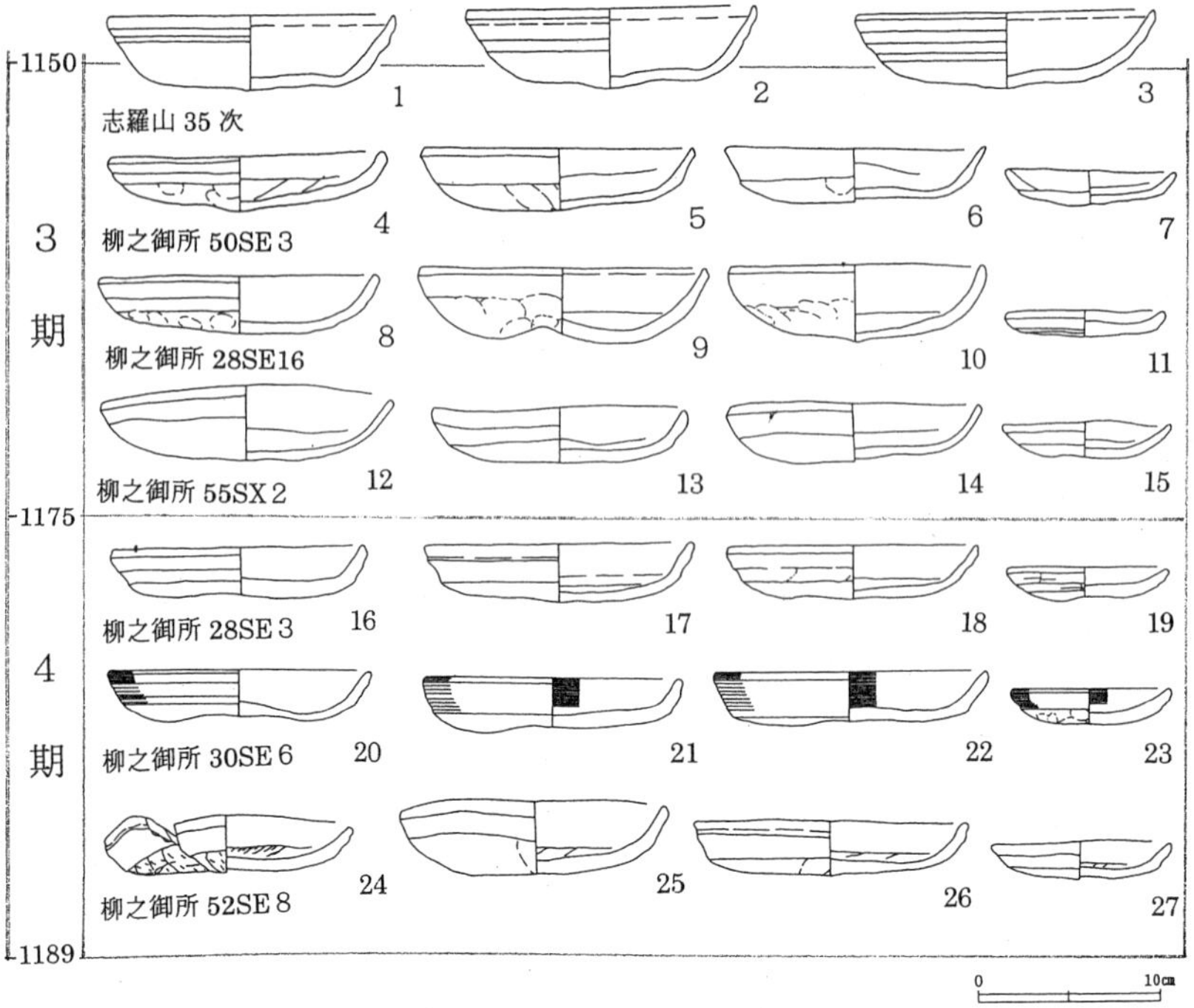

第12図　手づくねかわらけ編年図

4期（一二世紀第4四半期）

4期の土器群として柳之御所遺跡30ＳＥ6（第10図37〜40、第12図20〜23）、柳之御所遺跡52ＳＥ8出土の資料があげられる（第10図41〜44、第12図24〜27）。

器種は3期同様、ロクロかわらけと手づくねかわらけの大小セットであるが、前期に比べ器高、口径ともに法量の縮小化が進んでいる。

柳之御所遺跡30ＳＥ6は、一一七七年の年輪年代測定結果が得られており、一一八〇年代と推定される。柳之御所遺跡52ＳＥ8では年輪年代一一八六年の測定結果を出した折敷と共伴した土器群があり、かわらけの法量が縮小化している。また、手づくねかわらけがロクロかわらけの胎土で作成されており、ロクロかわらけ工人が手づくねかわらけを作成したと推測される（第12図24）。これらの土器群は平泉滅亡の一一八九年に年代が近く平泉終末期のかわらけと考えられる。

平泉出土のかわらけは1期、2期では古代の土器の系譜を引くロクロかわらけの大小と柱状高台で構成されるが、3期(一一五〇年前後)に手づくねかわらけが新たに導入されることにより、坏形から皿形に変換する。手づくねかわらけの出現は古代の器種構成から完全に脱却し、新たに中世的な土器様式が確立した画期と評価することができる。

(5)ロクロかわらけの型式変遷

第13図は羽柴直人の「平泉遺跡群のロクロかわらけ」[二〇〇二]から転載したもので、羽柴はロクロかわらけを1期から6期の六段階に分類している。

6期の年代区分は、1期(一一〇一～一一一五年頃)、2期(一一一六～一一三〇年頃)、3期(一一三一～一一四五年頃)、4期(一一四六～一一六〇年頃)、5期(一一六一～一一七五年頃)、6期(一一七六年頃～一一八九年)としており、本文と対比すると概ね羽柴1期・2期が1期(一二世紀第1四半期)、羽柴3期・4期前半が2期(一二世紀第2四半期)、羽柴4期後半・5期が3期(一二世紀第3四半期)、6期が4期(一二世紀第4四半期)に該当する(第2表参照)。

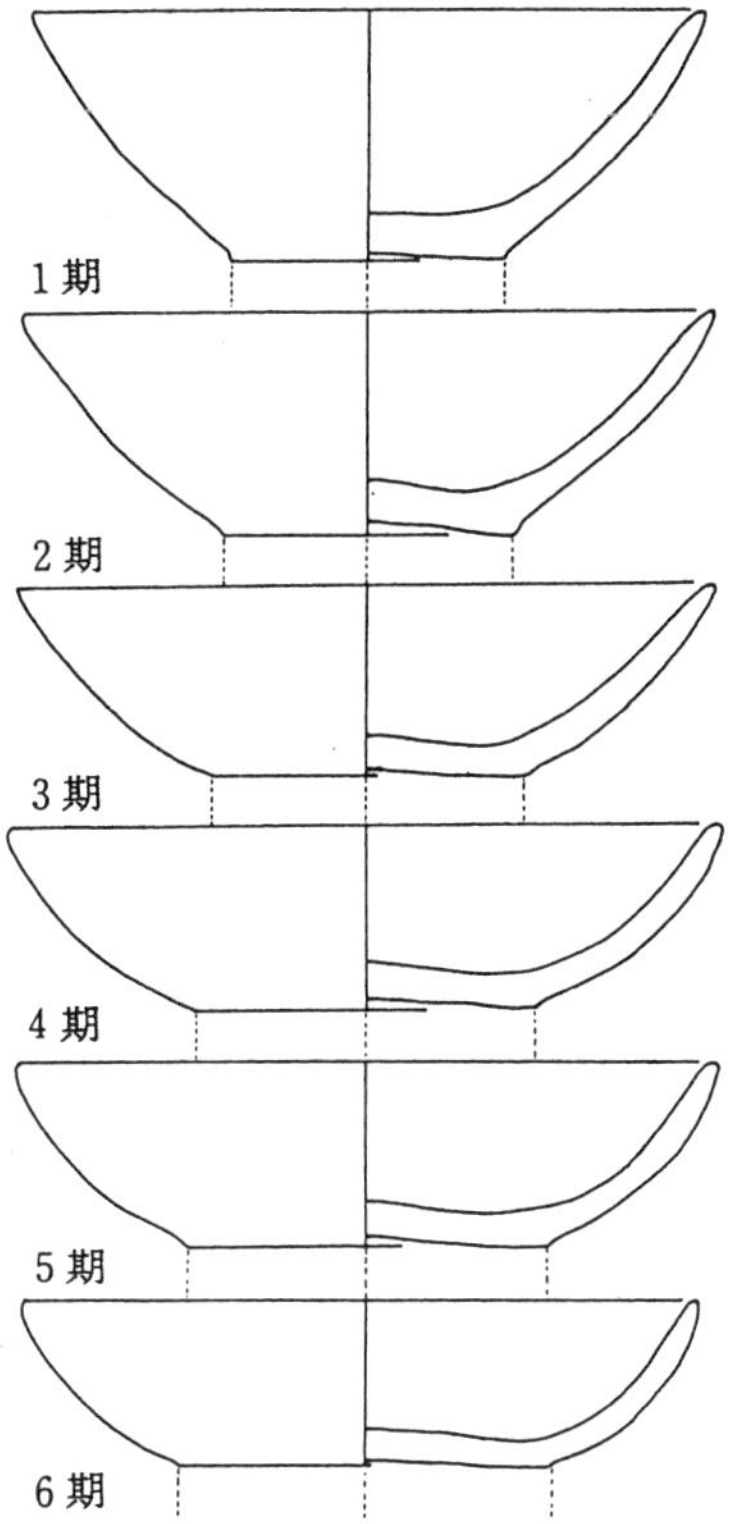

第13図　ロクロかわらけ変遷模式図

ロクロかわらけの型式変遷については、羽柴がのべているとおり器高は高いものから低くなり、口径は小さいものから大きくなり、底径は小さいものから大きくなる傾向にある。若干補足すると、1期(一二世紀第1四半期)のロクロかわらけ椀は、一一世紀中葉以降の在地土器の系譜で器高が高く椀形を呈している。2期(一二世紀第1四半期)になると1期の椀形の特徴を踏襲しているものの口径が大きく

写真５　志羅山遺跡 35 次手づくねかわらけ２段なで

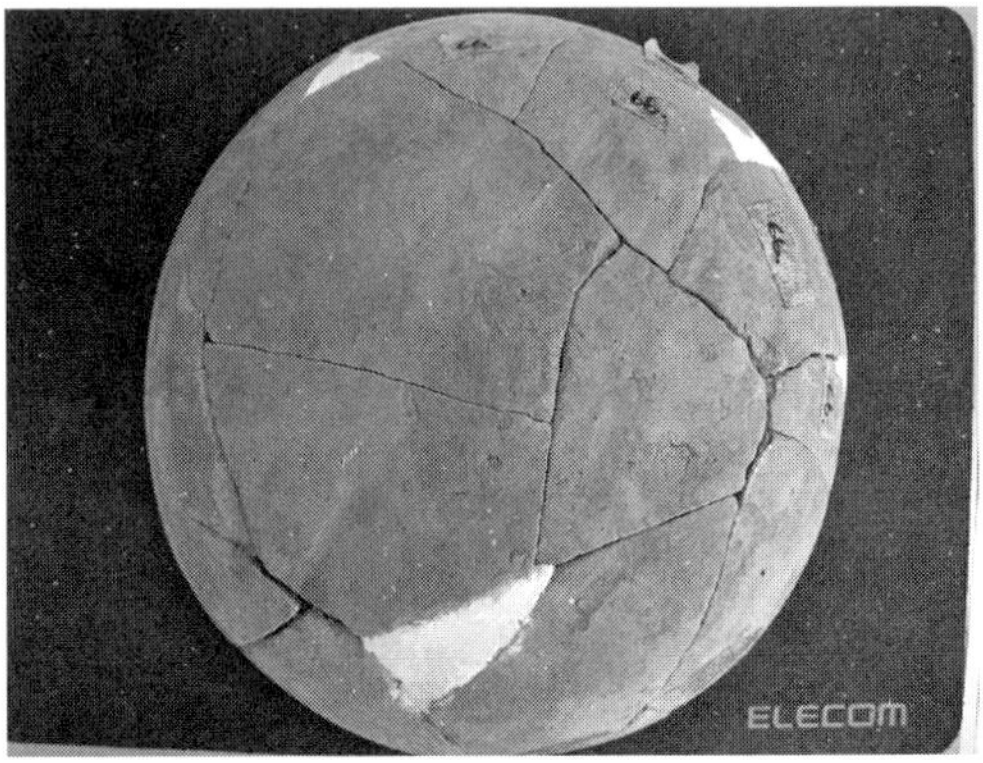

写真６　志羅山遺跡 35 次手づくねかわらけ

器高が低くなり坏形となる。２期の後半（一一四〇～一一五〇年代）の手づくねかわらけ導入直前になると、さらに口径と底径が大きく器高が低くなり皿形を呈するようになり、手づくね導入後（一一五〇年代）には前記の変化がさらに進み、手づくねかわらけの皿形に近くなっていく。

法量は器高／口径値が０．37から０．23へと変化し、底径／口径値は０．40から０．54へと変化していく傾向にある。つまり、年代が新しくなるにつれて器高が低くなり、口径・底径が広がる皿形への型式変遷がうかがえる。

（６）手づくねかわらけの型式変遷

「手づくねかわらけ」が平泉に導入されたのは、一一三〇年～一一四〇年代とする編年［羽柴 二〇一二］があるが、概ね一二世紀中葉（一一五〇年代）・基衡期ととらえられている［井上 二〇〇九、八重樫 二〇一四］。発掘調査で確認された最古の「手づくねかわらけ」は志羅山遺跡35次出土の大皿４点（第12図１～３）で、小皿の共伴は無く、口径15．６～16．３㌢、器高３．４～４．２㌢を測り、明瞭な二段なでが施されている（写真５・６）。

手づくねかわらけの形態分類は、口縁部のなでと口唇部の面取りにより大まかに下記のとおりに分類される（第14図）。

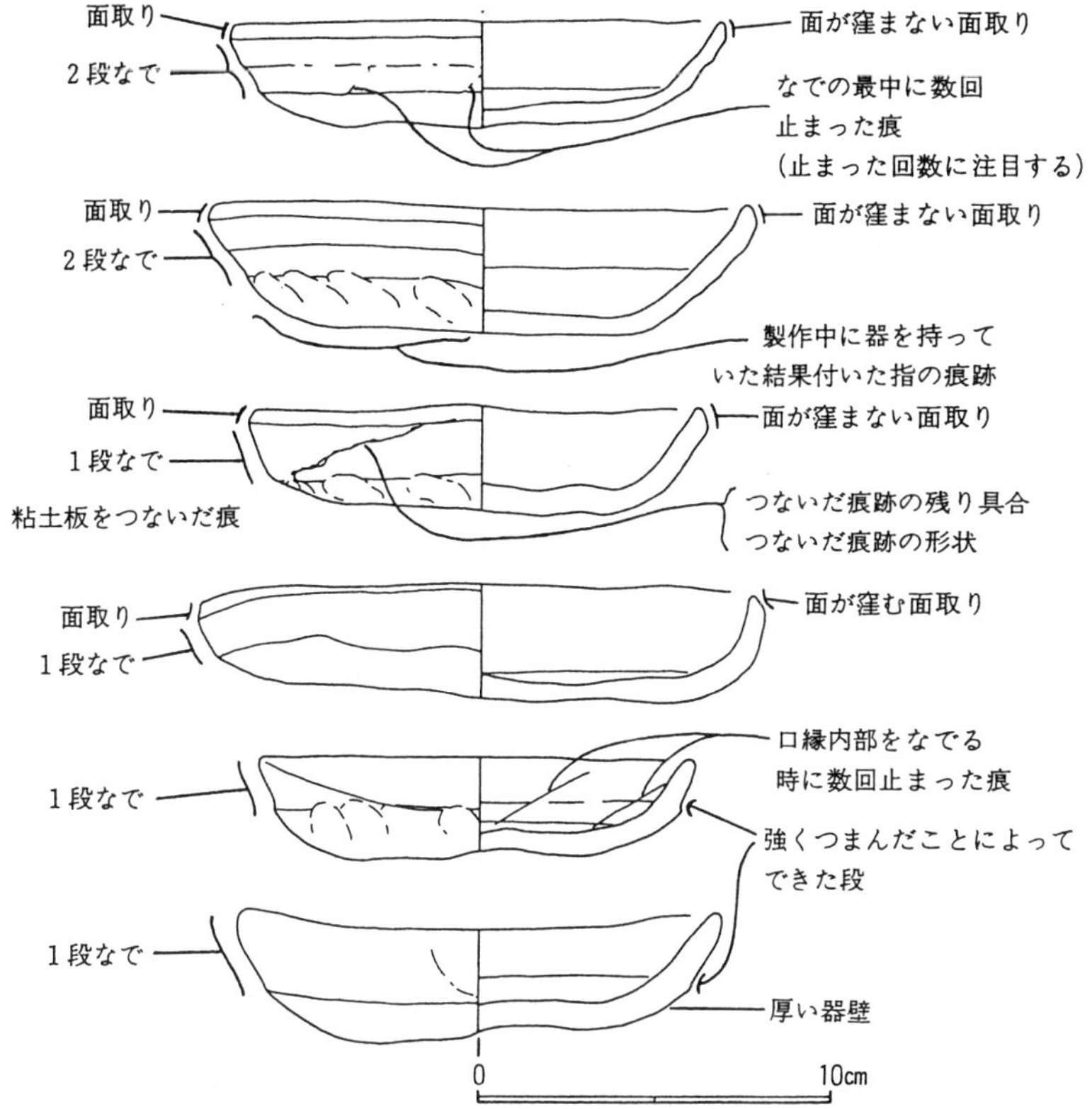

第14図　手づくねかわらけの形態分類(松本 1998)

・二段なで、面取り
・二段なで、面取り無し
・一段なで、面取り
・一段なで、面取り無し

手づくねかわらけの型式変遷として、新しくなるにつれて二段なでから一段なでの器種が増えていく。法量は口径平均値15．8㌢～13．4㌢、器高は3．9㌢～2．7㌢、器高／口径値は0．25から0．20へと変化しており、口径・器高共に縮小していく傾向にある。

(7)柱状高台の型式変遷

古代の柱状高台皿の系譜から派生した柱状高台は、底部が台状かつ中実で高台底面に回転糸切痕を残し、上部は浅い皿形を有する土器で用途は器台・器の下皿、托と推測されている［羽柴二〇〇八b］。

柱状高台は、一二世紀前半代までしか確認で

写真7　柳之御所遺跡 52 ＳＥ 10 柱状高台

きず、手づくねかわらけ導入後の一二世紀後半代以降は使用されていない。一二世紀前半の柱状高台を含んだ器種構成（ロクロかわらけ大皿・小皿、柱状高台）を羽柴直人は「柱状高台かわらけセット」と呼称している［羽柴 二

矢崎木綿子画

第 15 図　大型柱状高台使用想定図（羽柴 2001）

〇〇八ａ］。

一二世紀初頭の柳之御所遺跡52ＳＥ10から口径20センチ・器高10センチ前後の大型柱状高台が出土している（写真7）。この土器について羽柴直人は京都の白色土器である「土高坏」の模倣と想定しているが（第15図）、大型柱状高台は小型の柱状高台と器形が同じであり、柱状高台にも大小のセットが一二世紀初頭の短期間に存在したと推測している。

形態的には、大きく分けると底部を丁寧に作り張り出すタイプと底部が柱状になるタイプがあるが、短期間存続のためそれ程大きな型式変遷はない。

柱状高台の焼成窯は泉屋遺跡第11次から確認されており、240点の柱状高台破片が出土している［佐々木 一九九五、岩手県 一九九七］。

おわりに

古代的な土器様式は、九世紀後半に須恵器の窯業生産が衰退に向かうと、酸化炎焼成無調整土器の「須恵系土器」が出現するのを契機として、一〇世紀中葉に坏法量の二分化が起こり、食膳具の器種構成が揃う一一世紀前葉以降にそれらが減退しはじめ、一一世紀中葉には中世的な土器に変換するが、「須恵系土器」の系譜は新たに「ロクロかわらけ」として受け継がれていく。

一方、中世的な土器様式も九世紀後半の「須恵系土器」の出現を萌芽期とし、椀と小皿の大小セットが確立する一一世紀中葉を契機に、一二世紀前葉の平泉出土土器である「かわらけ」として成立する。さらに一二世紀中葉の「手づくねかわらけ」導入によって完全な中世的土器様式が確定するのである。つまり古代土器の終末と中世土器の開始は、連続する段階的な画期のなかから、重なり合うように終末と開始の時期を迎えていったと解釈される。

本来であれば、古代と中世の境界を土器から見てどの時期に該当するかという問題を解決しなければならないが、古代的な土器組成から中世的な土器組成への転換が、一一世紀段階にあることに間違いない。異論はあるかもしれないが、筆者としては古代の終末と中世の開始が重なり合う一一世紀中葉段階を「中世土器様式」の出現期として、積極的に評価したいと思う。

引用・参考文献

秋田県教育委員会　二〇〇七『虚空蔵大台滝遺跡』秋田県文化財調査報告書第416集

浅利英克　二〇一二「鳥海柵遺跡と土器変遷」『安倍氏のうつわ検討会』金ヶ崎町教育委員会

飯村　均　二〇〇四「〈コラム〉土器から見た中世の成立―その連続性と非連続性の視点から―」『中世の系譜』高志書院

井上雅孝　二〇〇九『奥州平泉から出土する土器の編年的研究』

井上雅孝　二〇一〇「平泉かわらけの系譜と成立―土器から見た「古代」と「中世」の二重構造―」『兵たちの生活文化』高志書院

井上雅孝・君島武史・君島麻耶　二〇一一「北上川東岸に出土する清原期の土器様相―11世紀末葉に存在する左回転土器につ

いて―」『岩手考古学』第22号
㈶岩手県文化振興事業団埋蔵文化財センター　一九九五『柳之御所跡』岩手県文化振興事業団埋蔵文化財調査報告書第228集
㈶岩手県文化振興事業団埋蔵文化財センター　一九九七『泉屋遺跡第10・11・13・15次発掘調査報告書』岩手県文化振興事業団埋蔵文化財調査報告書第247集
及川　司　二〇〇三「陸奥のかわらけ―岩手県―」『中世奥羽の土器・陶磁器』高志書院
利部　修　二〇〇七「虚空蔵大台滝遺跡のかわらけ―北奥羽における編年学的位置付け―」『列島の考古学Ⅱ―渡辺誠先生古希記念論文集』渡辺誠先生古希記念論文集刊行会
鎌田　勉　二〇〇六「柳之御所遺跡出土瓦についての再検討～主に瓦の年代と使用方法について～」『岩手県立博物館研究報告』第23号
金ヶ崎町教育委員会　二〇一三『鳥海柵跡』金ヶ崎町文化財調査報告書第70集
桑原滋郎　一九七六「須恵系土器について」『東北考古学の諸問題』寧楽社
小井川和夫　一九八四「いわゆる赤焼土器について」『東北歴史資料館研究紀要』第10巻
斎藤忠・三宅敏之　一九五四『無量光院跡』文化財保護委員会
佐々木務　一九九五「平泉町泉屋遺跡出土の柱状高台と突帯文四耳壷」『紀要ⅩⅤ』㈶岩手県文化振興事業団埋蔵文化財センター
島田祐悦　二〇一二「大鳥井山遺跡のロクロ土師器について」『安倍氏のうつわ検討会』金ヶ崎町教育委員会
杉山　洋　二〇〇二「平泉周辺出土の和鏡について」『里遺跡発掘調査報告書』岩手県文化振興事業団埋蔵文化財調査報告書第228集
津田武徳　一九九四「ロクロの回転方向から見た近世陶磁」『大阪市文化財論集』
羽柴直人　二〇〇一「平泉遺跡群のロクロかわらけについて」『岩手考古学』第13号
羽柴直人　二〇〇八a「奥州藤原氏と平泉文化圏」『考古学ジャーナル』No.571
羽柴直人　二〇〇八b「平泉の宴―安倍氏から奥州藤原氏へ―」『宴の中世』高志書院
羽柴直人　二〇一〇『東日本初期武家政権の考古学的研究』
樋口知志　二〇〇二「前九年合戦と後三年合戦」『平泉の世界』高志書院
平泉町教育委員会　一九八三『柳之御所跡発掘調査報告書―第11・12次発掘調査概報―』平泉町文化財調査報告書第1集
古川一明　二〇〇七「多賀城跡の11世紀～12世紀の土器について」『多賀城跡年報二〇〇六』多賀城跡調査研究所
本澤愼輔　一九八三「かわらけ」『柳之御所跡発掘調査報告書―第11・12次発掘調査概報―』平泉町教育委員会
本澤愼輔　二〇〇〇「平泉出土の瓦」『瓦からみた平泉文化』平泉町教育委員会
光谷拓実　二〇〇六「柳之御所遺跡出土木製品の年輪年代測定結果」『柳之御所遺跡―第59次発掘調査概報―』岩手県文化財調査報告書第121集

松本建速　一九九八「12世紀代東北地方におけるかわらけ存在の意味」『中近世土器の基礎研究』XⅢ
八重樫忠郎　一九九四「常滑・渥美窯産甕の12世紀後半における変化―国産陶器一括廃棄事例から―」『岩手考古学』第6号
八重樫忠郎　一九九五a「平泉遺跡群の常滑焼―1b期の甕を中心に―」『考古学ジャーナル』No.396
八重樫忠郎　一九九五b「平泉町出土の刻画文陶器集成」『平泉と鎌倉―永福寺遺物展記念―』
八重樫忠郎　一九九七「輸入陶磁器からみた平泉」『貿易陶磁研究』第17号
八重樫忠郎　二〇〇〇「東日本における青磁の出現時期」『貿易陶磁研究』第20号
八重樫忠郎　二〇〇一「中世前期の時間軸としての遺物」『平泉文化研究年報』第1号
八重樫忠郎　二〇〇八『持続する京都・興隆する鎌倉・衰微する平泉　平泉・東北地方資料集成編平成19年度調査報告書』
八重樫忠郎　二〇一四「平泉と鎌倉の手づくねかわらけ」『中世人の軌跡を歩く』高志書院
横手市教育委員会　二〇〇九『大鳥井山遺跡』横手市文化財調査報告第12集

東北地方の土器焼成窯

及川　真紀

はじめに

東北地方で中世前期に営まれていた土器焼成窯＝かわらけ窯跡は、中山雅弘によって陸奥国の事例が紹介され、その変遷についても見通しが示されているが［中山 二〇〇二］、近年、一一世紀の土器焼成遺構が盛岡市の赤袰遺跡で、また一二世紀の土器焼成窯と考えられる遺構が岩手県奥州市の白鳥舘遺跡で確認されるなど、類例が増加している。筆者は、白鳥舘遺跡の調査を担当し、製品と見なしうる土器の出土はなかったものの、遺構の形態と出土した遺物の年代から、かわらけを焼いた窯跡ではないかと報告したが［奥州市 二〇一二］、ここでは中山の研究に導かれながら、白鳥舘遺跡の調査成果を交えつつ、東北地方で発見された中世前期の「土器焼成窯＝かわらけ窯跡」を改めて検討してみたい。

1　白鳥舘遺跡の窯跡

（1）窯跡の概要

平泉町の柳之御所遺跡から北に4㌔、北上川西岸の半島状に突き出た狭い丘陵に白鳥舘遺跡がある。丘陵部は一五世紀頃の中世城館跡なのだが、その低地には一二〜一四世紀頃にかけての遺構群が広がっている。低地には近世と考えられる洪水層が厚く堆積しているため、古代・中世の遺構はその下層に展開する。

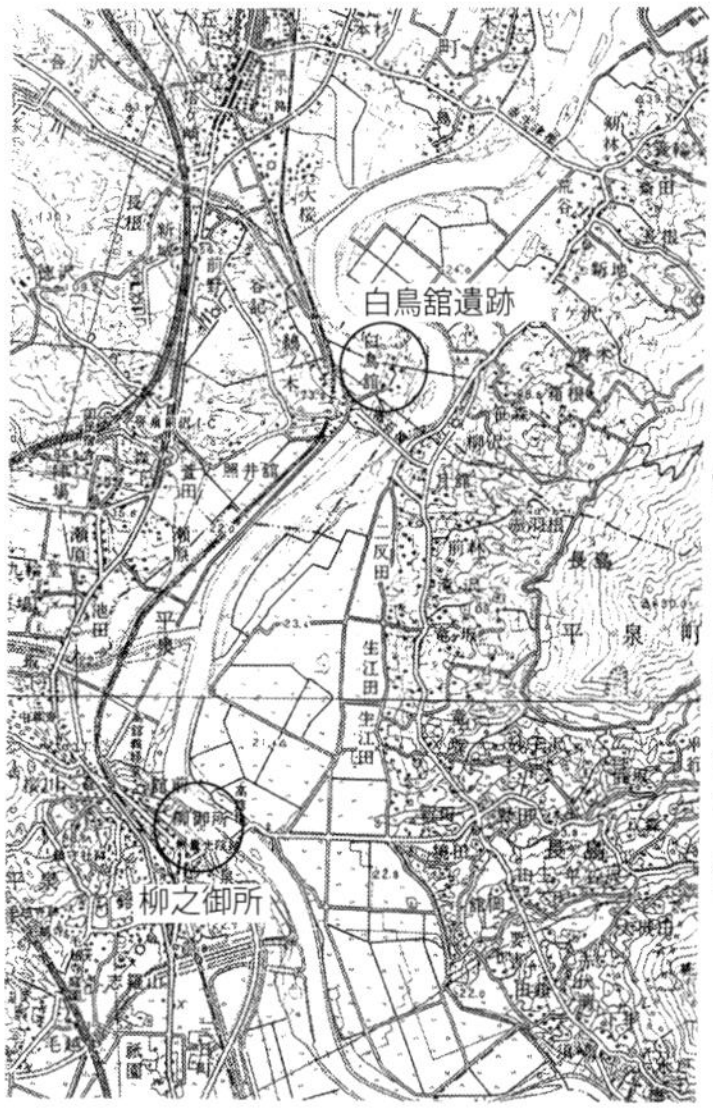

遺跡位置図

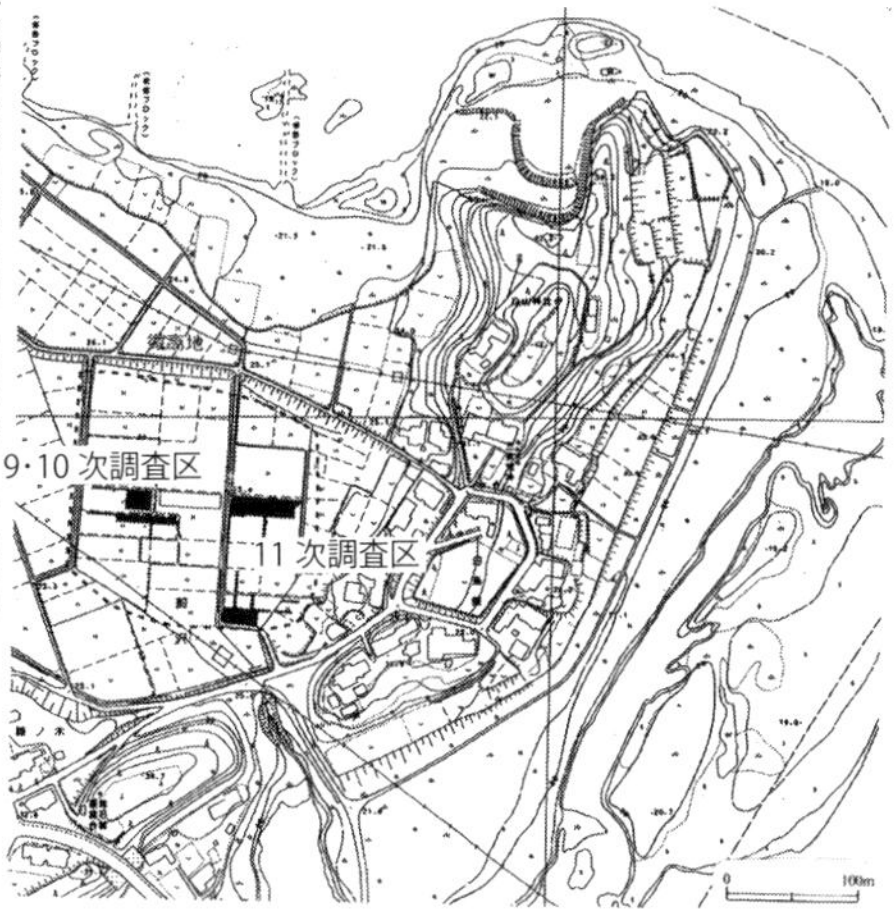

調査区位置図

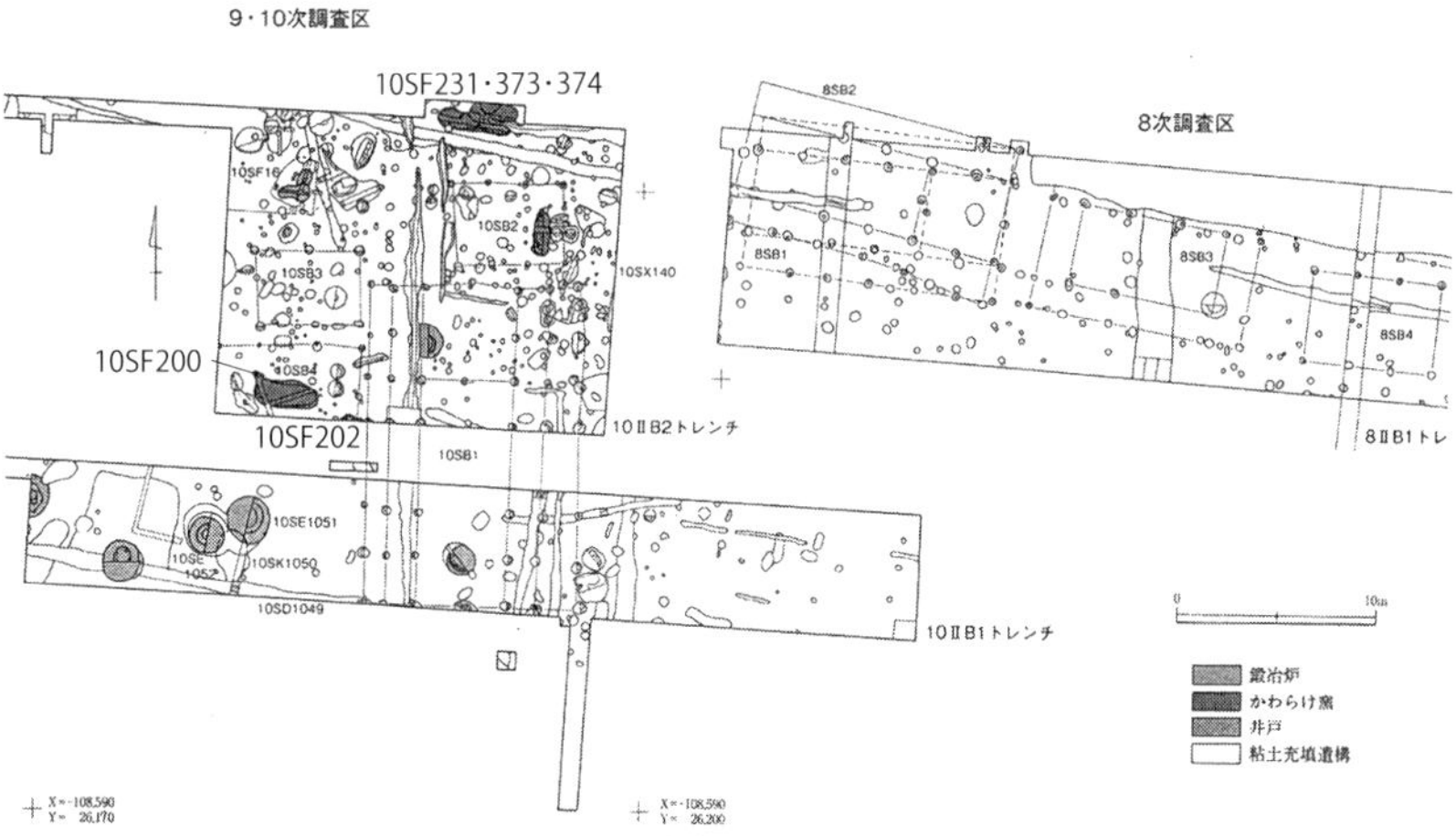

窯跡の出土地点

第１図

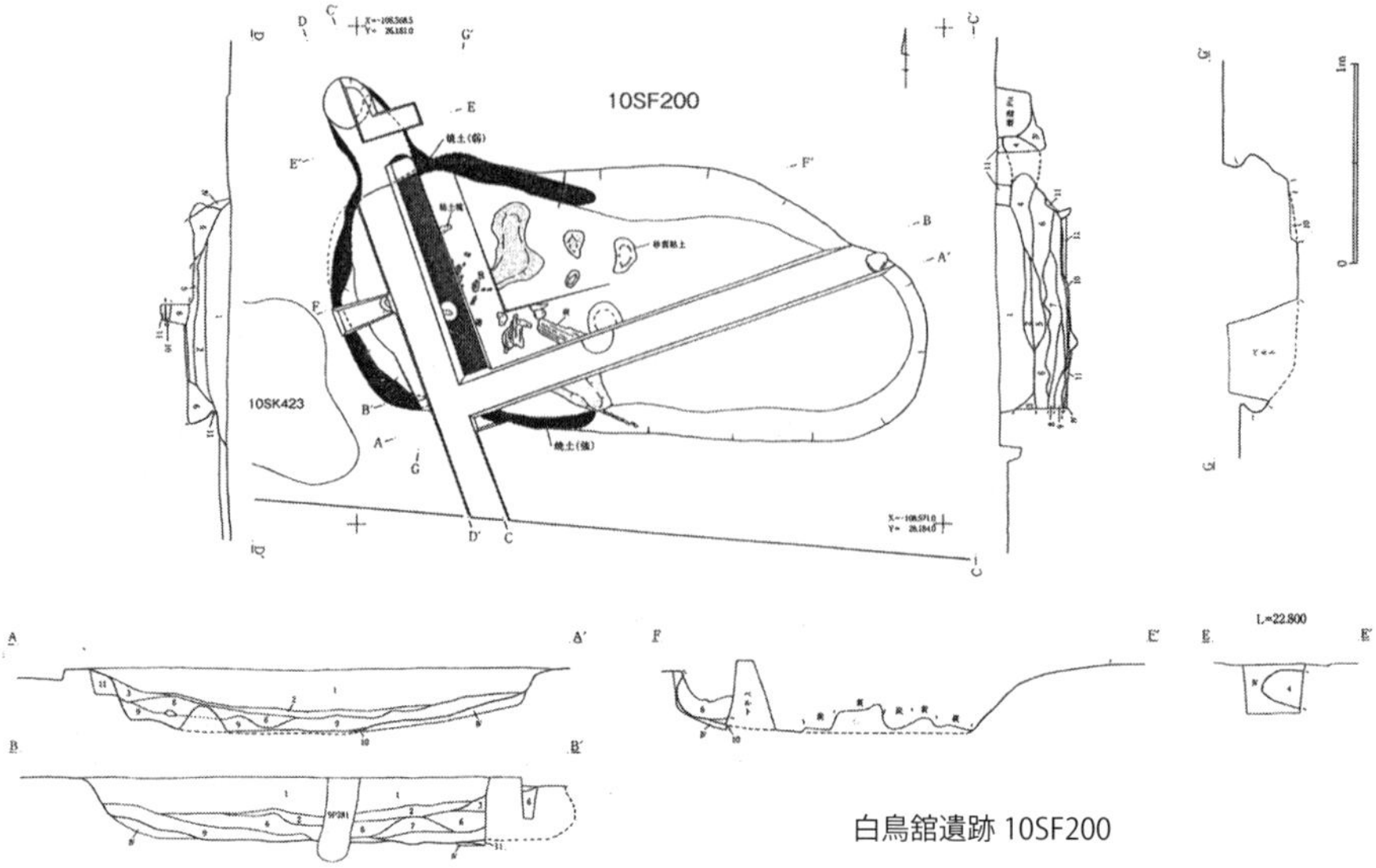

白鳥舘遺跡 10SF200

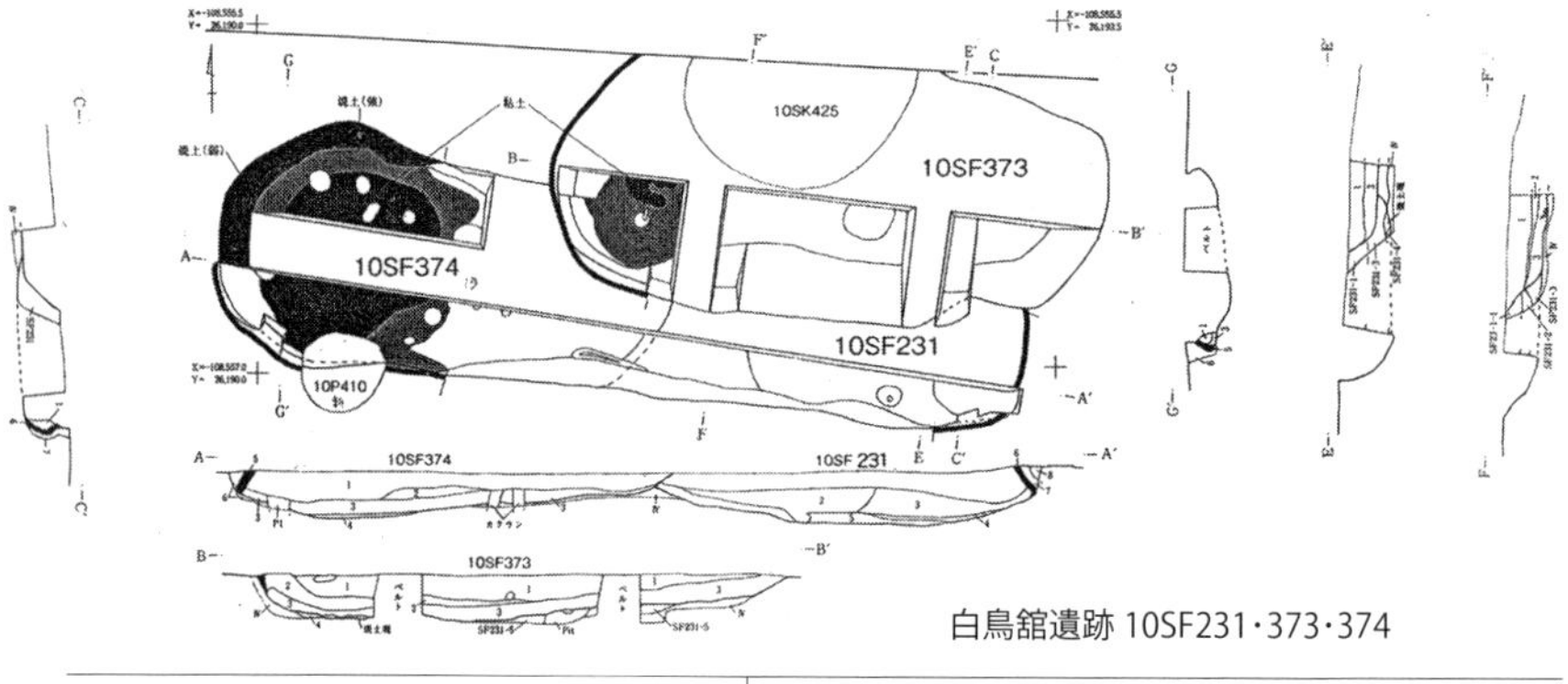

白鳥舘遺跡 10SF231·373·374

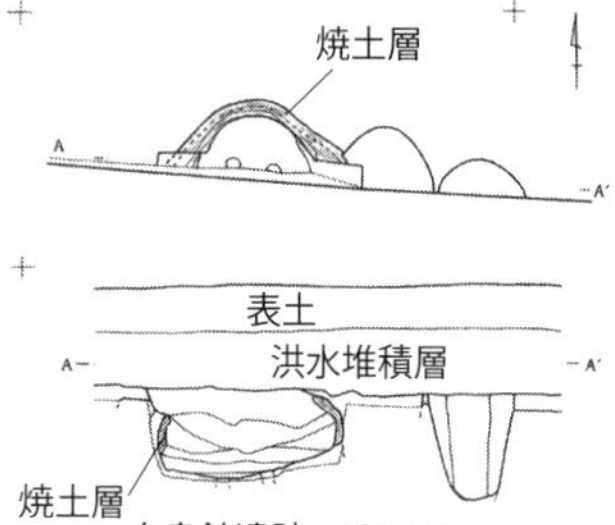

白鳥舘遺跡 10SF202

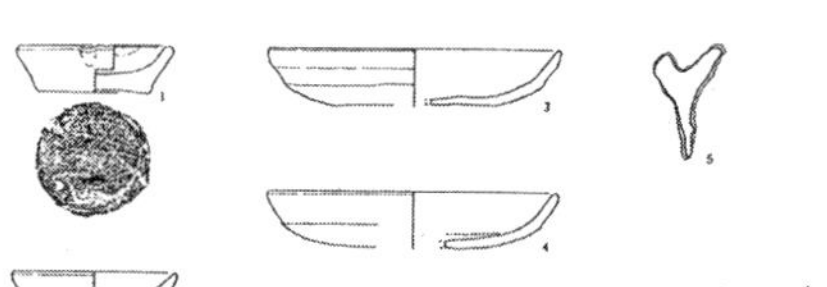

10SF200 出土遺物

遺構 S：1/6
遺物 S：1/4

第２図

窯跡は9・10次調査区で5基を確認したが、その周辺には粘土溜りと考えられる遺構や鍛冶炉跡、炭が出土する土坑のほか、鉄塊や鉄滓、銅塊、数珠玉の未成品など、一二～一三世紀初頭にかけての手工業生産に関わる遺構や遺物が集中していた。

また遺跡の南端の11次調査区では、窯跡と関連すると推定される2基の粘土採掘坑が確認されている。粘土採掘坑は、窯跡が出土した微高地が低地に接する付近で2基(11ＳＫ101・11ＳＫ106)が近接して見つかった。開口部径1～1.7メートル、深さ80センチほどの平面が楕円形、断面がフラスコ形の土坑である。土坑が位置する周辺は地表から80センチほど下に白色の粘土層が堆積しているが、土坑はこの層を抉るように底面付近の壁が掘り込まれており、白色粘土を採掘したものとみられる[奥州市二〇一二]。粘土採掘坑が確認されたことは、白鳥舘遺跡の周辺で粘土が採掘されることを証明する点で注目に値する(第1・3図)。

さて、窯跡は5基(10ＳＦ200、10ＳＦ202、10ＳＦ231、10ＳＦ373、10ＳＦ374)のうち、焼成部の方向を変えながら同じ場所で重複する窯跡が3基あり(10ＳＦ231・10ＳＦ373・10ＳＦ374)、焼成部の一部のみで全体の形状が詳らかでない窯(10ＳＦ202)が1基ある。これらの窯跡の規模は、長さ190～300センチ、幅110～130センチ、深さは20～38センチで、東西方向に延びる楕円形を呈し、東西のどちらかに焼成部をもつ(10ＳＦ202は不明)。窯跡の底面をみると、焼成部に向かってスロープ状に緩く下がっていて、いずれも焼成部の壁面がオーバーハングし、壁の焼土が内側に傾いている点が遺構の特徴である。最も残りの良い窯(10ＳＦ200)には、焼成部の北側に煙出状のピットが伴っていた。

焼成部の被熱状況を観察すると、壁が強く焼け、床面の焼けがやや弱いもの(10ＳＦ200、10ＳＦ202、10ＳＦ231、10ＳＦ373)と、壁・床面ともに強く焼けるもの(10ＳＦ374)があり、いずれも床の焼土面の直上には、薄い炭層が堆積していた(第2図)。

残りの良い窯(10ＳＦ200)では、炭層の上に窯跡全体を覆うように大量の焼けた粘土塊が堆積し、焼成部付近で

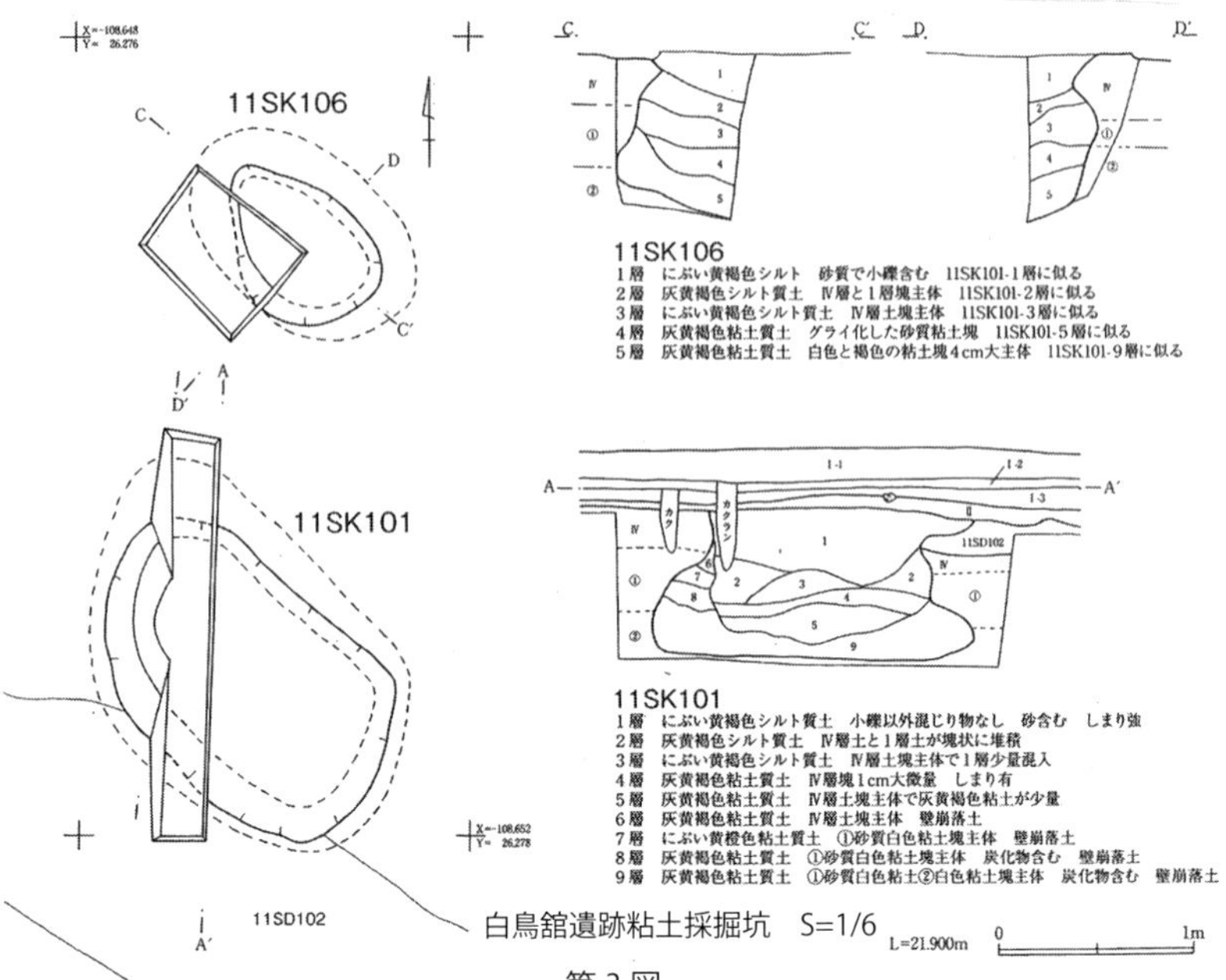

第3図

はその粘土塊の層中に黄褐色の砂質粘土の塊が挟まれるような状態で堆積していた。黄褐色の砂質粘土が挟まっている意味はよくわからないのだが、同じような現象は後述する田町裏遺跡のかわらけ窯などでも見られるので、何らかの役割を果たしているのかもしれない。

出土遺物は、焼けた粘土塊層の上層から完形のロクロかわらけ1点が埋納されたかのように伏せた状態で検出されたほか、鉄鏃1点と手づくねかわらけの破片が19点出土している。このほか、別の窯（10ＳＦ373・374・202）からは、床の焼土面付近で鉄塊や鉄製品などが1点ずつ出土している。

（2）窯跡の検討

中山雅弘によれば、東北地方で確認されている中世前期の土器窯は8遺跡16例で（第4～6図）［中山 二〇〇一］、このうち焼成品が出土した窯跡は馬場中道遺跡1号窯跡・2号窯跡（福島県郡山市）と、名生館遺跡4次ＳＸ273窯跡（宮城県大崎市）、平泉町泉屋遺跡11ＳＸ2（岩手県）

の4例である。

このうち、馬場中道遺跡1号窯跡と2号窯跡は、一三世紀代の手づくねかわらけを焼成したとされる窯跡である［郡山市教委 一九八三a］。窯の形態はいわゆる煙管状焼成窯であり、白鳥舘遺跡で確認できた焼成部の壁面が内傾する窯跡と同一のものとは言い難い。

一二世紀の柱状高台かわらけを焼成した窯跡とされる泉屋遺跡11ＳＸ2は、報告書掲載図の資料44点を実見したところ、脚部が縦方向に割れるか、あるいは皿部がはずれるなど、同じような破損状況を示すものが9割を占めていたことから、報告書の指摘どおり焼成失敗品が一括で廃棄された可能性が高いが、残念ながら遺構の壁面が残っておらず、窯の形態を確認できない［岩埋セ 一九九七］。

同じく一二世紀の手づくねかわらけを焼成したと考えられる名生館遺跡4次ＳＸ273窯跡は、長さ150㌢、幅70㌢、深さ30㌢を測り、平面は瓢箪形で、床面は東側の焼成部に向かってスロープ状に下がっている。焼成部の壁面は一部がオーバーハングし非常に硬く焼けているが、底面に顕著な焼け面は見られない。出土した手づくねかわらけは、被熱により内外面が薄く剥離したものがみられることから、この窯跡で焼いた製品と考えられている［多賀城跡調査研究所 一九八四］。

名生館遺跡の窯跡（4次ＳＸ273）と白鳥舘遺跡の窯跡を比較すると、遺構の規模と平面形は若干異なるものの、壁面の形状や被熱状況などに共通点が多い。このことから、白鳥舘遺跡の窯跡を、名生館4次ＳＸ273と同じく、かわらけ窯跡と想定できるのである。

なお窯跡が出土した白鳥舘遺跡9・10次調査区におけるロクロかわらけと手づくねのかわらけの比率をみると、全体の6分の1以上が残る破片は、ロクロかわらけ3点に対し、手づくねかわらけが40点と圧倒的に手づくねかわらけが多い。このことから類推すれば、白鳥舘遺跡の窯跡は、手づくねかわらけ焼成窯であった可能性が高いだろう。

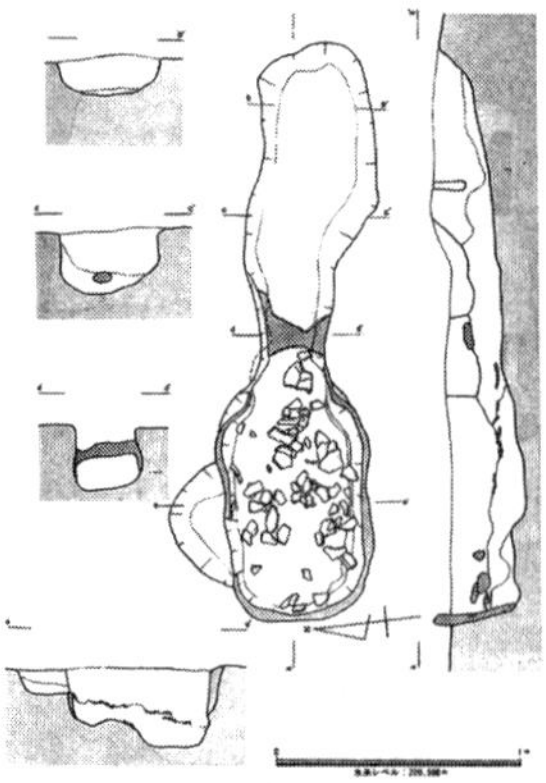

馬場中道遺跡１号窯跡

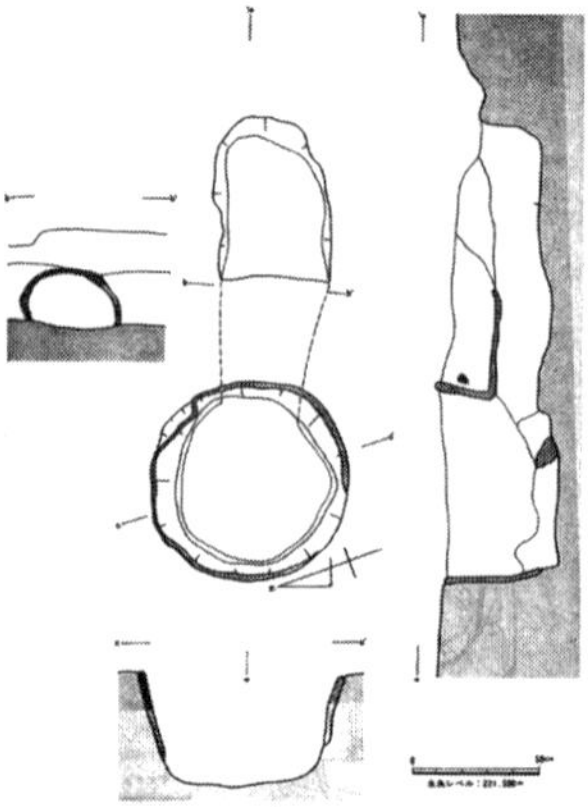

馬場中道遺跡２号窯跡

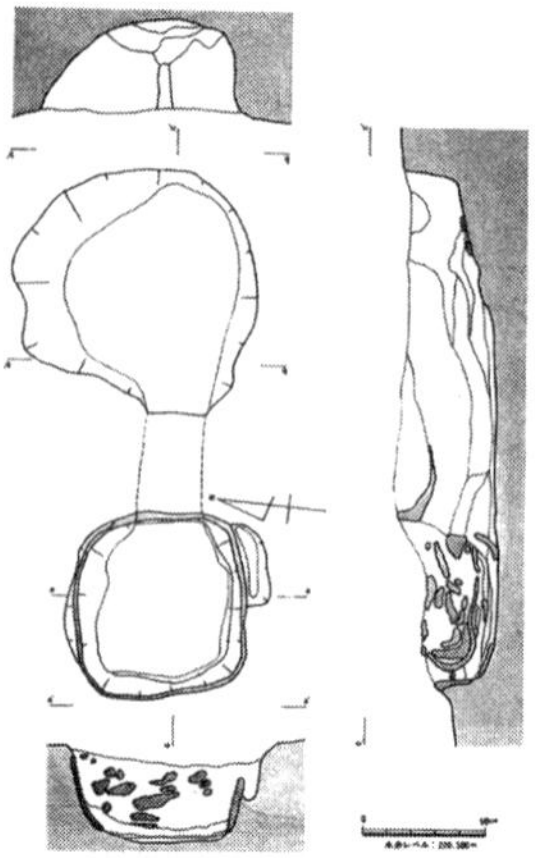

馬場中道遺跡３号窯跡

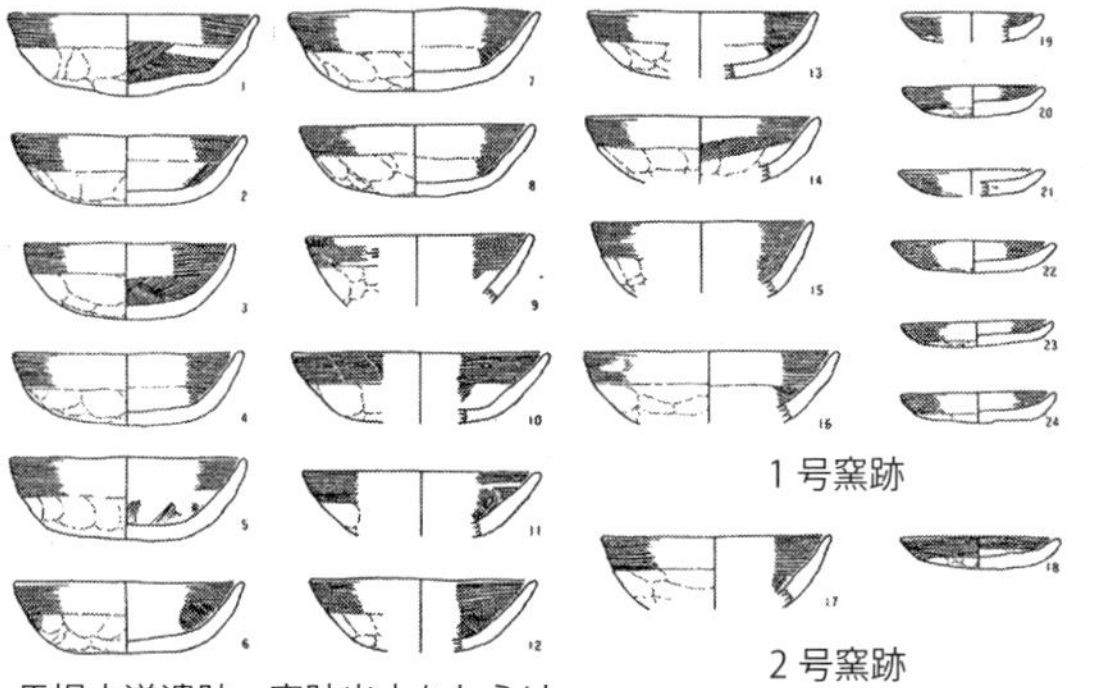

馬場中道遺跡　窯跡出土かわらけ

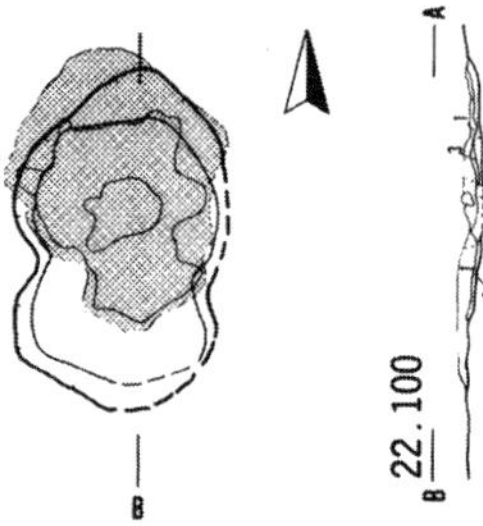

泉屋遺跡 11SX2

遺構 S=1/6　遺物 S=1/8

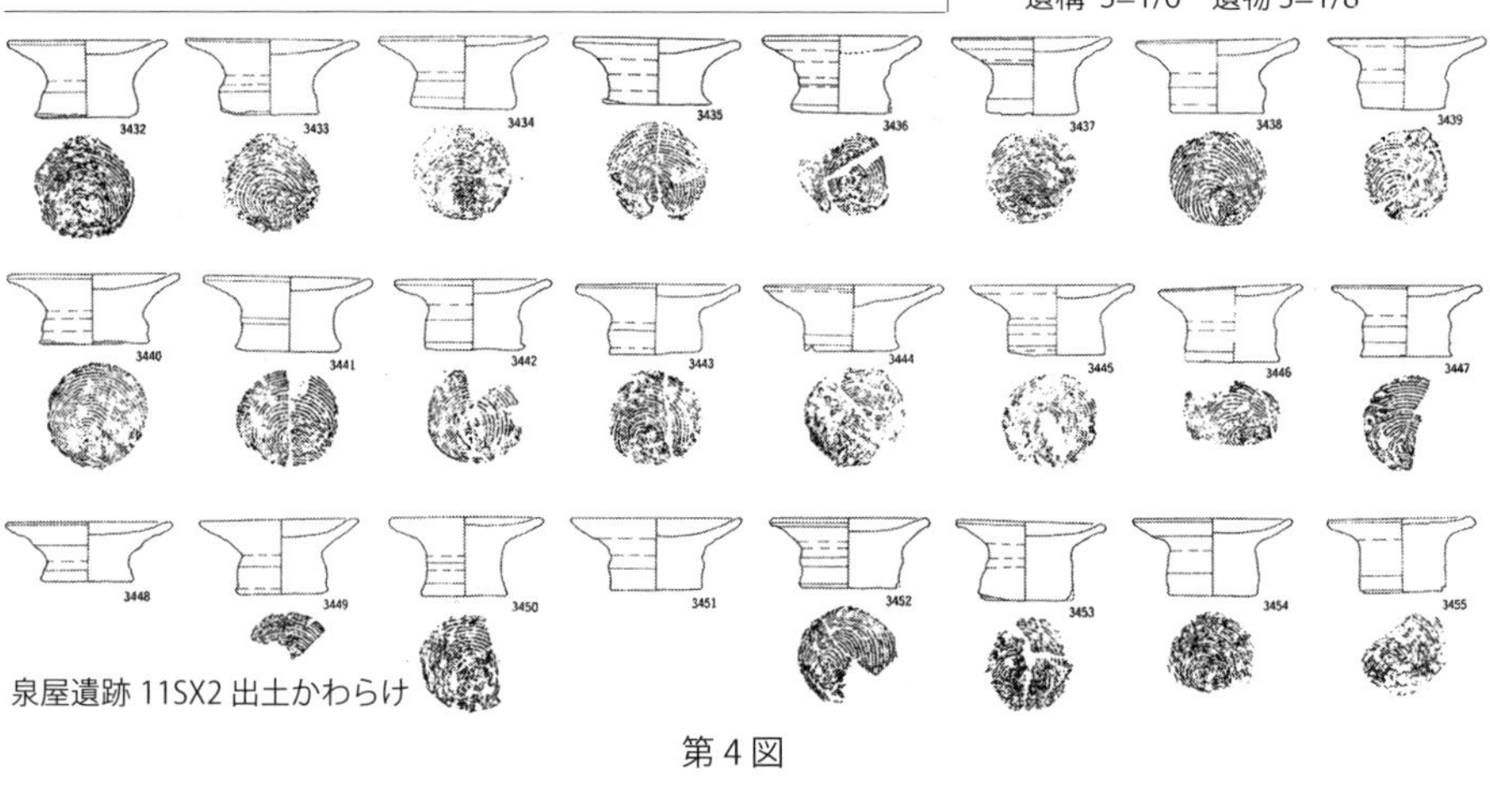

泉屋遺跡 11SX2 出土かわらけ

第４図

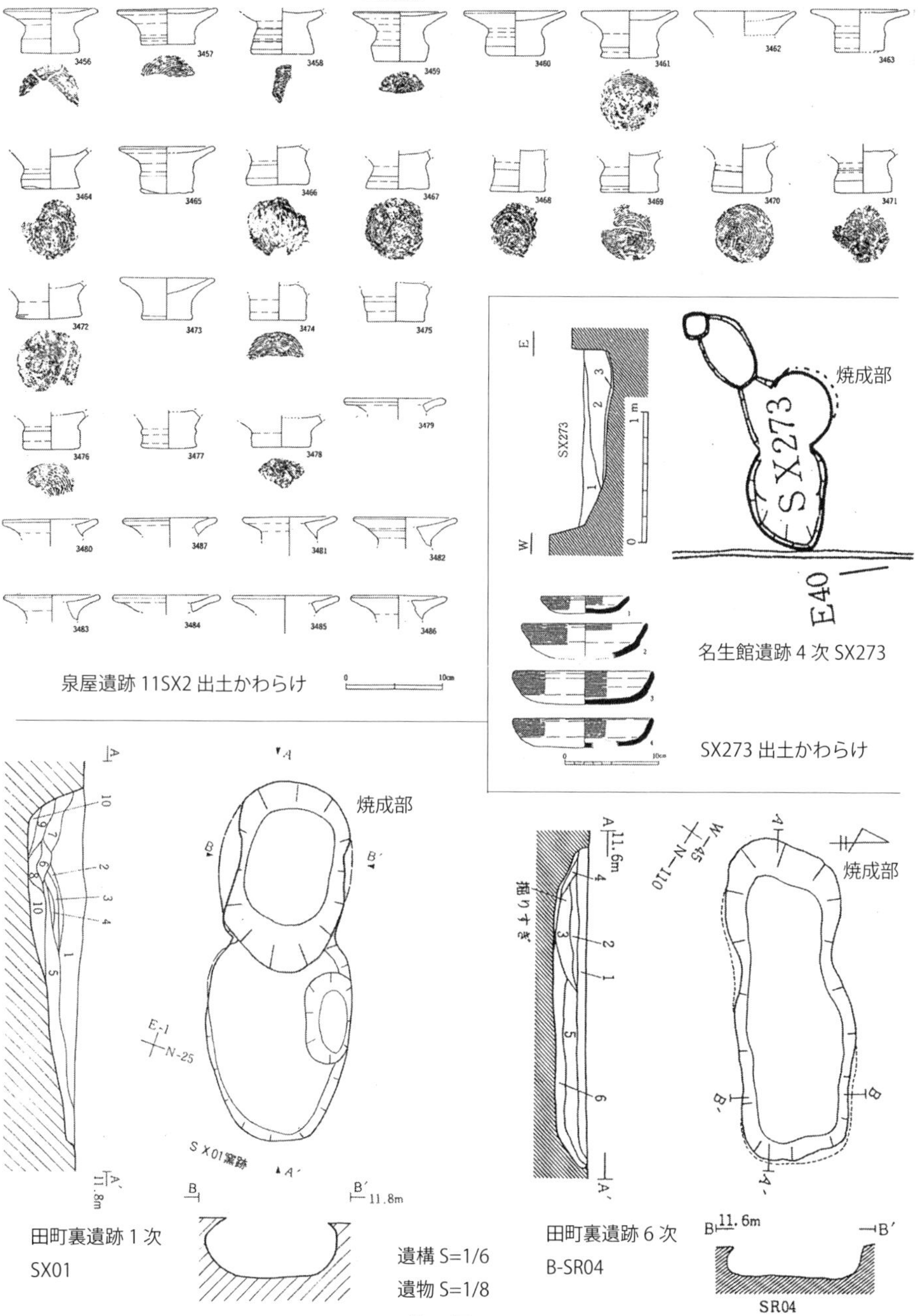
3456
3457
3458
3459
3460
3461
3462
3463
3464
3465
3466
3467
3468
3469
3470
3471
3472
3473
3474
3475
3476
3477
3478
3479
3480
3487
3481
3482
3483
3484
3485
3486
泉屋遺跡 11SX2 出土かわらけ
0
10cm
E
W
SX273
1m
0
3
2
1
焼成部
SX273
E40
名生館遺跡 4 次 SX273
0
10cm
SX273 出土かわらけ
A
10
9
7
6
2
3
4
8
10
1
5
A′
11.8m
A
B
B′
焼成部
E-1
N-25
S X01窯跡
A′
B
B′
11.8m
田町裏遺跡 1 次
SX01
遺構 S=1/6
遺物 S=1/8
A
11.6m
掘りすぎ
4
3
2
1
5
6
A′
W-45
N-110
焼成部
B
B
A
田町裏遺跡 6 次
B-SR04
B
11.6m
B′
SR04

第５図

（3）窯跡の位置付け

名生館遺跡や白鳥舘遺跡で確認された窯跡は、焼成部と前庭部からなり、焼成部の壁面が内傾するという特徴をもつ。同じような遺構は、田町裏遺跡（宮城県角田市）でも一三世紀と推定される8基の窯跡が確認されている［角田市教委 一九九一・一九九四］が、このうち焼成部の形状が不明な1基を除けば、7基中5基に焼成部壁のオーバーハングが認められる。ちなみに田町裏遺跡6次C地区SX01は、重複関係が認められないことを根拠に、一つの遺構と報告されているが、焼成部は三箇所に確認できるので、3基の窯が重複したものと推定できる。このうち壁の内傾が認められるのは、東側の窯跡1基のみであった。

田町裏遺跡では、白鳥舘遺跡と同じように、硬化した粘土塊も出土している。田町裏遺跡には側壁や床面の被熱が顕著でない遺構もあるようだが、とりあえず、一二〜一三世紀にかけての「焼成部の側壁が内傾する窯形態」が認められるこれらの一群を、確実に「かわらけ窯跡」と認定できる名生館遺跡の例をもって、「名生館タイプ」と仮称しておきたい。

中山は、名生館遺跡と田町裏遺跡、大古町遺跡（宮城県丸森町）の窯跡について、馬場中道遺跡の3基の煙管状焼成窯と同類の平地式煙管状焼成窯と位置付けている［中山 二〇〇一］が、くびれ部ではなく焼成部の側壁が内傾するという「名生館タイプ」の窯の形状は、煙管状焼成窯の範疇では捉えられないと考えられる。

煙管状焼成窯の定義をどうみるかによっても変わるだろうが、煙管状焼成窯は、壁が垂直ないし外反する焼成室を持つことにより、製品の取り出しが何度でも容易に行える構造だといえよう。それに対し、焼成部の壁が内傾することは、天井部が築かれていた可能性を示唆しており、馬場中道遺跡の煙管状焼成窯とは構造上も外観も大きな違いがあるものと考える。

このことは、煙管状焼成窯である福岡県の一升水遺跡2号窯、香川県の楠井遺跡SF01で複数回の焼成面が確認されているのに対して、「名生館タイプ」の窯跡では、

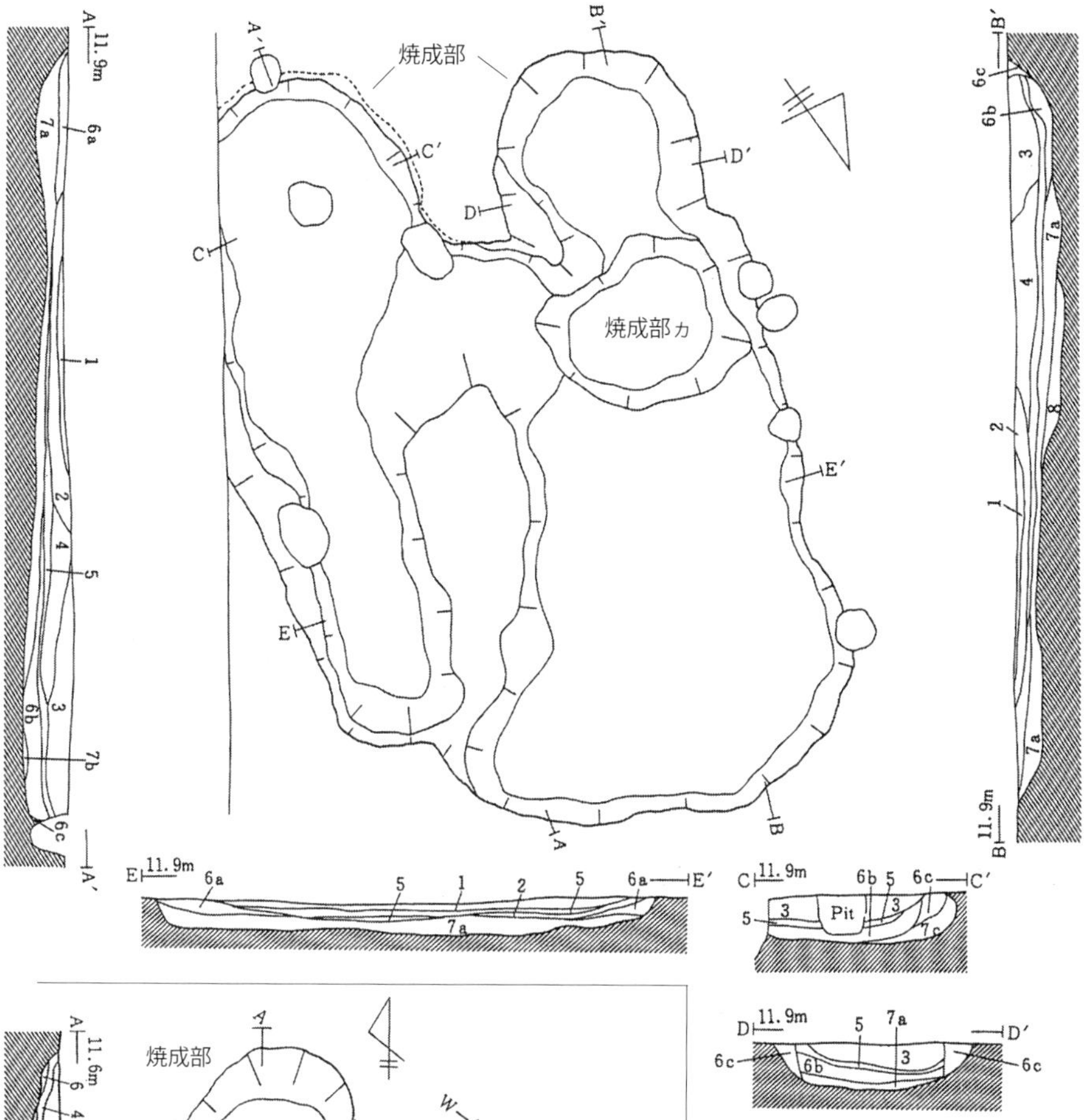

田町裏遺跡 6 次 C-SR01

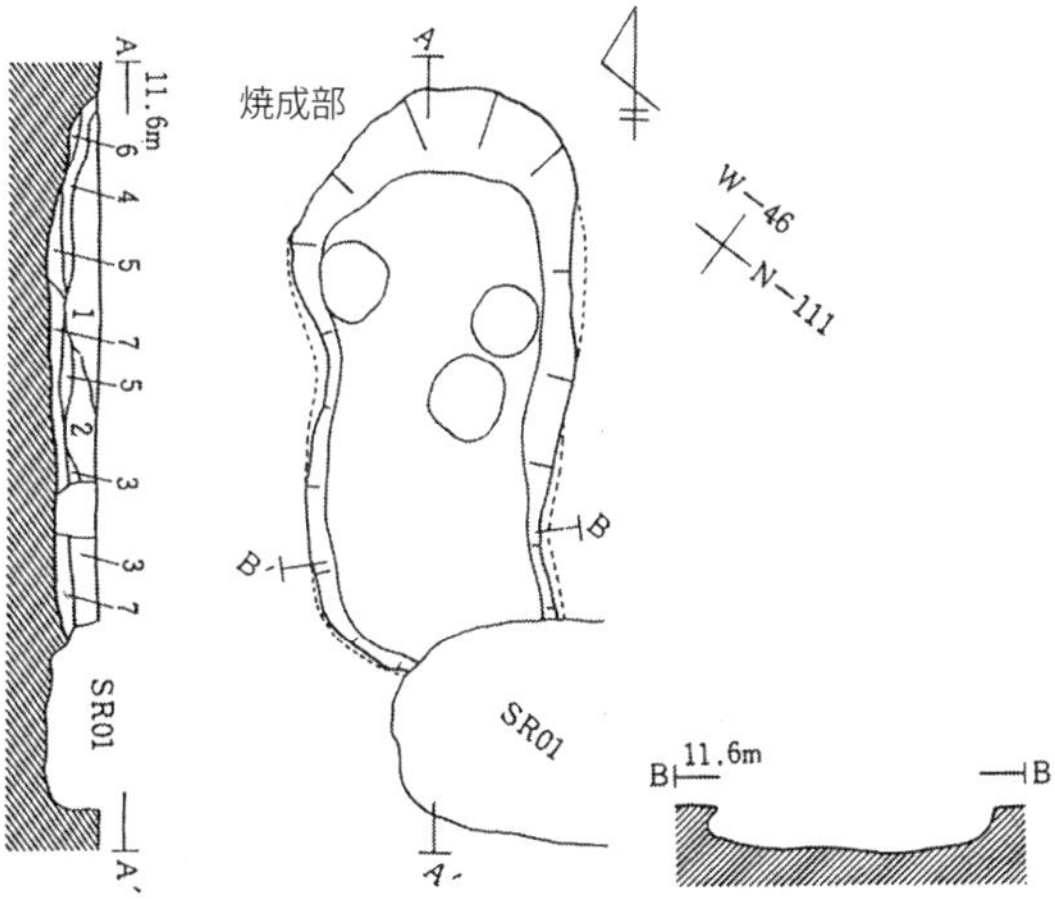

田町裏遺跡 6 次 B-SR02

S=1/6

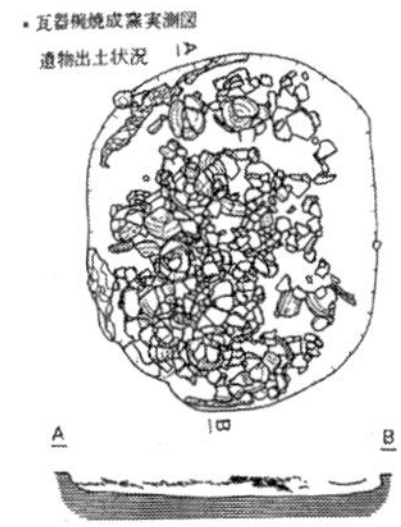

平井遺跡 瓦器焼成窯

第 6 図

複数回の焼成面が見られないことからも裏づけられよう。

西日本を中心とした中世の土器焼成窯を検討した森隆によれば、焼成部壁が内傾する形態の土師器焼成窯（＝かわらけ窯跡）は類例がないが、大阪府平井遺跡で検出された一三世紀前半の瓦器椀焼成窯は、「東壁、南東壁に一部残存するスサ入り粘土の焼壁が、船底状の床面から約45度の角度で内傾しながら立ち上がることから、本来は約1㍍程度のドーム状の覆を有した閉塞窯」であることを指摘し、直径2㍍ほどの円形土坑で内傾する壁を持つものであることがわかる（第6図）。

森隆は、平井遺跡の瓦器椀焼成窯を土師器焼成窯と同類の「円形有壁型焼成窯」に分類したうえ、瓦器を閉塞窯、土師器を開放窯で焼成したと見ている［森 一九九四］。平井遺跡と「名生館タイプ」の焼成窯は、平面形態や製品に差異はあるものの、焼成部の壁が内傾する点は同様であり、このような構造で土器の焼成が行い得ることを裏づけるものといえよう。

以上のことから、少なくとも陸奥国では一二〜一三世紀にかけて、「名生館タイプ」の土器焼成窯が一定程度営まれており、白鳥舘遺跡出土の窯跡もこれらに位置付けられることを指摘しておきたい。

2　東北地方の土器焼成窯

（1）岩手県内の古代末〜中世前期の土器焼成遺構

以上の検討を踏まえたうえで、岩手県内の古代末〜中世前期の土器焼成窯の遺構について検討してみたい。岩手県内で一二世紀の土器焼成窯と考えられるものとしては、紫波町下川原遺跡ＳＫ124と平泉町里遺跡ＳＸ01の2基が挙げられる。

下川原遺跡は、平泉藤原氏の一族である比爪氏の居館とされる比爪館跡の南東約2㌔の北上川西岸に位置し、北上川と支流とが合流する河川屈曲部の微高地上にある。遺跡からは溝跡や土坑、白磁や国産陶器、かわらけなど、一二世紀の遺構や遺物が出土しており、土器焼成窯の遺構は、遺跡の南端で1基（ＳＫ124）確認された。

焼成土坑ＳＫ124は、長さ112チセン、幅74チセンの平面形が滴の形をした土坑で、埋土中位から25個体以上の手づくねかわらけが破片で出土している〔岩埋セ 二〇一二〕(第7図)。報告書では土器焼成窯とはしていないが、底面がスロープ状になっていること、土坑端部のみ壁面が垂直気味に立ち上がり焼けていること、焼成部の壁は焼けが顕著で、底面の焼けが弱いなど、「名生館タイプ」の焼成窯と共通する。また、出土遺物を実見したところ、25点中8点のかわらけに薄い膜状の剥離が見られたほか、色調の異なる接合や割れひずみでぴたりと接合しないものなど、焼成中に割れたとみられる特徴が確認できたことから、これらの遺物はＳＫ124で焼成された製品であり、焼成に失敗したものが廃棄されたものと考えられる。

以上のことから、下川原遺跡ＳＫ124は、一二世紀の手づくねかわらけ焼成窯と評価してよいだろう。なお、焼成されたかわらけは、平泉で出土するかわらけよりも色調が赤く、器厚が厚い。このような特徴を示すかわらけは、比爪館跡とその周辺の遺跡を中心に分布することが知られている〔岩手県博 二〇一四〕。したがって、下川原ＳＫ124で生産されたかわらけは、比爪館とその周辺に供給されたものとみられ、一二世紀の手づくねかわらけが消費地付近で生産されていることを示す証左であるといえよう。

平泉町里遺跡ＳＸ01は、カマド状遺構として報告されているものである。里遺跡は北上川の東岸、白鳥舘遺跡の対岸に位置し、北上川沿いに南北に延びる微高地に一二世紀の溝跡や井戸跡などとともに、白磁や国産陶器、かわらけ、平泉で生産されたとされる二面の和鏡の未成品などが出土している。ＳＸ01は遺構の一部が調査区外に延びているため全体の形状はわからないものの、長さ113チセン以上、幅80チセンの平面鍵穴状の土坑である(第7図)。埋土から常滑産の甕片が1点出土しており、一二世紀後半に位置付けられている〔岩埋セ 二〇〇二〕。

遺構は焼成部と前庭部に分かれており、焼成部の床が前庭部より低くなっている。焼成部と考えられる円形部分の壁は硬化した焼け土が内傾しており、焼土ブロック

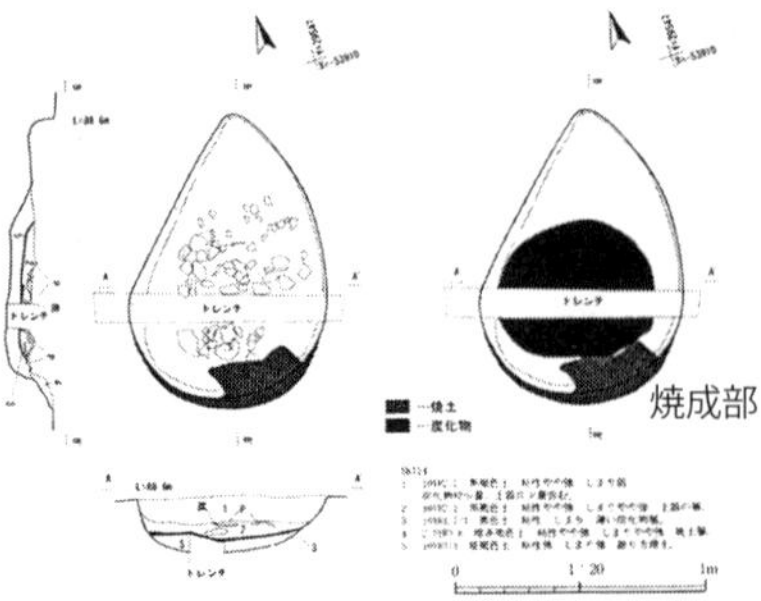

下川原遺跡 SK124

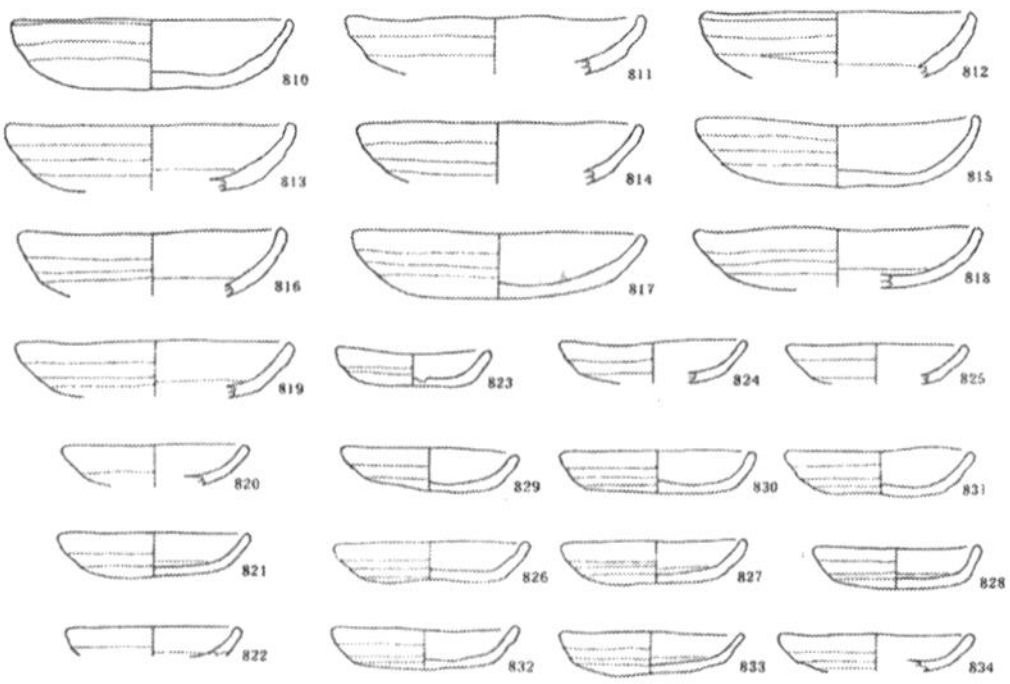

SK124 出土かわらけ

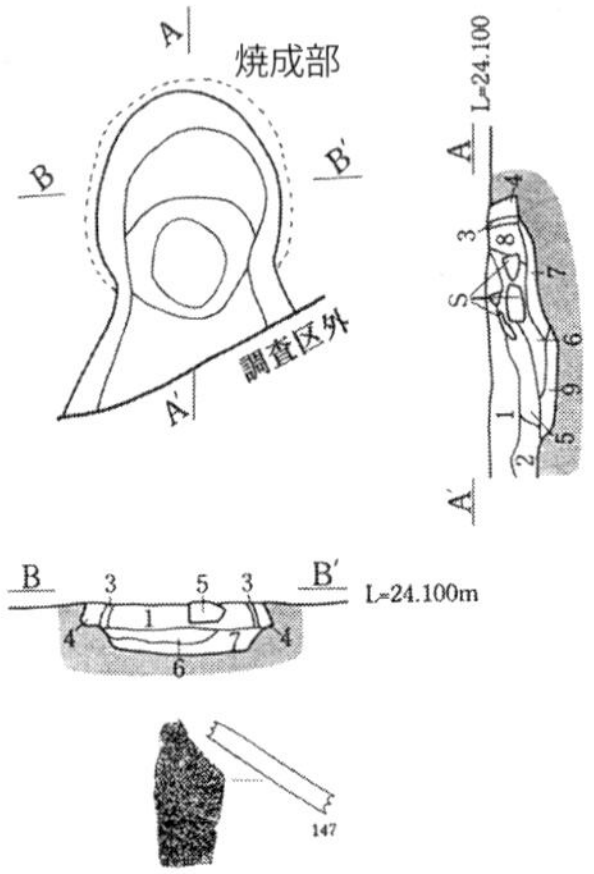

里遺跡 SX01

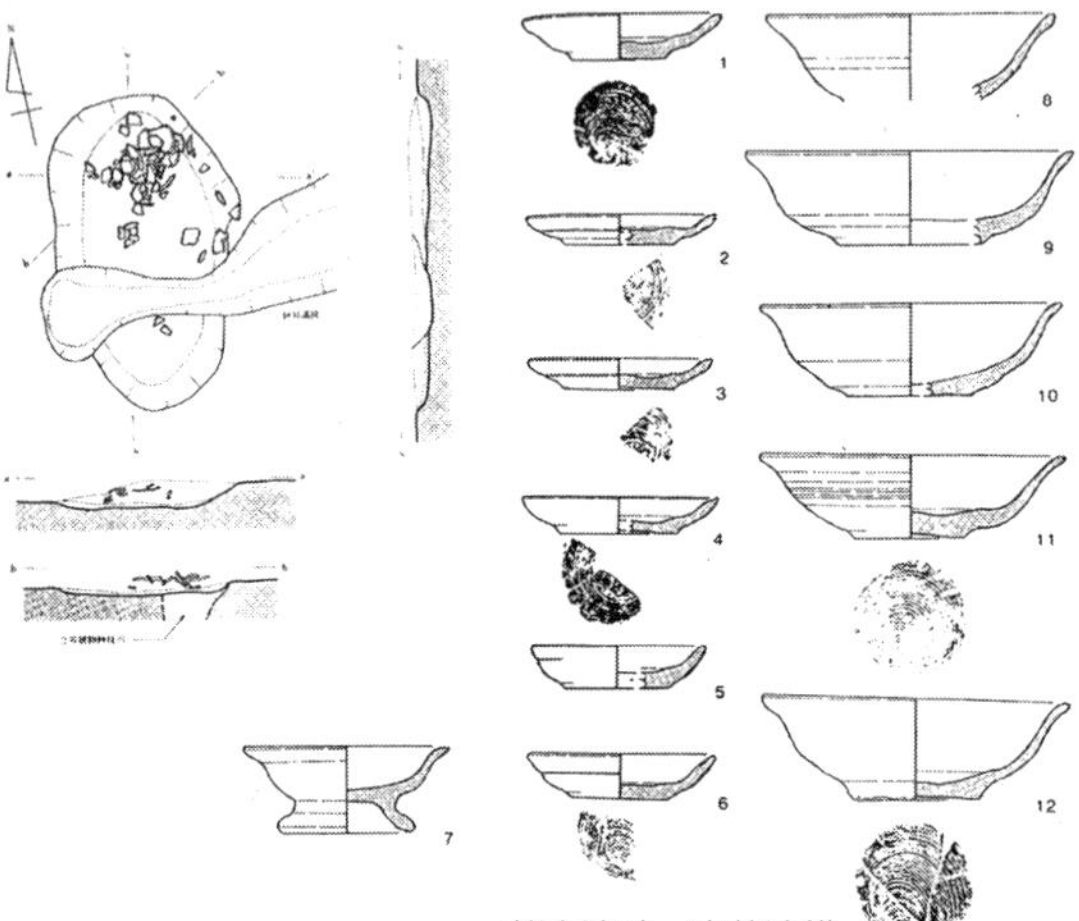

桜木遺跡　窯状遺構

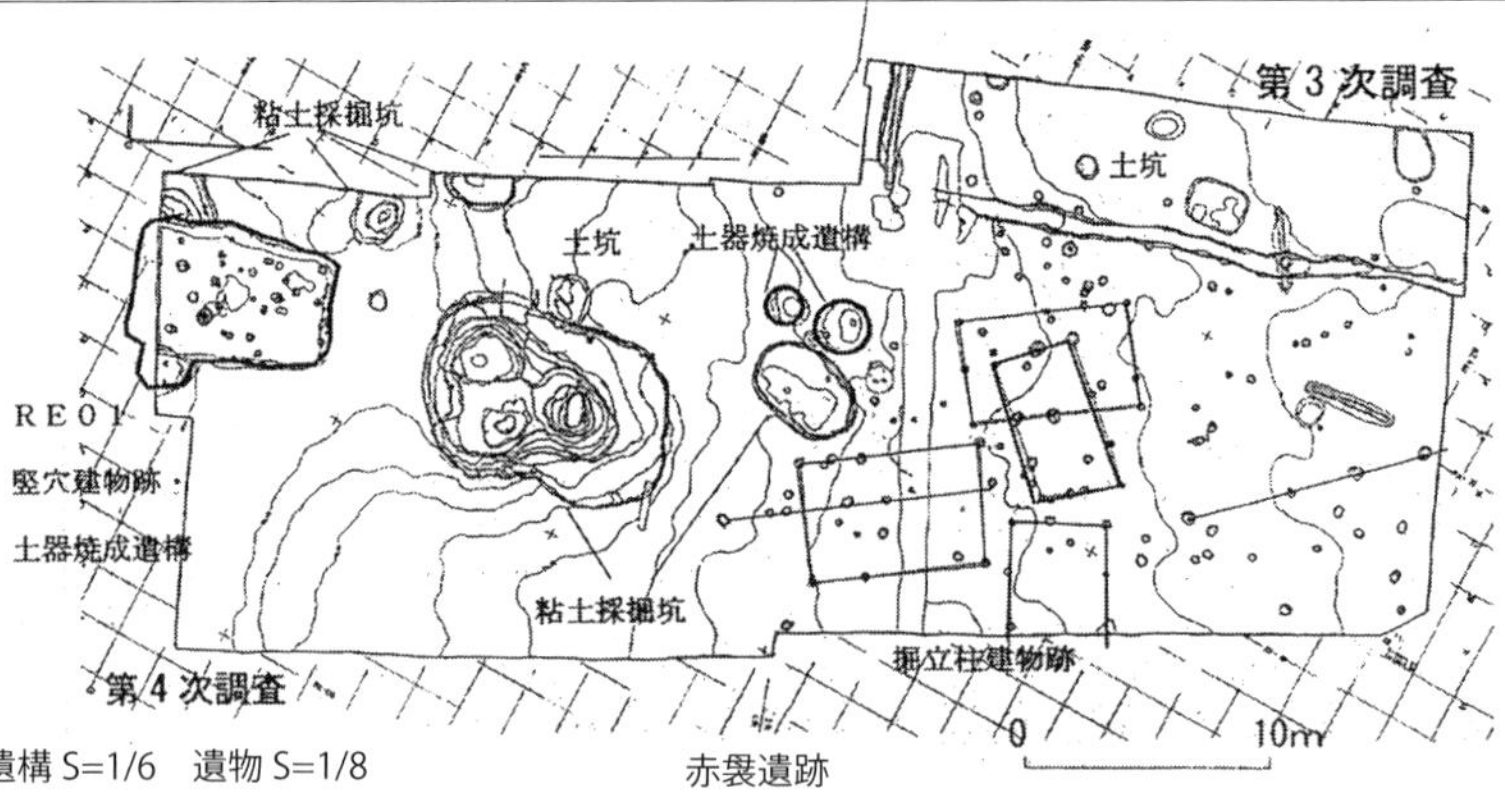

遺構 S=1/6　遺物 S=1/8　　　赤褒遺跡

第7図

が出土していることから、「名生館タイプ」の土器焼成窯の可能性が高い。

一一世紀の土器焼成遺構が検出されたのは、盛岡市赤袰遺跡である。赤袰遺跡は、雫石川北岸の段丘上にあって、周辺には一一世紀の遺跡が濃密に分布している。二〇一四年から二〇一五年度の発掘調査によって、土器焼成遺構3基と粘土採掘坑5基、工房と推定されるロクロピットを伴う大形の竪穴建物跡1棟（東西8㍍、南北5.4㍍）などが確認された（第7図）。

土器焼成遺構は、直径2㍍程度の円形皿形の土坑で、土坑内から一一世紀前半と推定される大量の土師器が出土している〔盛岡市遺跡の学び館 二〇一六〕。赤袰遺跡の土器焼成遺構は、一一～一二世紀前半とされる桜木遺跡（福島県郡山市）の事例と類似する。

桜木遺跡では、掘立柱建物や溝跡からなる集落内に、複数の土師器焼成遺構と考えられる土坑が確認されている（第7図）。なかでも焼成した土師器が出土した「窯状遺構」は、南北1.25㍍、東西0.75㍍の楕円形の土坑で、床面と立ち上がりが焼けている〔郡山市教委 一九八三b〕。古代陸奥の土師器焼成坑を検討した菅原祥夫によれば、古代陸奥の一〇世紀前半の土師器焼成遺構は、不整楕円形を基調とした土坑で、遺構の上端まで全体がよく焼ける瀬谷子型が9割以上を占めるという〔菅原 一九九七〕。

赤袰遺跡の土器焼成遺構は、写真を見る限り土坑全体がよく焼けているようであり、桜木遺跡の例とともに、古代以来の流れをひく土器焼成遺構の範疇で捉えられるものである。また、一〇世紀前半の土師器焼成遺構が出土する遺跡は、焼成遺構とそれに伴う工房からなる土師器生産専業型の遺跡に収斂されるとされる〔菅原 一九九七〕が、先に述べたとおり赤袰遺跡では、焼成遺構と工房、粘土採掘坑など、土器生産に関わる遺構が一体的に出土しており、焼成遺構だけではなく、生産のあり方も古代の土師器生産の延長にあると解される。

（2）東北地方の土器焼成窯の変遷

以上を踏まえ、東北地方における土器焼成窯の変遷について整理してみたい。

一二世紀のロクロかわらけに繋がる一一世紀の土器は、古代以来の土器焼成土坑で生産されていることが赤襞遺跡、桜木遺跡の例から確認できる。一二世紀のロクロかわらけの焼成遺構については、いまのところ形態を判断できる事例がなく不明であるが、一三世紀のかわらけ窯が出土している田町裏遺跡では、報告書を見る限り、ロクロかわらけのみが出土しており、手づくねかわらけは1点も出土していない。この点を考慮すれば、田町裏遺跡の窯跡はロクロかわらけの焼成窯であった可能性が高く、一三世紀のロクロかわらけは「名生館タイプ」の窯で焼成されたと推定される。

一方、一二世紀中頃から東北地方に出現する手づくねかわらけは、名生館遺跡、白鳥舘遺跡、下川原遺跡の例から「名生館タイプ」の土器焼成窯で焼成されていることが明らかである。馬場中道遺跡の例を参考にすれば、手づくねかわらけの焼成窯は一三世紀には煙管窯へと転換するとみられるので、手づくねかわらけの焼成窯として「名生館タイプ」の窯が用いられたのは一二世紀の短期間であり、一三世紀にはロクロかわらけ焼成窯としても使われたと考えられる。つまり、東北地方の土器焼成は、一二世紀中頃の手づくねかわらけが出現する前後に焼成窯が導入されたとみられ、中山も指摘するように、「11から12世紀に土器焼成技法の画期があった」のだといえる。手づくねかわらけとともに焼成窯が導入されたか否かについては、一二世紀前半のロクロかわらけの焼成遺構が明らかではない現段階では不明といわざるを得ないものの、一一世紀から一二世紀末までの土器の変遷が追える平泉周辺の土器をみると、一二世紀第1四半期のロクロかわらけ［井上二〇〇九］には、赤く焼けて器壁が剥離するような一一世紀の土器と共通した特徴がみられるが、一二世紀第2四半期以降のロクロかわらけは、手づくねかわらけと同様の黄橙色で硬質のかわらけに変化することから一二世紀第2四半期ごろに焼成方法に違いが生じたことが推定できる。このロクロかわらけの変容は、手づくねかわらけが平泉へ導入される直前の

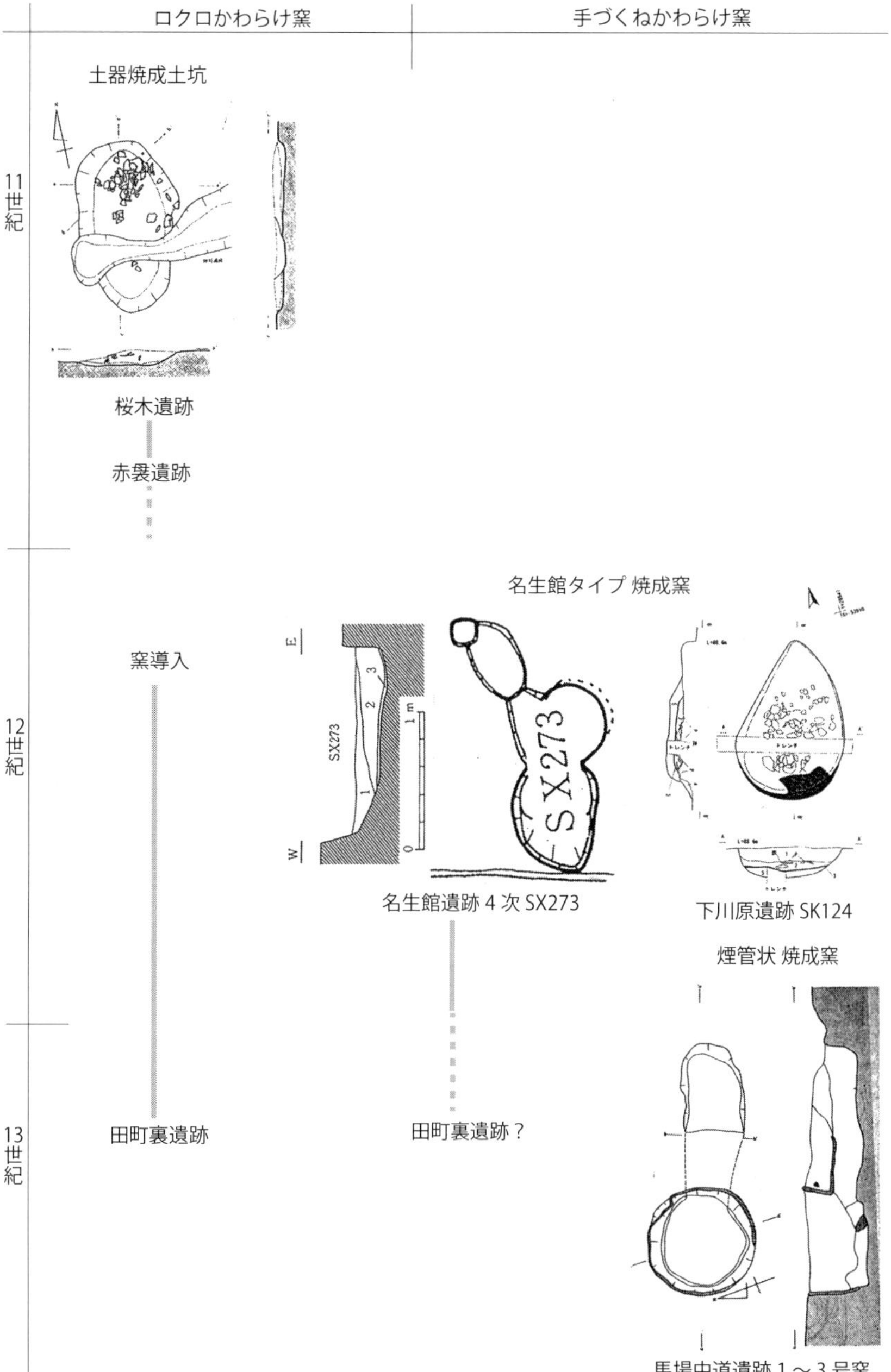
ロクロかわらけ窯
手づくねかわらけ窯
11世紀
12世紀
13世紀
土器焼成土坑
桜木遺跡
赤袰遺跡
窯導入
田町裏遺跡
名生館タイプ 焼成窯
E
W
SX273
1 m
0
SX273
名生館遺跡 4 次 SX273
下川原遺跡 SK124
煙管状 焼成窯
田町裏遺跡？
馬場中道遺跡 1～3 号窯

第 8 図

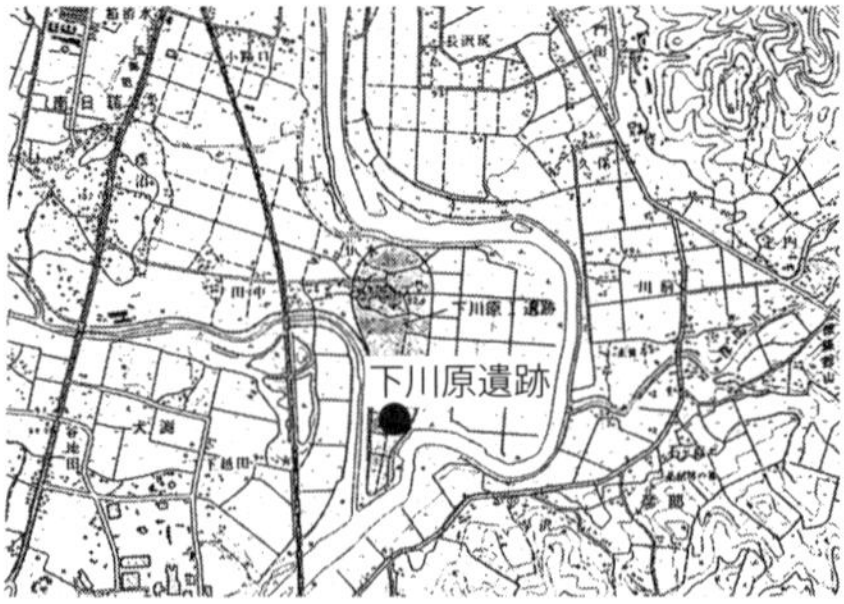

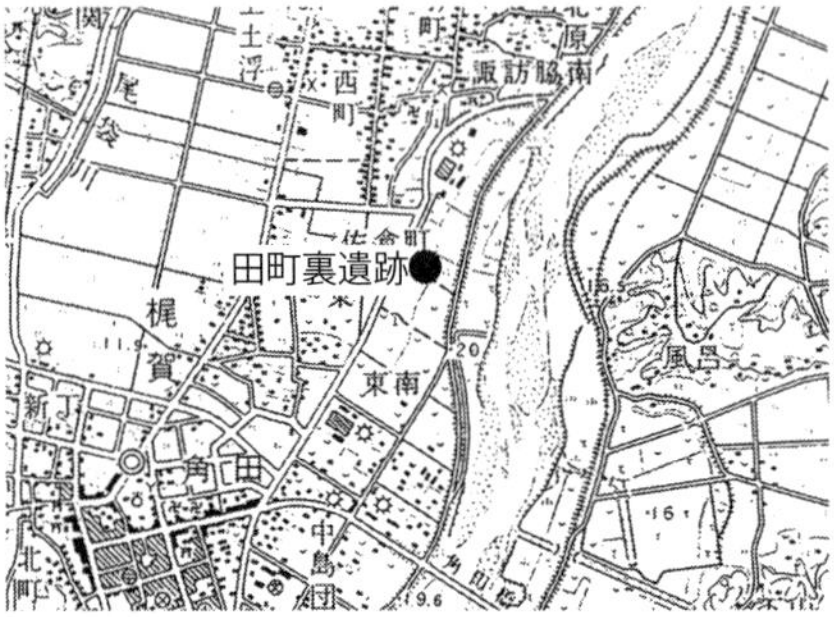

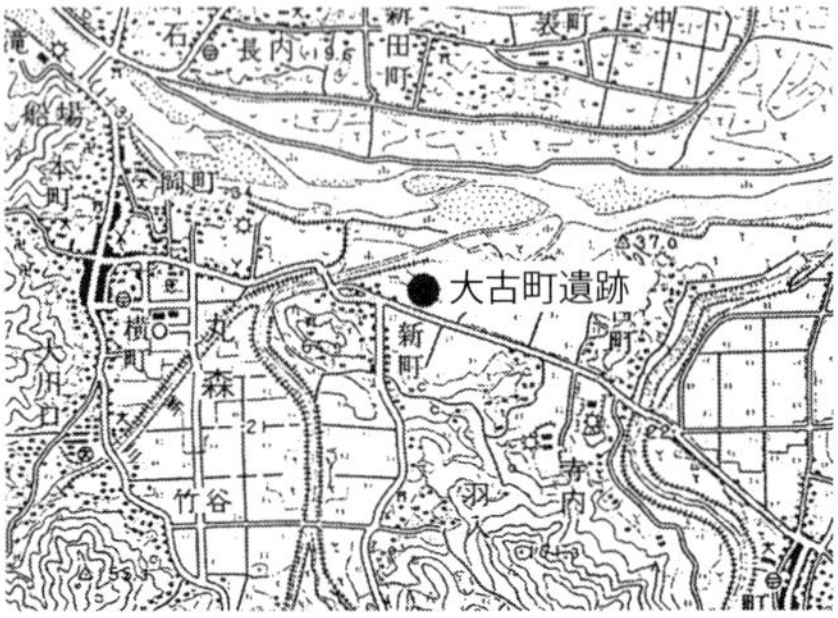

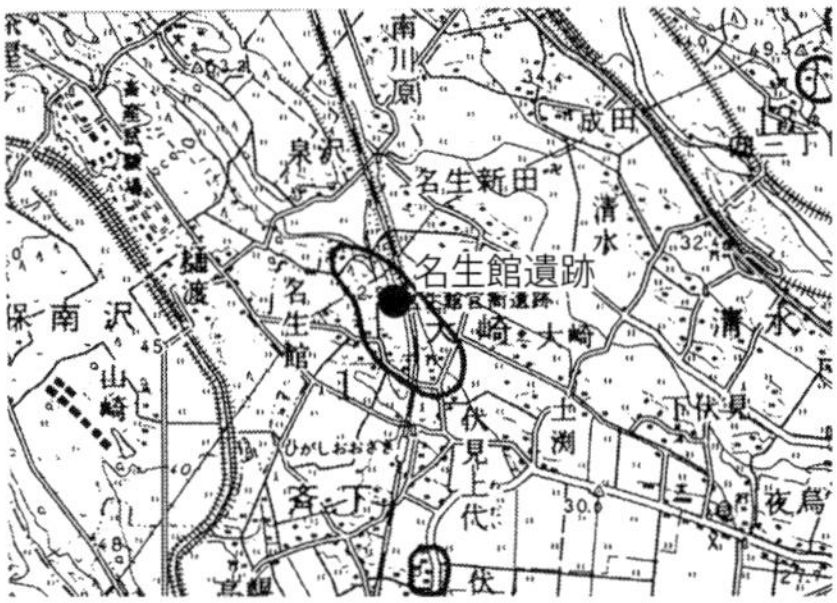

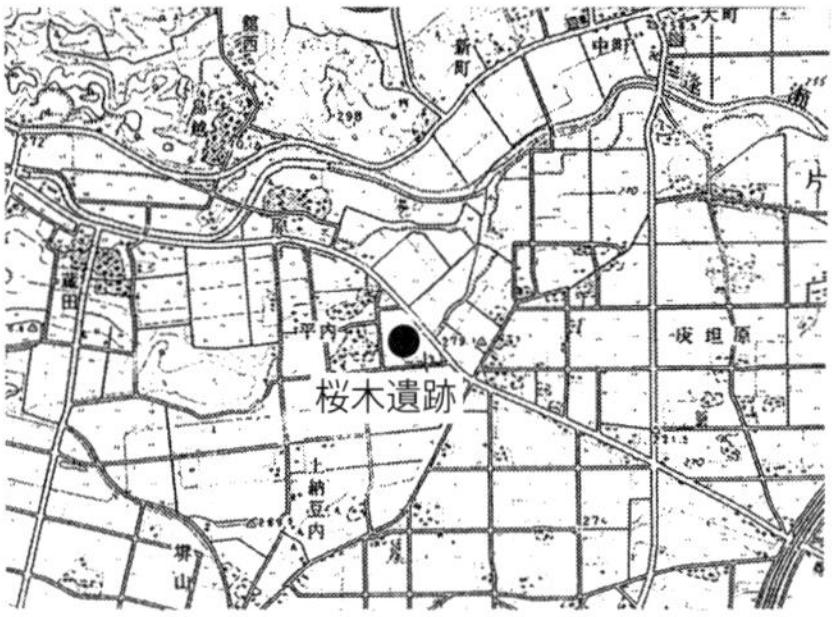

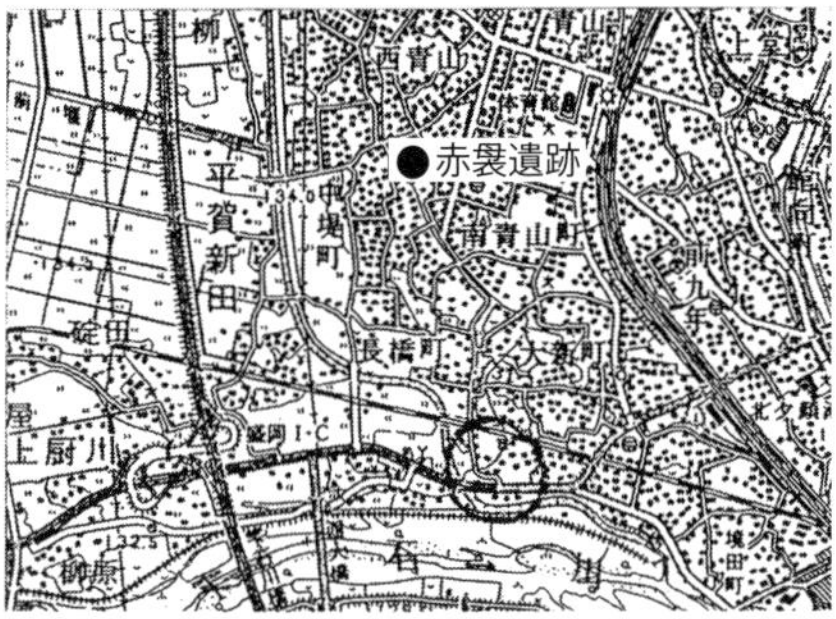

第９図

段階から認められ、これ以降、平泉ではかわらけの消費量が格段に増加している。平泉の大形のロクロかわらけは、この段階で坏形から皿形へ変容することが羽柴直人により指摘されており、手づくねかわらけ導入に先立ち宴会儀礼の変容の結果との解釈がなされている［羽柴二〇〇二］が、ロクロかわらけの器形のみならず焼成方法にも変化がみられることから、焼成窯についても手づくねかわらけより早い時期に窯が導入された可能性を否定できない。この時期から平泉のかわらけ消費量が増大することを鑑みれば、かわらけ焼成に窯が導入されたのは、かわらけ需要が増大したことに対応するためとも考えられる。また、手づくねかわらけに先立って窯が導入されたのであれば、窯の技術は京都からの移入とは考えがたく、別な技術が導入されたか、増大するかわらけ需要に対応を迫られた平泉において何らかの技術革新がおこった可能性もあるだろう。

まだまだ不明な点も多いかわらけ窯ではあるが、現時点における東北地方のかわらけ窯の変遷の見通しを以下にまとめる(第8図)。

一二世紀第2四半期頃―ロクロかわらけの焼成に形態は不明なものの窯が導入される。

一二世紀中頃―手づくねかわらけ窯として「名生館タイプ」の窯が出現する。

一三世紀―「名生館タイプ」の窯でロクロかわらけが焼成される。また手づくねかわらけ窯に煙管窯が導入される。

なお、古代末の土器焼成土坑と、中世前期の土器焼成窯とでは、遺構の構造だけでなく、遺跡の立地にも違いが認められる(第9図)。中世前期の焼成窯が確認されている白鳥舘遺跡・田町裏遺跡・大古町遺跡・馬場中道遺跡は、北上川や阿武隈川など、河川交通の幹線となるような大河川のすぐ傍に立地しており、河川を介した流通との関係が想定される。これに対し、桜木遺跡や赤袰遺跡など古代末の土器焼成土坑が確認された遺跡は、集落と同様の立地にあり、集落の近隣で土器が生産されているとみられる。

このように古代末の土器焼成土坑と中世前期の土器焼成窯の立地に違いがみられるのは、古代末と中世前期における土器生産と消費のあり方の違いを反映していると考えられる。さらにいえば、赤袰遺跡については、周辺に集中する一一世紀の遺跡が、安倍氏の拠点施設のひとつである厨川柵あるいは嫗戸柵であり、赤袰遺跡もその一部という推定もなされている［盛岡市遺跡の学び館 二〇一六］。このことから赤袰遺跡の例は、単なる集落ではなく、館に付随する可能性も想定できる。この点に着目すれば、名生館遺跡の窯跡についても、最寄りの河川である江合川から1・5キロほど離れた段丘上に立地しており、河川近傍に立地するという中世前期のパターンからは外れていることから、館などに付随して営まれた可能性が考えられる。

　これら一一世紀から一二世紀にかけての事例は、古代的な土師器生産専従型の土器生産が館など有力者の拠点施設へと引き寄せられていくような、古代末から中世への過渡期の様相を示す可能性がある。

おわりに

　かわらけ焼成窯の実態は、かわらけの大量消費地である京都でさえ、一例も窯跡が確認されておらず不明な点が多い。そのような中、東北地方においてかわらけ窯の実態の一端が描出できたことは、武士がかわらけをどのように受容し、利用していったかを探るうえでひとつの手がかりになるだろう。なかでも平泉は一二世紀という限られた年代で遺跡がパックされる列島でも稀有な場所であり、今後、窯跡が発掘調査される可能性も非常に高い。平泉のかわらけ窯が確認できれば、列島の土器生産はもちろん、中世社会における武士の実像を考えるうえで重要な成果をもたらすことは間違いない。かわらけ窯は焼成品が出土しない限り、窯跡と認定されにくく、判定も難しいものであるが、注意を払って調査すれば、把握することは十分に可能である。

　実態が不明な点が多い東北地方の一二世紀代のかわら

け窯ではあるが、現時点で把握できている特徴について以下にまとめてみたい。

(1)　窯跡の規模は、長さ150〜300センチ、幅70〜130センチ前後、平面形は楕円形や瓢箪形になるものが多い。底面は焼成部(被熱の強い部分)に向かって一方が下がる。

(2)　焼成部の壁面は内傾し、強い被熱を受けている場合が多い。底面の被熱は側面より弱く、炭化物が見られる。焼成回数は1回である場合が多い。また埋土には焼成粘土塊が含まれる。

(3)　付近に粘土採掘坑や粘土溜まり状の遺構が存在する。

(4)　河川近くの低地に立地する例が多い。

以上の特徴を持つ遺構がみつかれば、土器焼成窯の可能性がある。今後の調査に期待したい。

参考文献

井上雅孝　二〇〇九『奥州平泉から出土する土器の編年的研究』

岩手県立博物館　二〇一四『岩手県立博物館テーマ展図録　比爪—もうひとつの平泉—』

菅原祥夫　一九九七「東北東部—古代陸奥の土師器生産体制と土師器焼成坑—」『古代の土師器生産と焼成遺構』窯跡研究会編

中山雅弘　二〇〇一「陸奥国における中世前期の土器窯」『中世土器研究論集・中世土器研究会20周年記念論集』中世土器研究会

中山雅弘　二〇〇一「瓦器・かわらけの生産」『図解・日本の中世遺跡』東京大学出版会

羽柴直人　二〇〇一「平泉遺跡群のロクロかわらけについて」『岩手考古学』第13号

森　隆　一九九四「中世土器の焼成窯」『中近世土器の基礎研究Ⅹ』日本中世土器研究会

森　隆　一九九六「中世土器の焼成窯2」『中近世土器の基礎研究Ⅺ』日本中世土器研究会

森　隆　一九九七「中世土師器・瓦器の焼成窯」『古代の土師器生産と焼成遺構』窯跡研究会編

報告書　岩手県文化振興事業団『里遺跡発掘調査報告書』(二〇〇二)・『泉屋遺跡第10・11・13・15次発掘調査報告書』(一九九七)・『下川原Ⅰ・Ⅱ遺跡発掘調査報告書』(二〇一一)、奥州市『国指定史跡　白鳥舘遺跡発掘調査概要報告書—第9・10次調査—』(二〇一二)・『国指定史跡　白鳥舘遺跡発掘調査概要報告書—第11次調査—』(二〇一三)、郡山市教育委員会『郡山東部Ⅲ　穴沢地区』(一九八三a)・『河内下郷遺跡群Ⅲ　桜木遺跡』(一九八三b)、角田市教育委員会『住社遺跡・寺町遺跡・寺前遺跡・田町裏遺跡』(一九九一)・『田町裏遺跡』(一九九四)、多賀城跡調査研究所『名生館遺跡Ⅳ』(一九八四)、丸森町教育委員会『大古町遺跡』(一九九九)、盛岡市遺跡の学び館「盛岡を発掘する—平成27年度調査速報—調査成果報告会資料」(二〇一六)

中世かわらけ資料と東国の武士論・権力論

高橋一樹

モノが果たすことになる機能は、そのほとんどについて、モノに対する人間の意識と働きかけのありかたを示す、ととらえることができよう。当然そこには、いくつものバリエーションがありうる。

本書で取り上げた中世社会の素焼きの土器、かわらけも、食膳具や燈明皿という一般的な使途のイメージをこえて、いまや墨書による文字情報が書き記された支持体としての役割にも注目が集まっている(1)。『宇津保物語』や『伊勢物語』には、土器=かわらけにひらがなで和歌を認め、親しい相手におくる習慣のあったことが描かれる。これと対応するかのように、平安京のある貴族邸宅跡などからは、現状では最古のかな史料でもある、和歌をつづった九世紀後半のかわらけが実際に出土した(2)。

さらには、地鎮具として恵方などが書き記された戦国期のかわらけも、地方の武士館跡で見つかっている(3)。断片的な文字や習書のたぐいにも目を向ければ、文字と一体化して使われたかわらけの数は、もっと飛躍的に高まるはずだ。

ひらがなの書かれた古代のかわらけを主たる素材に、考古学・文献史学・文学・国語学などの協業が近年すすんでいる(4)。それに比べて、中世の文献史学は、同様な史資料についての冷淡な態度がめだつ。古代を対象とする研究では、かねてから墨書土器という歴史資料のジャンルとその研究法が育てられてきたものの、中世にはそれもない。とはいえ、木簡などの出土文字資料の一類型として、少なくとも文字情報をもつ中世のかわらけを文献史学が無視ないし軽視することは、もはや許されなくなるに違いない。

本書を編むきっかけとなったかわらけは、しかしながら文字情報をまったく有してはいない。この意味で、おもに一九八〇年代から文献と考古などの学際的な中世史研究が進展していくなかで、その具体的な素材としてかわらけを論じる研究の流れに(5)、本書は位置している。

とりわけ中世成立期の平泉における調査・研究の成果を前提に、鎌倉の大倉幕府跡付近から発見された一二世紀後半のかわらけ一括資料、そして武蔵の河越館跡で出土していた一二世紀半ばのかわらけ、これら二つの衝撃的な考古学知見をふまえて、当該期の東日本における武士論にアプローチすることを本書はめざした。

本書冒頭の編者による対談形式の序論では、このような課題設定の意図とその共有をはかるべく、狭義の武士にとどまらず、荘園制や交通体系、幕府など密接に関連する問題群にも論及した。しかし、主題となるかわらけに即しては、平泉にしても、河越にしても、そして鎌倉にしても、一二世紀の事例と現象に議論が集中している。これにつづく一三世紀の東国で出土したかわらけにも言及があるとはいえ、その歴史的背景については仮説のレベルにも到達できていない。

一三世紀を通じて都市的発展をとげる鎌倉では、大量のかわらけが使われるようになる(6)。その様相を読み取りうる文献史料はきわめて乏しいが、たとえば、鎌倉幕府の僭主となりつつあった得宗・北条時頼の質素な生活ぶりを語るものとして著名な、『徒然草』第二百十五段には、

平宣時朝臣、老の後、昔語に、最明寺入道、或宵の間に呼ばるる事ありしに、やがてと申しながら、直垂のな

くてとかくせしほどに、また、使来りて、直垂などの候はぬにや、夜なれば、異様なりとも、疾く、とありしかば、萎えたる直垂、うちうちのままにて罷りたりしに、銚子に土器取り添へて持て出でて、この酒を独りたうべんがさうざうしければ、申しつるなり、肴こそなけれ、人は静まりぬらん、さりぬべき物あると、いづくまでも求め給へ、とありしかば、紙燭さして、隅々を求めし程に、台所の棚に、小土器に味噌の少し附きたるを見出でて、これぞ求め得て候、と申ししかば、事足りなん、とて、心よく数献に及びて、興に入られ侍りき、その世には、かくこそ侍りしか、と申されき。

とあって、少なくとも北条時頼のような有力武士の邸宅で、土器＝かわらけ（とくに大・小の区別がある）が酒器や食器として日常的に用いられたようすを垣間見ることができる。

これに対して、調査範囲がきわめて限定されているとはいえ、一定の蓄積を有する発掘資料は、鎌倉でのかわらけ大量消費を能弁にものがたる。なかでも鎌倉幕府の政所跡（鎌倉市雪ノ下）などで出土したかわらけの一括廃棄例は、その象徴的な資料として、文献史学研究者からも大いに注目を集めた(7)。『吾妻鏡』などから読み取れる幕府政所のイメージとはやや異質な実態を浮かび上がらせた、この一括廃棄されたかわらけ群には、二つの製法が混在していたが(8)、都市鎌倉におけるかわらけの大量消費は、それをまかなう都市内での生産体制の増大を促す一方で、鎌倉時代末期の文書史料が伝えるように、畿内のブランド品ともいうべきかわらけを幕府中枢の儀礼世界に持ち込む(9)、という複線的な調達方法によって支えられていたらしい。

さらに都市鎌倉の外にも目をむけると、対談で紹介されたいくつかの事例のほか、本書におさめた各論考から知られるように、東日本の特定地点で一三世紀のかわらけが出土するようになる。これらの現象は、都市鎌倉におけるかわらけの調達・消費のあり方とその変遷ともかかわって、どのような歴史像を紡ぎだすことになるのか。

もちろん、地域社会に領主として臨むかれらがかわらけを用いる目的も大いに興味を引く。それは一二世紀段階とは異質な面を持っているはずだ。

たとえば、走湯権現・三嶋社・箱根権現と伊豆の北条館周辺でのみ発掘される一三世紀後期からの独特な白色のかわらけは[10]、北条氏得宗による二所詣との関連など、鎌倉の政治情勢とリンクした検討が可能となるはずだ。また、比較的豊富に中世の武家文書が伝来したフィールドとして知られる北越後では、隣りあう奥山庄と加地庄とで、一三世紀における地頭関連の館跡から出土するかわらけの製法が異なっており[11](京都風の手づくねか、関東風のロクロへら切りか)、かわらけの消費者たる武士(家)をとりまく政治的・経済的な諸条件(技法・技術者の導入回路、鎌倉権力の相対化を含む政治的指向など)を探り当てるための独自な情報を提供してくれる。

つまり、一三世紀以降に広がりをみせる考古資料としてのかわらけは、それが出土した場とそれに深く交わる人間(武士)の性格、とくに本書のテーマとなった後者の動きを追究していくうえで、かれらが使った同じモノでもある文書等と切り結ぶ、格好の素材になるといってよい。

一三世紀以降は『吾妻鏡』や一部の記録、紀行文に加えて、武家文書の伝来数が増え、文献史料にもとづく研究とその蓄積が、都市鎌倉とそこに立地する幕府のみならず、荘園などの各所領やそれをとりまく地域社会のレヴェルにまで、すでに相当量におよんでいる。一三世紀以降のおもに東日本で出土するかわらけは、そうした既知の歴史像を前提にしながらも、場合によっては既存の文献史料に関する情報の抽出や解析に変更をせまり、新たな選択肢を与え、さらに文書等の文字史料の伝来しない地域の歴史研究に光をさす可能性さえ秘めている[12]。

一二世紀のかわらけ出土例に軸足をおいた本書対談の問題提起が、一三世紀以降の出土事例を論じた各論考とあいまって、より本格的な学際研究の環境が整う一三世紀以降の東国や武士をめぐる研究についても、新たな刺激と発想を生み出すことを願ってやまない。

註

(1) 藤岡忠美『王朝文学の基層』(和泉書院、二〇一一年)。
(2) なお、ほぼ同時期の類例(習書か)は、富山県射水市の赤田I遺跡(『射水市内遺跡発掘調査報告I』同市教育委員会、二〇〇八年)などでも出土している。
(3) たとえば、一六世紀の江馬氏館出土地鎮呪文土器(国立歴史民俗博物館『天下統一と城』同館、二〇〇〇年による)。
(4) 小倉慈司「9~10世紀の仮名の書体」(『国立歴史民俗博物館研究報告』第一九四集、二〇一五年)を参照。
(5) 鈴木康之「中世土器の象徴性」(『日本考古学』第一四号、二〇〇二年)。中井淳史『日本中世土師器の研究』(中央公論美術出版、二〇一一年)。
(6) 河野眞知郎『鎌倉考古学の基礎的研究』(高志書院、二〇一五年)。
(7) 石井進他編『よみがえる中世3 武士の都 鎌倉』(平凡社、一九八九年)など。
(8) 鈴木弘太「二つの工房で作られた「かわらけ」」(『鶴見考古』第七号、二〇〇八年)。
(9) 福島金治「金沢北条氏・称名寺の所領経営と在地社会」(『年報中世史研究』二六号、二〇〇一年)。
(10) 池谷初恵「東国境界域の白いかわらけ」(浅野晴樹・齋藤慎一編『中世東国の世界2 南関東』(高志書院、二〇〇四年)。
(11) 新潟県教育委員会・財団法人新潟県埋蔵文化財調査事業団編『新潟県埋蔵文化財調査報告書第157集 住吉遺跡』(同教委・同事業団、二〇〇六年)。水澤幸一『日本海流通の考古学』(高志書院、二〇〇九年)。
(12) たとえば、土壙墓である中台遺跡第七次から出土した一三世紀前半の手づくねかわらけ(大・小)など(有村由美「調布市・入間地区における中世遺跡と古道」『東京考古』三二、二〇一四年)。

執筆者一覧

八重樫忠郎　奥付上掲載
高橋一樹　奥付上掲載
齋木秀雄（さいき ひでお）　一九四九年生れ、鎌倉考古学研究所
飯村　均（いいむら ひとし）　一九六〇年生れ、（公財）福島県文化振興財団
池谷初恵（いけや はつえ）　一九六〇年生れ、伊豆の国市教育委員会
水口由紀子（みずぐち ゆきこ）　一九六二年生れ、埼玉県立嵐山史跡の博物館
井上雅孝（いのうえ まさたか）　一九六六年生れ、滝沢市埋蔵文化財センター
及川真紀（おいかわ まき）　一九七一年生れ、奥州市教育委員会

あとがき

古代と中世の境界は、いつなのかという議論があった。文献史学的には、その頃は鎌倉幕府の成立が中世の始まりとされていたが、当然のこと、昨日まで古代で明日からは中世、などと一気に一八〇度転換するものではない。片側にのみ偏っていた天秤が、少しずつ持ち上がり、そして徐々に反対側に傾くような感覚で捉えている。

考古学的には、竪穴建物の竈がなくなることに伴う長胴甕の消滅、竪穴建物そのものの急速な減少、土器の大小分化や一括廃棄の出現などが、中世の黎明として捉えられてきた。これらの変化は、同時には起きていないものの、一連の流れの中にある。しかし地域によっても微妙にそれぞれの時期が異なることから、一律の変化ではない。

この様相をみても、地域事情によって、中世への推進力が異なることがわかる。しかしながら、その差異を統合する大きなうねりが起き始める。それが、北東北で起こった前九年合戦と後三年合戦、そして文治奥州合戦である。これらによって中世の主役たる武士たちは、小さな集団を結合させ大きなグループになっていった。

これらは文献史学によって確認されていることだが、実はその状況を土器が明瞭に示していたことは、第1部の対談と第2部に収録した考古学の報告を読んでもらえれば、理解していただけると思う。

とりわけ、高橋一樹さん、齋木秀雄さんとの対談によって、今までブツ切り状態ともいえた中世土器研究が、一本の紐すなわち歴史学になったと感じたが、このたび掲載いただいた東国の仲間たちの研究により、さらにそれが裏付けられている。まさしく感謝にたえない。

八重樫忠郎

【編者略歴】
八重樫忠郎（やえがし ただお）
1961年生れ、平泉町まちづくり推進課課長　博士（文学）
〔主な著書〕
『北のつわものの都　平泉』（新泉社）
「平泉と鎌倉の手づくねかわらけ」（『中世人の軌跡を歩く』（高志書院）
「掘り出された平泉」（『平泉の光芒』吉川弘文館）

高橋一樹（たかはし かずき）
1967年生れ、武蔵大学人文学部教授　博士（文学）
〔主な著書〕
『中世荘園制と鎌倉幕府』（塙書房）
『東国武士団と鎌倉幕府』（吉川弘文館）
『武士と騎士』（共著・思文閣出版）

中世武士と土器《かわらけ》

2016年10月25日第1刷発行

編　者　八重樫忠郎・高橋一樹
発行者　濱　久年
発行所　高志書院
〒101-0051 東京都千代田区神田神保町2-28-201
TEL03(5275)5591　FAX03(5275)5592
振替口座　00140-5-170436
http://www.koshi-s.jp

印刷・製本／亜細亜印刷株式会社
ISBN978-4-86215-163-6